Thomas Baumann

Quadratschädel

Ein Leitfaden
für Mannheim und den Rest

Emons Verlag

© Hermann-Josef Emons Verlag
Alle Rechte vorbehalten
© für die Fotografien beim Autor und bei den Fotografen
Umschlaggestaltung: Weusthoff Noël, www.wnkd.de
Layout: Eva Kraskes, Köln
Druck und Bindung: Clausen & Bosse GmbH, Leck
Printed in Germany 2005
ISBN 3-89705-412-4

www.emons-verlag.de

Dieses Buch versteht sich als Satire im Sinne des Gesetzgebers.

Zum Teil war es nicht möglich, die Herkunft der Abbildungen zu ermitteln. Wir bitten Fotografen und Archive, sich beim Verlag zu melden.

Quadratschädel

Thomas Baumann, geboren im Heinrich-Lanz-Krankenhaus, studierte Slawistik und Politologie in Mannheim, Bonn und Köln, wo er heute wohnt. Nach Jahren des Rockjournalismus für »Visions«, »Soundcheck« und »Kerrang!«, nach Telefonsex-Texten und Jobs in der Margarine-Fabrik schreibt er für zahlreiche Comedysendungen, u.a. »Switch«, »Mensch Markus« und »Die dreisten Drei«. Er hat am gleichen Tag wie Loriot und Neil Young Geburtstag.

Für Papa

Inhalt

Einleitung

Dieses Buch erhebt Anspruch auf Vollständigkeit. Ich habe mit jedem einzelnen Mannheimer persönlich gesprochen, kenne jeden Hundehaufen in Käfertal mit Vornamen (meistens: Karl) und kann nur schlussfolgern und den zuständigen Behörden empfehlen, dass Mannheim dringend Sitz des Europarats, der Vereinten Nationen und der NATO werden muss. Über die Finanzierung wird zu einem späteren Zeitpunkt entschieden.

Der mit Abstand häufigste Kommentar der Einheimischen zu meinem Vorhaben, die Wahrheit über Mannheim herauszufinden, war: »Ja, und wer soll das lesen?« Neben: »Ja, was soll denn da drinstehen?« Wenn ein Mensch die Kurpfalz im August mit Hundeschlitten abfährt, leuchtet dies den meisten eher ein, als wenn er ein Buch darüber schreibt.

Als meine Lektorin mich fragte, ob die Mannheimer Humor hätten, zögerte ich lange, jedoch ist die Frage nicht klar mit Nein zu beantworten. Hier wird viel gelacht, nur fehlt es Auswärtigen an den technischen Voraussetzungen bzw. mentalen Deformationen, dies nachvollziehen zu können.

Sitz der Arabischen Liga

Die Mannheimer Seele und Denkweise in einem Satz zu beschreiben, ist erheblich einfacher als befürchtet. Ich fragte Werner Walter, den Zuständigen der Mannheimer Ufo-Meldestelle, was er für den unwahrscheinlichen, aber allzeit möglichen Fall gedenke, einen vor seinen Füßen in Mannheim-Vogelstang landenden Außerirdischen nach den üblichen Begrüßungsformalitäten als Erstes zu fragen, und Werner Walter sagte ohne Nachdenken: »Ja, dringe Sie aa Weezebier?«

In einem Internetforum schleuderte ein gewisser »Ignaz Wrobel« aus Berlin, ohne es zu ahnen, gleich mehrfache Kern-Erkenntnisse über Mannheim unters Volk: »Die Mannheimer sind ja eh die sympathischsten Proletarier Deutschlands, oder die proletarischsten Badener, kommt vielleicht aufs selbe raus. Oder sind das Kurpfälzer? Wieso sind eigentlich keine Mannemer in diesem Forum?«

Ad eins: Mit »sympathisch« muss der kluge Ignaz Wrobel (ein Tucholsky-Pseudonym) die Eigenheit meinen, sich direkt zu verhalten und auszudrücken. Wenn die Urmutter Joy Fleming über die Stadtväter poltert: »Mannheim schätzt mich erst, wenn ich keinen Arsch mehr hab«, will sie damit zum Ausdruck bringen, dass Mannheim sie erst schätzt, wenn sie keinen Arsch mehr hat. Sie meint nicht etwa popolos, enthintert oder – Gott behüte! – gesäßamputiert, sondern »keinen Arsch«. Eins zu eins.

Ad zwei: »Proletarier« trifft uneingeschränkt zu, da sich das Gefühl, geradezu genetisch von Geburt an Arbeiter zu sein, niederschlägt im ewigen Unterdrücktfühlen: »Hajo, mit uns kenne se's jo mache«, »Imma uff die Glääne.« Der dauergekränkte Tonfall tut ein Übriges. Immer ein wenig beleidigt, benachteiligt, ungerecht behandelt: »'tschuldischung, dass isch gebore bin«, lautet das ultimative eingeschnappte Totschlagargument.

Ad drei: Badener oder Kurpfälzer? Ethnisch ist der Mannheimer ein Mix aus Hugenotte, Pfälzer, Franke und allerlei streunenden Straßenziegen. Aber was will dieser Mannheimer sagen, wenn er ein lautstarkes HEEAAH! über die Straßenkreuzung bellt? Nun, mit Ausstoßen des Lauts HEEAAH! signalisiert er entweder: 1) Er trifft zufällig einen alten Freund wieder, oder: 2) Er fordert einen Autofahrer auf, ihm nicht den Parkplatz wegzuschnappen, der dem Mannheimer seit achtzehn Jahren GEHÖRT, oder aber: 3) Er hat gerade geheiratet und freut sich. In jedem Fall heißt es laut und deutlich HEEAAH! Wir gratulieren vorsichtshalber.

Man kann sich in dieser Stadt wohl fühlen, muss sich allerdings mit manchen Eigentümlichkeiten arrangieren. Erwarten Sie zum Beispiel nicht, dass sich der Mannheimer auf Ihre mitgebrachten Gepflogenheiten einstellt oder fremde Gerichte essen will, noch nicht mal beim Rezept hört er Ihnen richtig zu. Schlimmstenfalls wird er sich Ihrethalben bemühen, Hochdeutsch zu reden! Machen Sie sich in diesem Fall gefasst auf eine unheimliche Nachtwanderung in eine finstere philologische Zwischenwelt, die noch kein menschliches Ohr unversehrt wieder verlassen hat. Beispiel: »Die Sonne hat gescheunt und die Glocken haben gelitten.«

Und ad vier: Zweifellos wurden alle Mannheimer aus dem Forum verbannt wegen notorischer Rechthaberei. Wo die Forschungsgruppe Wahlen sich von Amts wegen um die präzisesten Wahlprognosen bemüht, trägt der Duden das Banner »In Zweifelsfällen sind die im Duden gebrauchten Regeln verbindlich« vor sich her, und der glääne Monn ist just dann am rechthaberischsten, wenn ihm die Sachargumente ausgehen, zu erkennen entweder an der trotzigen Parole »Du hosch Reschd und isch mei Ruh!« oder daran, dass er Ihnen das Nasenbein bricht.

Sind die Mannheimer stur? Das lässt sich nicht so einfach beantworten, aber die Antwort lautet in jedem Fall Ja. Egal, was Sie jetzt sagen, es ist so, wie es ist, glauben Sie's mir doch, wie oft soll ich's denn noch sagen, Herrgottsakrament nochemo, jetz is awwer Ruh im Kadong! (Beachten Sie bitte, dass »Ka-dong« auf der ersten Silbe betont wird, ebenso »Bal-gong«.)

Berliner gelten als patzig, Hamburger als kühl, Kölner als fröhlich, Münchner als irgendwie krachledern. Über solche Klischees zu debattieren lohnt nur bei reichlich Alkoholzufuhr und Muße. Bemerkenswert ist jedoch der Umstand, dass besonders das offizielle Mannheim allen Ernstes meint, in dieser Aufzählung zu fehlen. Ein Fernsehturm und ein C&A sind da etwas dünne, denken Sie zu Recht, aber führen Sie diese Debatte bloß nicht mit Einheimischen. Die Mannheimer werden Argumente (er)finden, die Sie vom Stuhl hauen: »Bei uns gibt's e Planetarium, gell!«

Als typische Mittelklassestadt, mit gut dreihunderttausend Einwohnern auf Platz 20 der deutschen Städte, rangiert Mannheim nach Wuppertal, Bielefeld und Bonn und vor Karlsruhe, Gelsenkirchen und Wiesbaden, eingebettet in Durchschnitt, auffällig wie die Gurkenscheibe im Hamburger. Googelt man nach diesen Städtenamen ohne jeglichen Zusatz, so rangiert Mannheim hinter Bonn und Karlsruhe, womöglich weil Letztere als Heimstatt bedeutsamer Institutionen der Bundesrepublik dienen. Anders sieht es aus im Spiegel-Online-Archiv von 2000-2005. Dort taucht Mannheim seltener auf als alle Tabellennachbarn der Einwohnerstatistik, nur Wuppertal ist noch unscheinbarer. Mannheim strebt nach oben, nicht totzukriegen ist der Slogan »Monnem vorne!«, der, jahrzehntelang den Mannheimern eingeprügelt, Wirkung zeigt, nur nicht jenseits der Stadtgrenze.

Ob man die Literatur über Mannheim betrachtet, eine Stadtrundfahrt macht, durch »die Zeitung« blättert oder mit offiziellen Vertretern der Stadt spricht: Permanent wird auf vergangene Großtaten hingewiesen, aufgrund derer man glaubt, den Status einer Metropole innezuhaben. Es gibt ja auch eine (in Zahlen: 1) U-Bahn-Station! Die Fußballvereine krebsen in der 4. Liga herum und sind dabei noch gut bedient, denn laut der vergleichenden Studie »Les villes européennes« der Universität Montpellier befindet sich Mannheim europaweit in der 7. Liga. Innerhalb derer immerhin in der Spitzengruppe – zusammen mit solch glanzvollen Ansiedlungen wie Toulon und Tampere, Tours und Turku. Na ja, wenigstens Bielefeld lässt Mannheim weit hinter sich (außer im Fußball). Wird Mannheim der Aufstieg in die 6. Liga gelingen? Dort warten Giganten wie Padua, Palermo und Pamplona. Immer nach dem Motto »Warum immer bloß die annere? Mir sin aa noch do.« Wir drücken die Daumen!

Thomas Baumann, im September 2005

Logo[0]

spricht man Stadt Mannheim[2] falsch aus. Quatsch hoch zwei ist freilich auch LeihamtMannheim[2], AltenpflegeMannheim[2] und FriedhofsamtMannheim[2], weil man weder quadratpleite noch quadratalt oder gar quadrattot sein kann im »Konzern Mannheim«, wie sich die Stadt ja ebenfalls zu nennen meinen müssen glaubt. Widdersprüchlich scheint der OB-Kommentar: »Die Potenzierung drückt nicht nur eines der Wesensmerkmale Mannheims aus. Sie steht auch für das Potenzial, das in unserer Stadt steckt.« Mensch, Gerry, alter Fuchs, warum dann nicht gleich Mannheim[3] oder Mannheim[4] oder Mannheim[n]? Nur weil's nicht auf der Tastatur ist? Alldieweil die Behörden noch die alten Briefbögen aufbrauchen, sollte man überlegen, das Potenzial zu potenzieren. Putzig übrigens, dass kurz vor Bestellung des neuen Logos gerade der Hafen Geld für ein neues Erscheinungsbild ausgegeben hat. Man hätte sich theoretisch verständigen können, aber es ist halt doch ein verflixt weiter Weg vom Hafen bis C5. Ach ja, den wunderbar patinabehafteten Waschmittelslogan »Mannem vorne« gibt's gottlob ebenso weiterhin wie den gänzlich unverjagbaren Schmuddel, der im Stadtbild an alten Mülleimern das weit und breit Schmuddeligste ist, das das Auge erblickt. Der Schmuddel muss bleiben, und wehe, da malt einer [2] dran!

Schmuddelweibchen bei der Eiablage

Quadrate[1]
I. Schäfermatt

Vor vierhundert Jahren war es gerade hip, Städte geometrisch an-
zulegen, wie man auch in Karlsruhe oder Schwetzingen sieht. Und
darunter leiden Menschen heute noch. So sind die Quadrate in
Mannheim angeordnet wie auf einem Schachbrett. Im Prinzip zumindest. Offiziell haben die freien Räume zwischen den Quadraten – so genannte »Straßen« – keine Namen, die Straßennamen
hingegen sind zu Blocknamen mutiert. Eine »Straße« verläuft also
nicht zwischen den Häusern entlang, sondern um einen Häuser-
block herum. Seltsam? Doch so steht es geschrieben.

Also warum nicht als Neuling in der Stadt die Quadrate kennen
lernen, indem man sie wie im Schachspiel abläuft, nach dem Mus-
ter des Schäfermatts? Eine Idee, so blödsinnig wie der Schäferzug
an sich, schreit nach Verwirklichung.

Der erste Zug führt nach E4, wo gleich vor der Musikschule ein
Graffito grüßt: »Söhne sucks!« Was haben wir gelernt? Es gibt in
Mannheim eine Musikschule, es gibt gewisse Söhne, und die mag
wohl nicht jeder. Im selben Block logiert eine »Produktenbörse«.
Hat nichts mit Patentamt zu tun, sondern ist eine Börse, an der
Getreide gehandelt wird, man nehme etwa die Braugerste fürs
Eichbaum. Und nach Berlin ist die Mannheimer Produktenbörse –
einer gewissen Tradition folgend – die zweitgrößte im Land. Weiter geht's. In E5 steht das Rathaus, welches aber nicht *das* Rathaus
ist, denn ein Rathaus steht ebenso in F1 und K7. Sie dürfen sich
immer eins aussuchen, sind dann aber unter Umständen falsch.
Am Reiss-Engelhorn-Museum vorbei traben wir nach C4 zum
Curt-Engelhorn-Zentrum und der Heimat des Kurpfälzischen Kam-
merorchesters. Hier steht nicht »Söhne sucks«. Am Zeughaus vorbei, das bis 2007 restauriert sein soll, stehen wir in C6 vor einem
mächtigen Imperialbau mit Reiterstandbild als Fassadenrelief und
der Inschrift »Kurfürst-Friedrich-Schule«, heute benannt nach
Friedrich List, dem Mann, der im 19. Jahrhundert die Idee hatte,
in Deutschland ein Eisenbahnnetz zu bauen: eine Wirtschafts- und
Handelsschule – da wirft bereits die BWL-lastige Uni ihre Schatten

herüber. Beachten Sie nicht den Audi, an dem die Aufkleber »Audi Scene Mannheim« und »Herr der Ringe OOOO« kleben, denn er steht nicht immer hier. Wir streifen den Schillerplatz, wo früher das Nationaltheater stand. Ein paar Hausnummern weiter bewundern wir eine praktische Einrichtung: Der »Stadt Mannheim[2] Fachbereich Wohnen und Stadterneuerung« kann seine Mitarbeiter ein Stockwerk tiefer schicken zum »Zentrum Nervenheilkunde Stadtmitte«. Aber einfach Stadtmitte, nicht Stadtmitte[2]. Neugierig stecken wir die Nase in den Laden namens »Polnische Spezialitäten« und zögern, welchen Wodka wir unseren Lieben als Andenken mitbringen: »Absolwent«, »Kapitanska« oder gleich »Lider«.

Voulez-vous Kuchen avec moi?

Ein absolutes Muss ist der Deutsch-Französische Freundschaftsverein. Im Schaufenster ein Foto, auf dem sich Adenauer und de Gaulle die Hand reichen, darunter ein verschwurbeltes Zitat vom Alten über verblühende Mädchen und Rosen und überdauernde Damen von 1963, was exakt dem letzten Jahr der Renovierung des Interieurs entspricht. Auch die anwesenden Kaffee-/Rotweintrinker sitzen seither unverändert in der kneipenartigen Küche im

Hinterzimmer. Nichtmitgliedern wird das Getränk leider verwehrt. Aber Reinhard Mey (Wahlfranzose) singt aus dem Tonbandgerät »Über den Wolken«. Culture à la Mann'eim. In F3 lesen wir an der Synagoge – man beherrscht natürlich fließend hebräisch:»Und sie sollen mir machen ein Heiligtum, dass ich wohne in ihrer Mitte.« War mit F3 nur knapp daneben. Und wir begegnen bestürzt dem ersten Straßennamen, derer es angeblich keine gibt und die doch massenweise vorhanden sind: Rabbiner-Grünewald-Platz.

Freie Interpretation

Wir schenken uns D6, denn in der Ecke waren wir schon. Also auf Richtung Mattzug, und spontan wird's ärmer, grauer, ausländischer. Die Trinitatiskirche hat zahllose international besetzte Hässlichkeitskonkurrenzen dominiert, glänzt jedoch an der Außenseite des Kirchturms mit dem kürzesten Geländer der Kurpfalz: 26,5 cm, gemessen mit π*Daumen-Technik. Eine Doppelattraktion, oft zu Unrecht übersehen, ziert die andere Straßenseite, die Guinness-Buch-würdige Pizzeria Salerno mit einer Auswahl von sage und schreibe 114 verschiedenen Pizzen! Hervorgehoben seien nur die Varianten »Pizza Bauer (Zwiebel, Paprika)«, »Pizza Alles«, »Pizza FCK«, die Pizzen Mustafa, Queen, Super Mario, Fritz Walter, Betze und schließlich Pizza Nummer 110: »Pizza mit Pfälzer Herz (Saumagen)«. Eine Pfälzer Pizzeria! Mitten in Mannheim!!

Der Streifzug lenkt das Auge auf einen glückselig mit ausgebreiteten Armen schwebenden Engel vor dem »Katholischen Bürgerhospital«, wo verschnupfte Protestanten ungern gesehen sind. Beliebt bei den weniger begüterten Mietern nebenan: Kleinstbalkönchen mit Applikationen aus Geranien und SAT-Schüssel. Ecke Kaiserring bietet sich uns der namenlose Brückendschungel mit eingebetteter, wie lebendig begrabener Straßenbahnhaltestelle. Ein Verkehrsmoloch von Weltstadtniveau, wenn man an Pariser Banlieus denkt.

Pro und Contra provokante Stadtplanung – diskutieren Sie mit!

Passend hierzu der Verein für binationale Partnerschaften, um die Ecke arbeitstherapeutische Werkstätten. Ein Anwohner in Adiletten trägt höchst malerisch die Plastiktüten des Jahres spazieren: »Lidl (ist billig)« und »Müller (macht glücklich)«. Achtung: Dieses Motiv ist nicht als Postkarte erhältlich! Moment … Seit Beginn der Partie stehen wir erstmalig vor einem neuen Gebäude! Auch wenn es nur das Routinehotel der Mercure-Kette ist, sind wir überwältigt. Mit letzter Kraft registrieren wir, dass F6/F7 keine Einbahnstraße ist. Dafür hat die Stadt die Durchfahrt G6/G7 gleich gegenüber in beide Richtungen gesperrt. Kuriosa über Kuriosa. Zum Grande Finale geht's nebenan ins Plaza Café, Weizen bestellen. Dame schlägt Bauer F7 – Matt!

PS: Der eigenwillige Hamburger Musiker Knarf Rellöm (bitte rückwärts lesen, er nennt sich aber wirklich so) hat angeregt, in den
Quadraten echtes Schach zu spielen, in jedes Quadrat als Sprin-
ger, Türme usw. verkleidete Menschen zu stellen. Was für eine gewaltige PR wäre das! Knarf weiß nicht, dass die Verantwortlichen
der Stadt Mannheim[2] 1) auf solche Ideen[2] nicht kommen, 2) prin-
zipiell Angst[2] haben, dass etwas Geld[2] kosten könnte, 3a) aktiv
werden und 3b) sich einigen müssten. Gleichwohl schlage ich vor,
Knarf Rellöm zum Ehren-Quadratschädel zu ernennen.
    Jetzt emo was ganz anneres …

Fünfzehn Minuten Ruhm
(I. Teil)

ADC
Der Art Director's Club verleiht seine Preise im jährlichen Wechsel
in München, Frankfurt, München, Berlin, München, Hamburg etc.
Die Mannheimer Werber stellten nun die Forderung auf, in diesen
edlen Kreis aufgenommen zu werden, und zwar für das Jahr 2008,
anstelle von München. Man hat ihnen dezent, aber gleichwohl
deutlich signalisiert, dass daraus in den nächsten Jahren nichts werden wird. Noch vor der offiziellen Bewerbung.

AFN
Seit 2004 sendet die Europazentrale des Radiosenders der US-
Streitkräfte, des American Forces Networks (AFN), ihr Programm
von Mannheim-Sandhofen aus. Wieso? Nun, durch die Autobahn-
auffahrt und den amerikanischen Militärflughafen kommt man
immerhin schnell weg.

Akte, Mannheimer
Regelt den internationalen Verkehr auf dem Rhein. Unklar ist, was
dies für den Normalbürger bedeutet, da aber in diesem Vertrag
das Wort »Mannheim« drinsteht, wird er in jedem Jubelbuch breit
getrampelt, so auch in diesem Jubelbuch.

Autobahnnetz

Wikipedia beschreibt das dichteste deutsche Autobahngewurstel auf so kleinem Raum nahezu poetisch: »Durch das Stadtgebiet führt die Bundesautobahn A6 Saarbrücken – Nürnberg. Ferner beginnt hier die A67 in Richtung Darmstadt, die A656 nach Heidelberg und die A659 nach Weinheim. Östlich der Stadt führt auch die A5 Heidelberg – Darmstadt – Frankfurt a.m. vorbei. Die Agglomeration Mannheim/Ludwigshafen ist von insgesamt sieben Autobahnkreuzen umgeben. Folgende Bundesstraßen führen durch das Stadtgebiet: in Richtung Süden ...« und so weiter und so fort (A650, A61, A659, A65). Wie bei AFN gilt auch hier: Wegkommen ist eine Kleinigkeit.

Bahnhof

Der Mannheimer Hauptbahnhof ist der zweitgrößte ICE-Knoten Deutschlands. Der Mannheimer Rangierbahnhof ist der zweitgrößte Deutschlands. Aber aufgepasst:
Der Mannheimer Hauptbahnhof ist der größte Eisenbahnknoten in Süddeutschland! Und er ist der einzige, der vom Vorplatz aus von zwei grauen Kotzkästen verstellt wird.

Banker, berühmte

Wie es bei erfolgreichen Mannheimern Sitte ist, verließ Otto Hermann Kahn (geb. 1867) die Stadt in jungen Jahren. Der Wahl-Londoner und spätere New Yorker häufte Abermillionen an, unterstützte als Mäzen Künstler wie Hart Crane, George Gershwin oder Arturo Toscanini. Kahn kaufte in Long Island ein Grundstück, dessen Fläche mit 1,8 km² die Mannheimer Quadrate übertrifft, und ließ eine Villa mit stolzen 126 Räumen erbauen, die damit – ganz der Sitte seiner Heimatstadt folgend – in der Rangfolge der amerikanischen Privatwohnungen die zweitgrößte war.

BASF

Jene Firma, die ihre Geschäftspartner zum Essen nach Mannheim führt, weil Ludwigshafen vorwiegend Bratwurstbuden offeriert.

Baukonzerne

Bilfinger & Berger. Zweitgrößter deutscher Baukonzern.

RE453 nach Worms

Berühmte Mannheimer, die keine Mannheimer sind
- Karl Mannheim, Soziologe, und Lucie Mannheim, Schauspielerin, flohen beide 1934 vor den Nazis nach London und haben mit Mannheim nichts zu tun.
- Freiherr von Drais ist gebürtiger Karlsruher, wird aber gerne von den Mannheimern beansprucht. Seine primitive Draisine (die nichts mit dem Schienengefährt zu tun hat) konnte er ein Dutzend Mal an die englische Post verkaufen, der Nachfolgeauftrag blieb jedoch aus, da sich die Briefträger auf seinem Klappergefährt die Stiefelspitzen zu stark abwetzten.

- Werner von Siemens war Hannoveraner, aber kein Mannheimer und schon gar kein Pferd. Eine seiner vielen Erfindungen stellte er aber 1880 in Mannheim vor, den ersten elektrischen Fahrstuhl.
- Birgit Fischer trainiert zwar in Sandhofen, ist aber gebürtige Brandenburgerin.

Binnenhafen
Zweitgrößter Binnenhafen Deutschlands, bisweilen auch Europas, vermutlich nur, wenn man Ludwigshafen dazurechnet, also nicht so gern.

Bloomaulorden
heißt eine Auszeichnung für Leute, »die Mannheim auf typische Art und Weise vertreten«, und wird mehrheitlich von Verstorbenen getragen wie Anneliese Rothenberger, Professor Heinz Haber, Sepp Herberger, Carl Raddatz, OB Hans Reschke. Ordensträger Franz Schmitt äußerte den denkwürdigen Satz: »Es gibt nur ein Deutschland – un des is Mannem!« Das Verb *blooen* heißt übrigens angeben, aufschneiden.

»Carmens Karre«
hieß ein etwas zu originelles Gewinnspiel eines Radiosenders. Zahlreiche brave Bürger meldeten der Polizei, dass sich an verschiedenen Orten der Stadt Unbekannte an geparkten Autos zu schaffen machten. Die Radiomacher hatten in einem Kofferraum 1.000 Euro versteckt, die es zu finden galt. Die Polizei wurde vorab nicht informiert und kann bis heute nicht über die Aktion lachen.

Filmfestival
Inzwischen das »Mannheim-Heidelberger Filmfest«. Richtet mittlerweile zusätzlich das von der BASF gesponserte »Festival des deutschen Films« in Ludwigshafen aus. Das »eigentliche«, das Mannheimer aber, ist nach der Berlinale das zweitälteste Filmfestival in Deutschland.

Führerschein
Wenn Ihnen mal so richtig, aber so richtig langweilig ist und in der Glotze die Wiederholung eines Biathlon-Rennens von 1963 läuft,

fahren Sie doch nach Sandhofen und bewundern Sie den ersten Führerschein der Welt.

Fusion

Villingen-Schwenningen, Budapest und Wuppertal haben es geschafft, aber in MA/LU hat man es nicht mal ernsthaft versucht. Die Ursachenforschung führt unweigerlich zur Antipathieabstufung bei den Mannheimern. Den nahen Bruder LU mag man grundsätzlich nicht, den entfernten Vetter Heidelberg nimmt man immerhin halb ernst, die ferne, aber bedeutsame Verwandtschaft Frankfurt ignoriert man vollends. Auf allen, wirklich allen Ebenen hätte eine Städtefusion ausschließlich Vorteile, zu ihrer Verwirklichung müsste man sich jedoch einigen.

Fuzzis, Schlager-

Nina, die Hälfte von Nina & Mike, ist tot, Bernd Clüver hat's nach Mallorca gezogen, nur Joana ist noch da.

(Fortsetzung folgt)

Adler²

WARNHINWEIS: Das nun folgende Kapitel enthält unfeine Ausdrücke, Unflat und Unrat aller Art. Zarten Gemütern (Heidelbergern, Schwetzingern und dergleichen) sei anempfohlen, sich in ihrer schmucken Pantryküche eine Tasse Rooibos-Vanille-Tee zuzubereiten und erst zum nächsten Kapitel den Raum wieder zu betreten. Denn jetzt wird's ... LAAAUT!!!

Die Sportart Nummer 1 in Mannheim ist Eishockey, jene roh behauene Melange aus Kufenstahl, Schlägerholz, Stehplatzbeton und Bier. Was früher einmal pragmatisch »Mannheimer Eis- und Rollsportclub (MERC) e.V.« hieß, wurde bei Einführung der professionellen, nach amerikanischem Vorbild strukturierten, sprich, profitabwerfenden DEL, der Deutschen Eishockey-Liga, umgetauft in die Mannheimer Adler. Dass man bei der Namensgebung nicht zum englischen Eagle gegriffen hat, muss ein Lapsus des Vorstands gewesen sein.

Das Eichbaum-Eisstadion am Friedrichspark zwischen dem uringeschwängerten Gebüsch neben der Universität und der brummenden Auffahrt zur Konrad-Adenauer-Brücke quetscht sich als Stahl & Steinbauwerk ins Erdreich, garniert von den Fahnen eines Baumarkts, dösigen Vertretern der Polizei und Mülleimern, voll wie mein Begleiter, den ich vor dem Eingang treffen soll.

Wir verabreden uns »vor der Lampe«. Warum nicht neben dem Rasen, auf dem Gehweg oder einfach unter dem Himmel? An dem einzigen Eingang angekommen verstehe ich, dass man sich hier nicht verfehlen kann. Fast zwei Stunden vor Spielbeginn lümmeln vor dem Stadion zwei Dutzend Gestalten herum – wo sind die Heerscharen von Adler-Fans, von denen die Stadt und die Region angeblich so dicht bevölkert sind? Das Einzige, was aus dem Stadion zu hören ist, ist die Stadionbeschallung, Lautstärke achtzig Dezibel (entspricht in der Wirkungstabelle »Haarfön, nervig«). Leider düdelt gerade mein Handy, kurz bevor wir die Eingangskontrolle inklusive Abtasten über uns ergehen lassen. Meine Bemerkung gegenüber meinem Telefon-Gesprächspartner, »Moment, jetzt kommt Kurz-Erotik«, quittiert der auffällig gut aussehende, aber auch auffällig kräftige junge Türke, der meine Taschen abklopft, mit einer massiv angehobenen Augenbraue, aber verzichtet großzügig darauf, meinem Nasenbein einen Bodycheck zu versetzen. Ich ahne, dass Scherze sich hier entweder auf Alkohol oder auf den Gegner beziehen müssen.

Das Stadion ist konstruiert wie eine Tupperdose, deren Deckel jemand leicht angehoben und Zahnstocher dazwischengesteckt hat, und sobald man die kleine Anhöhe hochgestiegen ist, erklärt sich die Ruhe draußen. Denn der Sturm ist hier drin! Zwei Stunden vor Anpfiff sind die Stehplätze VOLL! Markiert wird das private Terrain mit zusammengeklebten Styroporplatten, die später als Aussichtsplattform unter die Füße gelegt werden, verteidigt wird es mit trainierten Ellbogen. Zum Glück ist mein Begleiter robust gebaut, zudem in der Fankurve bekannt wie der sprichwörtliche bunte Hund (warum, sollte ich später noch schmerzhaft erfahren). So wuchten wir uns zwischen Leute, die mir vorgestellt werden als Jürgen, Rolf, Herbert, und ein Ali ist auch dabei, der aber keineswegs orientalische Gesichtszüge auf dunkler Haut spazieren trägt, sondern ein Pfälzer Malochergesicht, von der Sonnenbank verwöhnt. Außer einer Hand voll GIs sind kaum Ausländer unter den achttausend Zuschauern auszumachen.

Die Stadionlautsprecher bewummern uns mit Hardrock aus grauer Vorzeit: Bryan Adams, Iron Maiden, Guns N' Roses; auch die unvermeidlichen AC/DC grüßen aus fernen Äonen.

In Fankreisen bevorzugt der Herr diese Saison eine beliebte Form von Bartwuchs sowie knielange, apart die Figur kaschierende Sackhemden in Vereinscouleur, mit Applikationen von internationalen Werbepartnern. Die Dame dasselbe, außer dem Bart, von Einzelfällen abgesehen. Ein achtjähriger Knirps trägt stolz sein T-Shirt spazieren mit dem Aufdruck »1938-2005 – Danke für wunderbare Jahre«. Bevor jemand etwas Falsches denkt: Es geht nur um den Abschied vom Stadion am Friedrichspark (das in Wahrheit 1939 eröffnet wurde, aber vielleicht fand man die Jahreszahl historisch zu bedeutungsschwanger. Jedoch 1938 … nein, dieses Rätsel bleibt ungelöst), das durch die SAP-Arena abgelöst wird. Das Softwareunternehmen ist der Hauptsponsor, und so prangt SAP in dicken Lettern auf den Fantrikots. Mir kreist im Kopf, dass die deutsch-kanadischen Spieler sowie die anwesenden GIs das englische Wort *sap* auch in der Bedeutung als Trottel oder Einfaltspinsel kennen, teile dies jedoch vorsorglich weder Jürgen noch Herbert oder Ali mit. Aber die Dummen sind nie die anderen, könnte Peter Ustinov gesagt haben, und Recht hätte er. Denn wie aus dem Nichts halte ich, der Tourist, ein Stoffknäuel in der Hand, das sich als Adler-T-Shirt entpuppt, und das auf der Rückseite für die Mannheimer S-Bahn wirbt. Mit überdimensionierten Steinschleudern katapultiert eine Hand voll Schüler einige Dutzend der begehrten Kleidungsstücke ins Publikum. Die unterhalb Stehenden wenden sich um und geifern mich mit blutunterlaufenen Augen an. Man fordert mich auf, das T-Shirt sofort anzuziehen, und um keine Missverständnisse entstehen zu lassen, leiste ich brav Folge. Hurra – ich gehöre dazu!

Nachdem die ersten Weinschorle geleert sind, also Weißwein wahlweise mit Mineralwasser oder Cola, startet das vierte Play-off-Match um den Finaleinzug. Unbekannte Täter haben in großer

Zahl dildoförmige Luftballons in den Vereinsfarben verteilt, die nun eifrig geschwenkt werden. Das sieht gut aus und gaukelt dem Gegner vor, er habe es nur mit einem Kindergarten zu tun. Der Gegner, das sind die Frankfurt Lions, und deren Anhängerschaft wiederum tarnt sich mit Fan-Shirts mit dem Aufdruck eines Schokoriegels – Eishockeyfans sind ein durchtriebenes Völkchen.

Das notorische Auspfeifen der Gäste stellt meine Ohren auf eine erste Probe für den Ernstfall: Momentan sind wir noch bei 110 dB (»Rockkonzert, Motorsäge«). Meine Angst ist groß, und sie ist berechtigt.

Im ersten Drittel fällt kein Tor, das Spiel ist schlecht und besteht vorrangig aus Kampf, Körperattacken, aber auch leichten Schlägereien. Auf dem Eis, wohlgemerkt.

Ich nutze das zweite Drittel, um mit Inspektorenmiene das Ambiente zu begutachten. Für die Toiletten etwa würde sich im Frankfurter Bahnhofsviertel jede 20 Euro-Prostituierte schämen. Wen wundert's da, dass die betont gelassenen Polizisten aufreizend langsam an den Gebüschpinklern – innerhalb des Stadiongeländes! – vorbeischlendern?

Ein Highlight ist die so genannte Feuerwurst, angepriesen als »heiß und fetzig« (sic!), eine Art gekochte Salami in Bratwurstform, die an zwei Partybrötchen kredenzt wird, was den Essvorgang auf einer Papierserviette unweigerlich zu einer barbarischen Handlung werden lässt. Heiße Maroni gibt es um die Jahreszeit zwar nicht, aber wenn Winter ist, dann in den Preiskategorien € 2,–, 3,–, 4,–, 5,–, 6,–, 7,–, 8,–, 9,–, 10,–. Na, da ist doch für jeden Geldbeutel was dabei.

Der Presseclub logiert außer Sichtweite der Eisfläche in einer Baracke aus Nut und Federbrettern, an deren Außenwand im Veranstaltungskasten hingewiesen wird auf die Events »Deutsche Fußballmeisterschaft des Eishockey Fanclubs Erding e.V.« und »Die Blau-Weiß-Roten säubern den Wald am 28.04.2001«. Prima! Endlich macht das jemand mal, denn … Moment. Da hat jemand vor vier Jahren vorgehabt, den Wald zu säubern??? Na, da muss aber besonders gründlich was dazwischen gekommen sein. Ein Betreuer des Vereins klärt mich auf, dass die »Blau-Weiß-Roten« zu allen Auswärtsspielen fahren und ansonsten »Schnarchnasen« seien. Na und? Solange der Wald irgendwann sauber ist …

Das dritte Drittel verbringe ich wieder im Kreise meiner Lieben. Ali ist schon heiser, Herbert ist sauer, Jürgens Gesicht glüht. Im Fanblock wird aus einem heimlich hereingeschmuggelten 20-Liter-Thermosbehälter mit verschwörerischen Gesten ein ominöses Getränk in Plastikbechern herumgereicht, und auf meine Frage nach der chemischen Zusammensetzung versichert man mir, es sei »Cola mit Schweiß«. Ich verzichte spontan.

Mein hinter mir stehender brummiger Begleiter führt mit meinem Trommelfell einen Langzeitbelastungstest durch: »DUUU WICHSEEER!«, brüllt er dem Schiedsrichter zu, der Heimmannschaft empfiehlt er: »Schulterblätter müssen fliegen!!!« (Erst später unterrichtet man mich, dass es richtig heißt: »Schulterblätter müssen krachen!«), und der gesamten Fankurve röhrt er vor: »HEEE-AAA HEEE-AAA«, und die Antwort donnert »MERC!!!«. Die Aussprache lautet in etwa Emma Zeh. Was juckt's Jürgen und Ali, dass der Verein seit elf Jahren Adler Mannheim heißt? Und was juckt es sie, dass in diesem Moment meine Ohren endgültig zu Krümel verfallen? 140 dB (»Sirene, startender Düsenjet«). In Mannheim sagt man: »Juckt's dich? ... Dann kratz dich!«

Den Block der Gästefans trennt nicht etwa ein Wall aus Stacheldraht mit Selbstschussanlagen und texanischen Bluthunden, sondern ein rot-weißes Plastikbändchen. Bedächtig spaziere ich hinter den Frankfurt-Fans entlang, um die Äppelwoi-Fraktion näher in Augenschein zu nehmen. Da regen sich zwei gelb bejackte Ordner und sagen freundlich, aber bestimmt: »Verlassen Sie bitte den Gästeblock!« Auf meine Frage nach dem Grund erklärt mir der Dienstranghöhere (mit Knopf im Ohr): »Weil Sie Mannheimer sind.« Ich wundere mich über sein seherisches Talent, er jedoch deutet nur stumm auf mein T-Shirt. Richtig! Ich hab ja ein Adler-T-Shirt an! Der Ordner ist überrascht, wie überrascht ich bin, und sortiert mich gedanklich zu den vollsten Idioten seines Lebens ein.

Zurück in meinem Block lerne ich ein neues, an die Heimmannschaft gerichtetes Motivationsmantra: »Kommt, beißt sie, das sind Bluter!« Doch es hilft nichts. Die Adler kassieren das 0:1. Schlagartig werden die Mannheimer Fans kleinlaut: »Jetzt ist alles aus« oder »Jetzt fallen sie auseinander« und »Jetzt geht nichts mehr«, ist man sich einig. Um einige Minuten darauf nach dem Ausgleich den Pessimismus von eben zu vergessen wie eine alte

Feuerwurst. Tausende Kehlen grölen wie ein Mann: »Auf geht's, Mannheim – kämpfen und siegen!« Verstehen muss man das nicht, aber in diesen Momenten ist der Mannheimer ein wunderbares Wesen, das überströmt vor ehrlichem Herzblut.

Aber heute reicht das trotz alledem nicht. In der Verlängerung kassieren die Adler per »Sudden Death« das 1:2, und die achttausend Zuschauer stehen wie vom Donner gerührt. Stille. Eine auf den ersten Blick recht kultiviert wirkende Blondine schräg hinter mir findet als Erste ihre Fassung wieder und schreit: »Das nächste Mal seid ihr tot – aber ALLE!«

Ganz anders reagiert Jürgen (oder war's Ali?), der mir verspricht, dass er für das fünfte und entscheidende Spiel ein indianisches Mandala aus äußerst schwer zu bekommendem Hirschleder knüpft, welches sicherlich den Sieg einbringen wird. Die Welt ist bunt …

Am Ausgang wünscht eine Werbetafel der Eichbaum-Brauerei »Auf Wiedersehen & Gute Fahrt«. Ersteres lasse ich mir noch durch den Kopf gehen, Letzteres ist, hicks, Glückssache.

PS: Das war eines der letzten Spiele im Friedrichspark. Friede seinen Aschenbergen.

Jetzt emo was ganz anneres …

Radio²

Frequenz	Sender	Programm	Slogan
87,8	Big FM	MTV-Soße	Kick den Elch
88,8	SWR2	Laber	Entdecken Sie SWR2
89,3	HR3	Jugend/Rock	Voll im Leben
89,6	Bermuda	Antifa, Punk, Baskisches	Keine Atempause, Geschichte wird gemacht!
89,6	RadioAktiv	Campusradio	Der Student geht zur Mensa, bis er bricht (inoffiz.)
89,9	SWR1 Rheinland-Pfalz	Hausfrauenpop	Eins gehört gehört
91,5	SWR Das Ding	Musik, Pop	Anbieter im Sinne des §10 Abs. 1 Nr. 1 MDStV
92,0	SWR2	Laber	Entdecken Sie SWR2

Frequenz	Sender	Programm	Slogan
92,7	HR3	Jugend/Rock	Voll im Leben
92,9	SWR1	Oldie	Eins gehört gehört
93,2	Rockland	totgenudelter Rock	Classic Rock
95,9	SWR4 Kurpfalz-Radio	Hausfrauenzeug aller Art	Da sind wir daheim
97,4	HR2	Klassik	Vielfalt und Kultur
98,4	SWR3	Hausfrauenpop	SWR Dreeeiheeei
98,7	AFN	Rock, Pop, US-News, Aufforderungen zum Fallschirmspringen	We need YOU!
98,9	SWR2	Laber	Entdecken Sie SWR2
99,1	SWR3 Rheinland-Pfalz	Laber pfälzisch	SWR Dreeeiheeei
99,5	SWR3	Hausfrauenpop	SWR Dreeeiheeei
100,4	Radio Regenbogen (Baden-Baden)	Hausfrauenpop	Nur wir sind von hier
100,7	SWR4 Kurpfalz-Radio	Hausfrauenzeug aller Art	Da sind wir daheim
101,1	SWR3	Hausfrauenpop	SWR Dreeeiheeei
101,6	HR4 Süd	Lülü pfeif	HR4 – Gut zu hören
101,8	Hit 1 Karlsruhe	Hausfrauenpop	Die größten Hits
102,2	SWR2	Laber	Entdecken Sie SWR2
102,5	HR4	Hausfrauenpop	HR4 – Gut zu hören
102,8	Radio Regenbogen (Baden-Baden)	Hausfrauenpop	Nur wir sind von hier
103,1	RPR1	Hausfrauenpop	Die SuperHits im MegaMix
103,3	Skyradio (Hessen)	Pop	Superhits für Hessen
103,6	RPR1	Hausfrauenpop	Die SuperHits im MegaMix
104,1	SWR4 Kurpfalz-Radio	Hausfrauenzeug aller Art	Da sind wir daheim
105,0	FFH	Aktuelles aus Frankfurt	Wir spielen die Hits
105,2	Big FM	MTV-Soße	Kick den Elch
105,4	Bermuda	Antifa, Punk, Baskisches	Keine Atempause, Geschichte wird gemacht!
105,6	SWR4 Kaiserslautern	Hausfrauenzeug Pfälzer Art	Da sind wir daheim
105,9	FFH	Aktuelles aus Frankfurt	Wir spielen die Hits
106,1	Sunshine	Trance	Wir sind unter euch
106,3	Deutschlandfunk	Laber	Deutschlandradio Kultur
106,7	Big FM	MTV-Soße	Kick den Elch
107,3	AFN	Rock, Pop, US-News, Aufforderungen zum Fallschirmspringen	We need YOU!
107,5	FFH	Aktuelles aus Frankfurt	Wir spielen die Hits
107,9	Rockland	totgenudelter Rock	Classic Rock

RPR2 ist eingestellt: Bis heute weiß kein Sterblicher zu sagen, worin sich die beiden Sender unterschieden haben. Vorsichtshalber hat RPR1 die »1« im Namen behalten.

Dann wäre da noch ein gewisser Elmar Hörig, ein selbstbewitzelter »Elmi«, zu nennen. Paradeberufsjugendlicher, unlustige altbackene Knallcharge, die zuerst lange, lange Jahre bei SWF3 (heute SWR3) moderierte, dann die unbeschreibliche Fernsehshow »Bube Dame Hörig« (sic!), der auf skurrilen Wegen Barbara Schöneberger entsprungen ist; dann wurde Hörig gegangen, ist noch bei Radio Regenbogen, wird gerüchtehalber aber gerade wieder gegangen und wechselt zu Rockland. In Mannheim können Sie diesem akustischen Furunkel nicht entkommen.

Jetzt emo was ganz anneres …

Joy Fleming[2]

Der Unterschied zu großen Stars in großen Städten zeigt sich am Beispiel Joy Fleming. Ihr Name steht völlig unverschlüsselt im Telefonbuch. Ihr Kommentar am Telefon vorab: »Warum net? Wenn ääner fresch werd, schlach isch ihm uff de Hals.« Worum es denn geht, will die Joy wissen. »Was, noch e Buch? Ach Gott, isch hab noch e Anfrag wege me annere Buch. Ja, um was geht's do?« Es geht um Mannheim, und ohne Joy Fleming wäre dieses Buch wie ein Köln-Buch ohne Dom, ein München-Buch ohne Oktoberfest. Joy Fleming ist der Mannheimer Dom und sein ganzjähriges Oktoberfest in einem.

»Dann misse Sie awwer schun zu mir kumme!«, lautet die klare Anweisung.

Man verlässt Mannheim südwärts durch den Immerstau bei Walldorf/Wiesloch, eine der sorgsam gepflegten Traditionen der Region, merkt, dass man sich verfahren hat, wechselt die Autobahn, um sich in den nächsten Immerstau zu stellen. Bei Sinsheim raus, an der Tankstelle vorbei, durchs Dorf, dann rechts, an der Ampel wieder rechts, dann weiter, den Berg hoch, an der Burg vorbei, den Berg runter und plopp!, stehen wir vor ihrem Haus. Einem alten Bauernhaus mitten im Dörfchen. Ruhig ist es hier, außergewöhnlich ruhig. Nur die sauberen reglosen Gardinen hinter den Fenstern lassen ahnen, dass die Häuser bewohnt sind.

Welt der Wunder

Nicht mit einem coolen Decknamen kaschiert, steht auf dem großen goldfarbenen Schild einfach »Joy Fleming« und darunter »Fleming Studio«. Die Haushälterin weist den Weg das Hoftor hinein, ein Holztreppchen hinauf, durch einen Miniflur, steile Treppe hoch durch eine Puppenküche mit angrenzender »Kuhstalltür« hinein ins Wohnzimmer, eingerichtet in funky Gelsenkirchener Barock mit viel Bunt im Kurpfalz-Lady-Style. Ganz wie die dynamische Besitzerin.

Der Privatzoo freut sich über Besuch: zweimal Hund (Helga und Hilda), zwei Papageien, viele Fische, circa eine Katze (Kater Tom, wie ich bald erfahre). Die Tierchen waren auch der Grund für den Wegzug aus Mannheim 1977. Hilda setzt sich aufs Sofa und bellt und jault. Und Joy setzt sich auch aufs Sofa und redet. Manchmal bellt und jault sie auch.

»Ich bin die Botschafterin von Mannheim, schon lange. Ich bin die Dialektmutter schlechthin. Ich hab den Neckarbrückenblues in die ganze Welt getragen.«

Auch wenn ihn keiner versteht außerhalb von –

»Wieso keiner versteht? Ich war in Afrika damit, ich war überall, es ist ja der Blues, der da vermittelt wird, nicht der Text. Wie's gesungen war. Kann man jetzt halten wie seller vum Dach, der Mannemer Neckarbrückenblues ist und bleibt meine Entdeckung, mein Ding.«

Zum Verständnis: seller ist das Relikt von französisch *celle* oder *celui* (jene/r), in Mannheim selli und seller. Wenn also jemand auf dem Dach steht, ein Dachdecker etwa, ist es gleich, welche Seite er wählt, um sich zu Tode zu stürzen. Konkrete Poesie à la mannemerisch.

»Ich bin auch die Urmutter des Dialektes. Alle, die nach mir gesungen haben, haben es mir nachgemacht, egal ob Bläck Fööss oder wie sie alle heißen. Ausnahme die Österreicherin Marianne Mendt mit ›Wia a Glock'n‹. Und danach habe ich gedacht, Mensch, so was könnte man auch auf Mannemerisch machen. Aber der Neckarbrückenblues ist kein Arrangement, sondern eine reine Improvisation, aus de Ribbe raus.«

Die in Rockenhausen (!) in der Pfalz geborene Erna Strube steht seit fünfundvierzig Jahren auf der Bühne, hat beim Grand Prix d'Eurovision nach einem schlimmen 17. Platz mit »Ein Lied kann eine Brücke sein« im Jahre 1975 bei der deutschen Vorausscheidung 2001 und 2002 jeweils den zweiten Rang belegt. Da sie sehr ungeniert Dialekt redet, hat sie zwangsweise eine Botschafterfunktion für die Stadt. Und natürlich findet Joy, dass Mannemerisch ein schöner Dialekt ist.

»Ja, klar! Erst mal darf man stolz sein, dass man Mannheimer ist, denn Mannheim ist eine wunderschöne, swingende Stadt. Ich liebe Mannheim, das ist meine Heimat. Und ich werde auch immer hinter Mannheim stehen ... und vor Mannheim. Ich werde Mannheim immer verteidigen in jeder Art und Weise, denn Mannheim ist die Musikstadt schlechthin. Der Xavier Naidoo ist ja auch in Mannheim aufgewachsen und hat sich auch inspirieren lassen. Oder in der Klassik, Anneliese Rothenberger, oder Carl Raddatz, Schauspieler. Mannheim hat etwas Künstlerisches, es ist etwas in der Luft, das nicht viele Städte haben, dieses, wie soll ich denn sagen … die Offenheit, das Swingen, das durch Mannheim geht. Man fühlt in Mannheim, da ist immer etwas Kribbelndes, das ist einfach eine Ausnahmestadt für mich.«

Der waschechte Mannheimer denkt: Die babbelt wie e Buch. Und wenn dieses Buch hier ein Hörbuch, nein, ein Sprechbuch wäre, würden Sie ahnen, wieso es außerdem heißt: Wonn die mol stirbt, muss man die Gosch extra totschlage. Ein Schelm, der Derbes dabei denkt.

»Das Derbe ist der Umgang, wie die Mannheimer mit sich umgehen, durch unseren Dialekt, der auch manchmal derb klingen kann. Wenn mir zum Beispiel einer e bleedi Gosch anhängt, und ich schieß zurück, dann ist das sehr derb, dann kracht's, aber zu Recht! Mir muss keiner schief kommen, dann gibt's gleich was Ordentliches über die Fratz. Damit muss man rechnen, wenn man einen Mannheimer beleidigt, wir sind halt nicht so hinterfotzige Menschen. Wir sagen es gleich richtig, damit es jeder versteht. Und wenn's heißt, ihr mit eurem Mannheimer Dialekt, muss man sich nicht entschuldigen, wir reden halt Dialekt, warum müssen wir uns entschuldigen, für was?«

Sie werden früher oder später Joy Fleming bei irgendeinem Stadtfest erleben. Und selbst falls Sie Jazzhasser sind, kommen Sie an ihrer urwüchsigen Energie nicht vorbei. Sie produziert ihre Songs im Kellerstudio selbst, hat eine gestandene Band im Gepäck, und sie singt wie mit zwanzig, die Mama Joy.

»Wir machen keine Computermusik. Es sind alles so gute Musiker, dass man das sofort hört. Wir sind keine Abduddelband, wir sind zwar zwischen fünfzig und sechzig, aber wir haben keine Altersprobleme, wir sind frisch und jung. Ich hatte gestern gerade den NDR da für den Grand Prix und habe denen gesagt: Ist denn die Musik so schlecht geworden, dass man nicht mehr richtig hinhört, dass man nur noch aufs Äußere guckt, nur noch auf den Arsch guckt oder auf den BH wie die Gracia beim Grand Prix. Wenn eine das Ärschel zeigt und Pep hat und Stimme, dann sag ich nix, Hut ab. Wenn man aber alles nur mit dem Arsch macht … Nehmen Sie mal unseren Uwe Ochsenknecht, der macht ja auch

Supermusik, und das ist ja so ein herzensguter. Knoddelärschel, en goldischer Mann.«

Bei ProSieben saß Joy in der Jury von Raabs »Stefan sucht den Super-Grand-Prix-Star (SSDSGPS)«. Hingegen hat sie zur Popakademie, dem Lieblingskind von Xavier Naidoo, keinen Kontakt.

»Zur Popakademie kann ich nichts sagen; die haben mich nicht angefragt. Aber: Entweder einer hat's in den Knochen oder im Blut, da kannst du auf eine Popakademie gehen, wie du willst. Wenn du's nicht hast, dann hast du's nicht. Ich hoffe, dass sie clever sind und wissen, was sie machen. Gibt's da vielleicht auch Tanz? Ich habe keine Ahnung, was da geboten ist.«

Wir verbrüdern uns radikal gegen Plastikmusik, diese ganzen künstlichen, diese –, nur Arschwackeln, das geht einfach nicht! Die Joy, die hat schon Recht! Die Leute sollen doch erst einmal durch eine »knallharte Jury. Nehmen wir mal an, da sitzt die Joy Fleming, der Xavier Naidoo, noch so ein paar gute Leute aus Mannheim. Kein Bohlen und kein … ne? Leute, die hinten und vorne Ohren haben. Also richtig Leute, die von hinten bis vorne fit sind. Ich kann jodeln, Volksmusik, Schlager, Rock, Jazz, Blues, Funk – ich kann alles! Es gibt hundert Menschen, die singen wie der Naidoo, die werden ihn niemals erreichen. Was bringt es Stahlhofen, wenn er den Naidoo imitiert. Wer sich neben Naidoo stellen kann, ist Edo Zanki, der hat eine saugeile Stimme, das ist ein Supersänger, mein lieber Scholli.«

Womit die wichtigsten Vertreter örtlicher Handwerksmusik genannt wären. Stellt sich abschließend die Frage: Ist Mannheim der »Ich kann alles«-Röhre dankbar?

»Noch nicht viel davon gemerkt. Außer meinem Bloomaulorden. Wenn ich in Mannheim singe, ist es auf eigene Initiative. Oder es kommt von Eichbaum, vom Stadtfest. Aber von der Stadt direkt, das ist sehr selten. Ich möchte fast sagen, dass die Stadt mir gegenüber sehr unfair ist. Weil: Die Mannheimer lieben mich. Aber die Stadtväter? Null Ahnung, was mit denen los ist. Dass sie kein Geld haben, höre ich schon seit Jahrzehnten. Ich habe beim Blumepeterfest viele Jahre umsonst gesungen. Und wenn dann ein großes Fest war, hieß es, ach, die singt so oft in Mannheim. Wenn die Initiative von der Stadt ausgeht, dann holen Sie mich

nicht, alle, nur mich nicht … aber dann haben sie auch Geld. Die
brauchen mich nicht – obwohl ich für Mannheim sehr viel mache.
Aber der Prophet im eigenen Land ist einfach nichts wert, das gilt
auch für Mannheim. Wenn ich sehe, was Köln mit Bläck Fööss und
Bap macht, wie die ihre Künstler schätzen und ehren … Mannheim schätzt mich erst, wenn ich keinen Arsch mehr habe, das
können Sie ruhig schreiben. Aus mir spricht der volle Frust – nicht
über die Mannheimer, sondern über die Stadtväter. Das macht
mich böse und auch total traurig, enttäuscht, dass man seine Leute nicht besser pflegt. In den Medien, im Fernsehen bin ich sehr
beliebt, aber Mannheim lässt mich total im Stich!«

Eine höchst simple Methode, sich lächerlich zu machen, wäre,
der Joy Zurückhaltung, Bescheidenheit und Leisetreterei, ja Unter-
kühltheit anzukreiden. Wollen Sie Mannheim kennen lernen? Rufen Sie Joy Fleming an, sagen Sie ihr, dass Sie ein Mannheim-Buch
schreiben und erleben Sie einen unvergesslichen Tag.

Jetzt emo was ganz anneres …

Feudenheim²

Badische Beamtenbank, Aquaristik, Reisehäusel, Näh-Center …
Sie sind also neu in Mannheim oder noch gar nicht da. Sie fragen
herum, wo man am besten wohnt. »Ha, am beschde is in de Oschd-
schdadt, awwa do grigge Se nix.« Danke für den Tipp. Man nennt Ihnen noch die Neckarstadt-Ost, vielleicht den Lindenhof, die Schwetzinger Vorstadt. Und Feudenheim. Freudenheim? Nein, ohne r.

City-Supermarkt, Thassos, Zwitscherstube, Boqueria, Canton…
Sie rätseln, wieso der auf dem Stadtplan so weit östlich liegen-
de Stadtteil etwas Besonderes sein soll und fahren hin. Die Hauptstraße heißt Hauptstraße und führt wie eine alte Dorfstraße quer
durchs Dorf. Dass gerade Feudenheim zu Mannheim gehört, das
angrenzende Ilvesheim aber nicht, ist purer Zufall. Obwohl sie auf
eigenen Wunsch eingemeindet wurden, sagen die Feudenheimer
noch heute hartnäckig, sie fahren in die Stadt, manchmal sogar:
nach Mannheim.

Blumen Inka, Moderne Schuhreparaturen von Meisterhand ...

Das Eiscafé Toscano stellt eine Art Ortsmitte dar, im Hinterhof hat sich die Post angesiedelt. Die beiden »Institutionen« teilen sich ganz dorflike die Toilette im Hof, die sich per Türdrücker öffnet. Das Toscano ist innen mit einer Fachwerkdecke ausgestattet, draußen, jenseits der Rosenranke, an den Plastiktischen, steht das Schild »Im Garten Selbstbedienung«. Der »Garten« liegt direkt an der Hauptstraße, wo der Verkehr gemütlich kullert. Wie in italienischen Abbruzzendörfern scheint kein Mensch zu arbeiten.

Antiktruhe, Cosmetik, lernprofis.de ...

Ein paar Schritte weiter liegt die Polizeiwache. Was tun die denn hier? Entlaufene Kühe einfangen? Wenn ich auf dem Mond ein Nagelstudio entdecken würde, täte ich dasselbe: reingehen. Es öffnet Herr Wittkowsky, seines Zeichens Polizeioberkommissar, kurz POK: »Pommes ohne Ketchup«, wie er mich aufklärt, und fügt hinzu, dass man hier alle Hände voll zu tun hat.

Umland von Wallstadt

Die meisten Feudenheimer Polizeieinsätze beschäftigen sich mit Rosenkriegen, es gibt aber auch Internetkriminalität, Unterhaltsfragen, Körperverletzung. »Aber Mord und Totschlag hatten wir noch nicht ... oder?«, wendet er sich an seinen Kollegen am Kopierer. »Doch, einmal.« – »Ach ja, der ... Ja, Feudenheim ist kein Elfenbeinturm mehr. Man kann hier nicht alles offen stehen lassen, das Fahrrad nicht abschließen, ein Laptop im Auto liegen lassen.« Und doch fällt genau dies in dem Kaff auf: Die meisten Gartentürchen stehen auf, Autos sind oft nicht abgeschlossen (die städtisch verordneten »1,5 Stellplätze pro Wohneinheit« sind Illusion). Im Wesentlichen herrschen hier doch gewachsene Strukturen, das »Miteinander funktioniert«.

Metzgerei Trautmann, Café Krämer, Polstermöbel, Büroservice ...

Unangenehm ist nur, dass man sich in der Nachbarschaft dreimal am selben Tag begegnet. Der Polizist grüßt eine junge Mutter, wenn er morgens zum Dienst geht, muss sie später wegen übermäßigen Alkoholgenusses in Gewahrsam nehmen, und bald darauf im Penny an der Kasse steht er hinter ihr. Fast normale heile Welt also. Aber Penner gibt es doch, oder? Nein, nein, die Herumlungernden seien nicht obdachlos, gehörten zur »Freizeittrinkerszene«. Und die berühmten Klaumäuse, organisierte Kinderbanden? »Ja, die Taschendiebsbanden gibt es hier natürlich auch. Wir nennen sie aber ›mobile ethnische Minderheiten‹, Roma und Sinti ist diskriminierend.«

Mode u. Kurzwaren »Pauline«, Schlemmerservice ...

An einer Seite steigt die Hauptstraße manchmal an, gibt den Blick frei auf Gässchen mit Blumenkübeln am Straßenrand, was den Italien-Eindruck verstärkt. Ein Bestattungsinstitut empfiehlt »Ideal SterbeGeld«, aber vergessen Sie auf dem letzten Trip nicht Ihr ReiseGepäck bei der EinÄscherung oder BeErdigung. Ganz am Ende der geschwungenen Straße ein Gebrauchtwagenhändler, und ganz verschämt ganz ganz am Ende: DVD-Games-»Erwachsenenvideothek«.

Optiker, Traum-Imbiss, Kiosk-Imbiss, Pizzeria Mamma Lucia ...

Der Ort endet mit der Autobahn, aber ohne direkte Auffahrt, die Straße führt unter der A6 nach Ilvesheim. Von ferne winken Daihatsu-Händler und Lidl, und ein gewaltiger Strang mächtiger Strommasten vom GKM Neckarau quer über die Felder signalisiert das Ende von Feudenheim, das Ende angeblich so bewohnenswerter Erde.

Jetzt emo was ganz anneres ...

Xavier²

Ihn vorzustellen hieße, Eulen nach Athen zu tragen, Türken in den Jungbusch, Adiletten auf die Schönau. Lesen Sie nun alles Wichtige, was Xavier Naidoo zu Mannheim zu sagen hat:

Vielen Dank, Xavier!

Langsamkeit²

»Ha-jo-o-o.« Aus einer Silbe werden vier, alleine um das Wort »Ja« auszusprechen. Fragen Sie mal die leidgeprüften Meinungsforscher der Forschungsgruppe Wahlen, wie lange Umfragen in Mannheim dauern. Langsamkeit hat in dieser Stadt Tradition und System. Zwischen den Haltestellen Strohmarkt und Paradeplatz liegen gemessene 271 Schritte, also etwa Meter. In Großstädten ist das die Länge eines normalen Bahnsteigs an einer S- oder U-Bahn-Haltestelle. Wenn Sie in Mannheim die Bahn am Strohmarkt gerade verpasst haben, können Sie mit leichtem Joggen dieselbe Bahn problemlos am Paradeplatz erreichen.

Oder fahren Sie mal vom Hauptbahnhof den Ring entlang bis zum Nationaltheater. Der RNV hat die Haltestellen so hirnrissig angeordnet, dass jeweils im Abstand von 150 bis 200 Metern die nächste folgt mit Tattersall, Kunsthalle, Wasserturm, Rosengarten. Falls Sie etwa die Linie 7 Richtung Vogelstang am Bahnhof verpassen, können Sie dieselbe Bahn spielend erreichen, indem Sie den Ring entlangspazieren. Diese Linie fährt kreuz und quer durch die Quadrate, mehr oder minder im Kreis in einem Tempo, dass Sie sich zwischendurch rasieren müssen.

Wenn Sie in der Fußgängerzone in normalem Tempo zu Fuß gehen, wird man Sie für einen der drei Weltspitzen-Marathon-Kenianer halten und eine halbe Stunde später registrieren, dass ihre Hautfarbe womöglich recht unkenianisch ist.

Ende der 70er Jahre begannen die Überlegungen, eine Straßenbahn zum Lindenhof zu bauen. Endlose Jahre verstrichen, in denen sich der Einzelhandel zu Wort meldete, Baubehörden, Stadtplaner, lärmbesorgte Bürger, Jahre, in denen Mercedes-Benz den Schienenbus ins Spiel brachte, und kaum waren zwanzig Jahre verstrichen, verlegte man die Schienen – wir sprechen wohlgemerkt nicht über einen aufwendigen U-Bahnbau, sondern über eine stinknormale Straßenbahn! Dass diese Linie heute zusammen mit der irrsinnigsten Verkehrsführung, die je eine Haupt- und Einkaufsstraße wie die Meerfeldstraße erdulden musste, den Verkehr faktisch vollständig erlahmen ließ und den Gewerbetreibenden auf dem Lindenhof größte Nöte beschert, sei hier nur am Rande vermerkt.

Circa 1980 war man sich einig, dass das Eisstadion am Friedrichspark einer Runderneuerung bedurfte, und prompt wurden Stimmen laut, die einen Neubau forderten. Hätte nicht die SAP der Stadt 30 Millionen gepumpt, stünde die Arena des deutschen DEL-Rekordmeisters auch nach den zwischenzeitlich verstrichenen fünfundzwanzig Jahren noch nicht. Anderes Beispiel: Alleine drei Jahre oder länger zogen ins gemütliche Land, bevor die Neckarvorlandbrücke neu gestrichen wurde. Jetzt ist sie gelb, ein Umstand, der sich fraglos positiv auf die Gemüter der allmorgendlich zum Recyclinghof gurkenden Lkw-Fahrer auswirkt. Drei Jahre, um eine Farbe auszuwählen! In schwachen Momenten gesteht man selbst an höchsten Stellen im Rathaus, dass Dinge in Mannheim so lange hin und her gewälzt, totdiskutiert und zerredet werden, dass diese Stadt einfach nicht von der Stelle kommt.

FBG Fotomodellbeschämungsgesellschaft Mannheim²

Einer dieser mutwillig gegen die Menschenrechte verstoßenden Heimatdichter namens Hans Krug verfasste die Zeilen: »Ihr Leit, was is des heit ä Hetz, do zwische de Quadrate / jeder mähnt, er wär de letscht und kennt net länger wade. / Alles rennt und alles drängt, eilt durch unsre Stadt, un is am Ende selber doch müd, kaputt un matt.« Das Anliegen dieses Mannes ist so leicht nachzuvollziehen wie der Ruf Schottlands nach mehr Regen. Weiter radebrecht Krug: »Gemütlichkeit ab heit is Trumpf in unserer schöne Stadt, drum losst uns raus aus diesem Trott – Hetze macht uns matt.« Die gute Nachricht ist, dass wir hiermit in Hans Krug einen Schuldigen an der Trägheit, Gemächlichkeit, an der als Gemütlichkeit verbrämten Lahmarschigkeit Mannheims gefunden haben. Und bevor sich jemand aufregt: »Machemoo gooonz longsom ...«

Jetzt emo was ganz anneres ...

RNF²

In einer normalen Stadt ist das Fernsehen das wichtigste Medium. In Mannheim ist es die Zeitung. Aber immerhin existiert ein Lokalfernsehen. Allein bei dem Wort schweben einem gruselige Kellerbilder von Hobbyköchen aus Berlin-Steglitz oder Tanztees in Hamburg-Wandsbek durch den Kopf. Das Rhein-Neckar-Fernsehen (RNF) ist schlimmer. Mit einem Logo wie aus RTL-Gründerzeiten, einer Musik aus Onkel Klaus' Heimsynthi, einem Moderationsduktus im Stil sendungsbewusster Pharmavertreter, einem Gesamterscheinungsbild, das aus den 80ern in die frühen 90er hineinschwappte, verlangt das RNF allen Ernstes, »auch in Buchen noch« respektiert zu werden. Doch dazu später.

1984 startete das Kabelpilotprojekt Deutschland nicht ganz zufällig nebenan in Ludwigshafen, wo den Menschen abends beim besten Willen nichts anderes bleibt, als die Glotze anzubeten, sie diese folglich begeistert einschalteten und erhebliche Mitschuld tragen, dass sich Deutschland heute mit Elendssendern wie Sonnenklar-TV, MTV Pop oder dem ZDF Theaterkanal herumschlagen muss.

Schon 1983 hatte man in Mannheim das RNF gegründet. Der Versuchsballon sollte im Rahmen eines örtlichen Großevents steigen. Da die Kirmes, genannt »die Mess'«, laut ist und das Neckarauer Fischerfest zu sehr stinkt, zog man auf den Maimarkt. Da hat man beides. Und das Maimarktfernsehen wurde angenommen in der Region. Das heißt nicht unbedingt, dass die Zuschauer in Verzückung gerieten, aber die Industrie spielte mit. Man brauchte einen günstigen lokalen Werbeträger, und PR-Leute begriffen schnell, dass das Fernsehen auf Jahre die Werbetrötfläche Nummer 1 sein würde. Mit dem damaligen Luxemburger Kleinsender RTL schlossen die RNFler 1986 mit erstaunlichem Weitblick einen Deal über die Lizenz eines Regionalfensters für die »Region der Zukunft« (wochentags von 18.00 bis 18.30 Uhr). Das Baby hieß »RNF Life«, klang unheimlich trendy, heißt immer noch so und klingt heute eher unheimlich als trendy. Der Rest ist schnell erzählt: '96 wurde aus der Sendung ein Vollprogramm, RNF Plus. Das »Plus« setzt sich aus dem Börsensender Bloomberg, dem RTL Shop und der Nachtschiene »Tipps & Infos« zusammen. Zwischendurch brillieren die Fernsehmacher mit dem »Telekoch« (also doch!), einer halben Stunde »TV Südbaden Aktuell«, »BASF Inside« oder »Von Himmel und Erde«, dem »evangelischen Mitmachmagazin«. Moment, was war das denn … »BASF Inside – Das TV-Magazin der Anilin«? Und die Unabhängigkeit, die Pressefreiheit? »Die Pressefreiheit, die hot heut frei.« So was verdient eine nähere Betrachtung.

Plan A: Bevor ich eine Redaktionssitzung besuche, wollte ich zur Vorbereitung eine Woche lang das tägliche Magazin »RNF Life« ansehen und wurde von meiner Umgebung als todesmutig eingestuft. Aber ich habe es immerhin versucht.

Montag steht im Studio neben dem Moderator ein Student im Hamsterkostüm, denn der Feldhamster, das Maskottchen der SAP-Arena, braucht noch einen Namen, und den dürfen die jüngsten Zuschauer vorschlagen. Die Wahl wird wohl auf Heinz oder Walter fallen, denn die jüngsten Zuschauer sind Ü60.

Im Werbeblock darf Bäcker Grimminger nicht fehlen (RNF produziert auch selbst, und das sieht man!). Der Luisenpark wird angepriesen und ein Friseur aus der Quadratestadt.

Weiter im Programm: In einem Einspieler aus Heidelberg sind »Leichen« zu sehen, die ein Künstler in die Fußgängerzone gelegt hat, denn, so aufgerüttelte Passanten: »Des find isch gut. Des rüttelt einen auf irgendwie.« Es ist mal wieder Weltkriegsende. Während des in die Sendung eingebetteten Nachrichtenblocks schlafe ich ein und erwache wieder beim Playback der Band Hopf, die mit dem Playback kämpft. Im Interview kitzelt der Moderator aus dem Hopf-Sänger heraus, dass er Hopf heißt, und deshalb heißt die Band auch Hopf. Das Studiopublikum ist zum allergrößten Teil noch am Leben.

Im nächsten Newsblock: Hakenkreuzschmierereien in Speyer (ist das im Rhein-Neckar-Raum eine Meldung wert?), neuer Bürgermeister in Sandhausen, für Landau der »Werkstatt Innenstadt«-Preis. Wie apart: Werkstatt Innenstadt. Ein fabelhafter Euphemismus für Großbaustellen.

Das Wetter wird verlesen. Das Bild dazu: Ein Rentner fotografiert einen Pfau im Luisenpark. Warum nicht? Es muss nicht immer Landkarte sein.

In den nächsten Tagen geht es so weiter mit neuen Umwälzpumpen in Schwimmbädern, Landesturnfesten und Werbung für »Nimm2 Lachgummi« (sic!).

Am Mittwoch strecke ich die Waffen und greife zu Plan B: Jeden Donnerstag kann man sich für 1.600 Euro drei bis vier Minuten Sendezeit bei RNF kaufen und sich als Fachmann in »Der Fachmann rät« interviewen lassen. Ich kneife. Und gehe in die Höhle des Löwen.

Ich komme zu spät ins Gewerbegebiet (siehe »Nahverkehr«!). Vorbei an Preßluft Götz, dem Mannheimer Morgen, Softwarefirmen und dem TÜV, »jetzt auch samstags«. Kurz vor dem Hauptfriedhof erläutert mir ein freundlicher Gärtner, dass ich den ganzen Weg zurückgehen muss. Wieder laufe ich an dem Gelände vorbei. Wie soll man auch ahnen, dass das Medienzentrum mitten im Mannheimer Morgen-Gebäude ist?

Ich werde in einen fensterlosen Raum geführt, man schweigt bei meinem Eintreten. Besuch? Ohne Blumen? Ich erkläre den anwesenden elf Fernsehprofis, dass ich mich für ihre Arbeit interessiere. Sie arbeiten diszipliniert weiter. Für mich ist kein Stuhl da, ich kauere mich halb auf den Boden neben das Flipchart, auf dem das neue Digital-TV skizziert ist. Meine Jacke knatscht hörbar.

Niemand raucht, die Getränkeauswahl besteht vorwiegend aus Wasser. Jemand rollt einen Stuhl zur Tür herein, das heißt, die Tür geht nicht ganz auf, ich klemme mich irgendwie drauf und zücke meinen Schreibblock, um Eindruck zu schinden. Ich schwitze, meine Jacke knatscht weiter. Warum sind die alle so leise hier? Klar, einer der Hauptverantwortlichen hat sich bei der Sendelänge verrechnet, und der Oberchef – der Einzige, der am Tisch steht – hat's gemerkt. Die Entschuldigung »wenn man's von oben rechnet, ist es anders als von unten« würde ich auch nicht durchgehen lassen.

Groupies stürmen Mediapark.

Nächstes Thema: Man sucht eine Kurpfälzerin, die sich, wachgerüttelt von Kylie Minogues Brustkrebs, einer Mammographie unterzieht. Man findet so recht keine, die für fünf Sekunden ihre

Brüste zeigen will. Wie war das Rezept für Boulevardfernsehen? Die vier großen T: Tiere, Titten, Tote, Tränen. Weiter in der Themenagenda: Sollen wir was zur Star-Wars-Premiere machen?»Okay«, sagt einer,»aber kurz. Wenn do e paar Hansel rumrenne, mache mer's ... ansonsten mache mer gar nix.«

Ein Kollege vom Kurpfalzradio erstellt einen Bericht über die Medien in der Region, also auch über das RNF, und sucht einen Ansprechpartner. Als ein Freiwilliger gefunden ist, scheinen die Kollegen erleichtert. Das Programm für den nächsten Tag ist klar. »Morgen: Marathon, groß!« Allseits Nicken.»So, ich hab mein Pensum erfüllt«, sagt der Wortführer, der sich als ein durchaus beliebter Moderator entpuppt. Die Sitzung ist geschlossen, alle gehen arbeiten, nur ein Redakteur muss bei mir bleiben.

Die Krawatte ist weinrot-hellblau-orange, das Hemd rosa/weinrot. Der Redakteur erklärt mir das Sendegebiet, bei Werbeleuten Nielsen-Ballungsraum 6 genannt: Die Eckpunkte heißen Bürstadt, Bensheim, Bruchsal, Germersheim.»Kaiserslautern nur, wenn mit dem FCK was ist.« Im Osten freut sich Buchen, dabei zu sein, »denn die erschienen bei uns erstmals in den elektronischen Medien«. Bei Tauberbischofsheim hört's aber»fast« auf. Per Satellit aber»bis Mallorca«. Hauptsache.

Mit anderen Worten kann das RNF in der Kurpfalz bis zu 1,6 Millionen Zuschauer erreichen, in der Spitze sind es 300.000, morgens um fünf ist man bei den JUNGEN Zuschauern nahe am Quotenrekord (Eigenwerbung:»Der weiteste Seherkreis von RNFplus ist jung, aktiv und gut situiert.«) und so weiter. Das Ganze finanziert sich mit Werbung und der eigenen Produktion von Werbespots sowie Industriefilmen. Das hat aber nichts zu tun mit»BASF Inside«? Natürlich fällt der Redakteur nicht auf so einen Bauerntrick herein.

»Das machen wir in Kooperation mit der BASF. Der PR-Mann der BASF, das ist ein guter Mann, der kommt vom ZDF, und der koordiniert die Drehs auf dem Werksgelände. Normale Redakteure kommen da gar nicht rein. Die BASF-Pressestelle ist kritischer als wir. Der bloße Verdacht wäre der Tod der Sendung.« Und der PR-Mann weiß, dass ein Bericht über den neuen»Turbo-Löscher« der Werksfeuerwehr nicht nur aus dem Bundesgebiet hergereiste Feuerwehrleute interessiert, sondern dass auch die Bewohner der

Region aufmerksam lauschen, wenn es heißt, dass der Turbo-Löscher »in drei Minuten an jedem Einsatzort auf dem Werksgelände sein« kann. Im Aniliner-Jargon »Ex-Bereich« genannt, die verbotene Zone für Sterbliche, also Firmenfremde. Aber der Redakteur … wie war der Name gleich? »Ralph Kühnl. Wissen Sie, beim RNF ist man Familienmitglied. Meine Frau moderiert ja auch und immer die erste, die …«

Moderiert ja auch, moderiert *auch* … Mein Kopf kreißt kurz und heftig und gebiert die Erkenntnis: Der Mann ist Moderator! Zum Glück merkt er nicht, dass ich es erst jetzt merke, sondern redet einfach weiter. Das ist das Praktische an solchen Leuten. Er verrät mir noch, dass sein Lieblingsquadrat A3 ist »wegen dem BWL-Hörsaal«, und ich gerate in Freude, weil in diesem Moment aus meinem Vorurteil ein Urteil geworden ist. Und er bringt das Sendekonzept von RNF auf einen Punkt: »Wenn die Leute beim Zappen den Wasserturm sehen, bleiben sie hängen.«

Jetzt emo was ganz anneres …

MM²-Gesellschaftsspiel

15-Jährige belästigt abhören künftig eingeschränkt Adamski holt Silber Aktionismus algerische Diplomaten tot Angies Coach Annette in Sommerlaune anschaulicher Unterricht in der freien Natur Arznei-Ausgaben steigen stark Astronauten suchen nach Schäden auch BMW hat einen Skandal aufatmen am Hockenheimring Banken gewähren Aufschub aus dem Schnuppern könnte ein Beruf werden Ausschuss büßt Schärfe schon vorher ein Ausstellung in sozialer Stadt Autos aufgebrochen Bahn setzt auf Online Bandits auf Platz vier baut IBM mehr Stellen ab? Benz-Turnier feiert Jubiläum Beratung und Hilfe besonderer Konzertreigen Billigtickets sehr gefragt BIZ steht für Infos bereit Blick auf den Bildschirm Blitzlichter Böhmen am Meer Pfälzisches in aller Welt Briefträger stapelt Post im Keller Brüssel will gläserne Überweisung Bücherwurm grüßt Leseratte BUND unzufrieden mit Klimapolitik CDU-Basis will Sonderparteitag Corso-Kino eröffnet

*wieder Daimler will in Mannheim aus eins zwei machen das Wetter
DEB-Talente gewinnen dem Schrecken und der Berühmtheit so nahe
der Lockenkopf glänzt silbern die Chancen steigen um 15 Prozent
die eigene Tochter ermordet die SPD hat mich verlassen Discovery-
Crew sucht nach Schäden Doppelspiel der Linkspartei ein fulminan-
ter Kapellmeister ein Revolutionär und die Telefonüberwachung
einer, der alles zum Schreien findet erster Friedwald eröffnet EU
beschränkt die Tabakwerbung EU-Rüge für Visa-Erlass? FCK
bindet Schönheim Fernseh-Tipp FIFA straft Mexiko ab Flucht vor
der Kamera Frachter setzt Fahrt fort französisches Gericht sperrt*

Der Obermeister der Fleischerinnung Horst Trautmann (li.) und sein „Vize" Andreas Ohl-
hauser präsentieren mit dem „Spargeltarzan" (Mitte) eine deftige Wurst zur Maimarkt-
zeit.
Bild: tan

Wurst trifft Spargel

*»Knallharte Recherche,
unterkühlte Schreibe,
der MM deckt auf!«*

45

Kinderschänder weg Frau lebt 27 Jahre mit Fötus Freitag ist
Kauftag Führerschein mit 17 Jahren fünf Roller manipuliert G4
gelbe Flagge geliebtes Instrument Geschichte von drei
Mannheimern Gespräche über Trinkaus gewaltsame Proteste in
China Gleisarbeiten in Heddesheim Grüne im Technologiezentrum
Haarschnitt für Bullen Hammerschläge geben auch nach dem
Urteil Rätsel auf Heidelberger Frühstück heißer Swing aus dreißig
Kehlen heute Kochner-Urteil Hoffenheim greift erst in Runde drei
ein Immendorff versteigert Bilder in der Plöck ist viel Geduld
gefragt Italien wirft den Deutschen Erpressung vor italienisches
Gepolter Jungs sind wieder zurück Karlsruher Garanten kein Job,
keine Zukunft, kein Frieden? keine Angst vor Hierarchien, wenn's
um Ideen geht Kinder können im Käfig das Dasein als Legehenne
proben Koch warnt FDP vor Wilderei König Ballack und Birgit
Prinz sind Spitze KSC-Absage war Finte Kunden protestieren gegen
Mädchen-Tangas kunterbunte Aktionen Lokalmatadoren siegen
Londoner Rucksackbomber gefasst Matthias Pawlik kämpft gegen
Knieprobleme an Maurer setzt auf SPD-Übertritte Mautprellen wird
teurer mehr Geld für Schulbücher Meister-Werke auf der Burg
Mercedes-Koch stürzt ab Missmanagement umschrieben mit dem
Spielmobil zur Milchstraße mit Gießkannen Feuer gelöscht
MM-Bürger-Barometer Extra Monsunfluten legen Bombay lahm
mutige Juristin: Just Dahlmann tot nach VfR-Sieg bald neuer
Sponsor? neue Schule für Drehbuchschreiber neue VHS-Leitung
neue Zahlen neuer Chef der Daimler-Bank neues Chorprojekt an
Herz Jesu nix wie raus: endlich Ferien! nur der Sicherheitchef
muss in Haft nur noch Rucki-Zucki-Kreischen Poetisches aus den
Südstaaten Polizei räumt Jugendzentrum Polizeibekannt: Dieb
fliegt auf Porsche baut den Panamera Post im Keller: Briefträger
hortet Papier Prinz spendiert Millionen Prominenz und Proteste
beim Promenaden-Prolog protestieren statt verkaufen Quellen
sitzen auf dem Trockenen Radler rammt Fußgängerin Rennboot
sinkt auf dem Bodensee Rentenbeiträge sollen stabil bleiben
Renten-Tricksereien Rosengarten-Ausbau startet Sammlung Grothe
jetzt verkauft scharfe Sachen helfen bei Hitze Schluss mit der
Volksverdummung Schulbau im Kreuzfeuer der Kritik Schüler
getreten Schul-Vertragswerk verteidigt schwarze Schafe beim
gelben Riesen so wenig Kranke wie nie zuvor Spatenstich mit

*Protesten SPD will Grundgesetz ändern Speyererin übergibt Licht
an Papst Sport-Report Spritztour mit Kehrmaschine Startschuss für
den Rosengarten-Ausbau SV Waldhof besiegt Wieblingen
Tageshoroskop Termine am Donnerstag Terminkalender Terror
verhindert den Frieden Theater für die Stadt Theater sind
reformbedürftig tödlicher Blick aus dem Fenster Tor des Tages Tote
bei Feuer auf Bohrinsel Tour in Mannheim und Schwetzingen?
türkische Zypern-Politik verärgert Brüssel übrigens … unmöglich
steht nicht in seinem Wörterbuch Unternehmensnachrichten USA
schmieden eigenen Klimapakt Uwe Seelers Fuß in XXL
Verantwortung für alle drei Gemeinden tragen Verbraucher bleiben
unsicher VfB tankt viel Selbstvertrauen vier Jahre Haft für
Hammerschläger Viktorsson vor OP Warten alleine ist zu wenig
Warten auf die Schwergewichte Weiterer Verdacht Wende im
Plakat-Streit wenige Wochen statt einem Jahr weniger Nachfrage
Theaterbus entfällt wir sind zurzeit gerammelt voll Wohnungsbrand
in Gartenstadt Wölfe tun gegen Lens zu wenig – 0:0 Youngster heiß
auf Jugendtag Zug fährt in Lastwagen*

Das sind die Überschriften aller Artikel einer durchschnittlichen
Ausgabe des Mannheimer Morgen. Nun zu den Spielregeln: 1) Un-
terstreichen Sie alle Wörter, in denen ein Vokal vorkommt. 2) Ersetzen Sie alle Vokale durch Smileys ☺. 3) Schneiden Sie die Überschriften zeilenweise aus und kleben Sie sie auf stabile Pappkärt-
chen. 4) Tisch abwischen. 5) Drehen Sie die Kärtchen um, also mit
dem Gesicht nach unten, und mischen Sie sie gut. 6) Ziehen Sie
nun der Reihe nach jeder ein Kärtchen und lesen es dem linken
Nachbarn vor. 7) Gewonnen hat der, wo am Schluss übrig bleibt.
Jetzt emo was ganz anneres …

HD

Seit 1840 verbindet die Eisenbahn Mannheim mit Heidelberg.
Seit 1885 das Telefonnetz. Heute ist es die A656. Und sonst nichts.
Mannheimer nutzen Heidelberg als lebende Postkarte. Man-
che zieht es allenfalls noch zum Studium dorthin, unmittelbar da-

nach wieder weg. Umgekehrt sieht man im Heidelberger Raum die Industriestadt Mannheim als »Ghetto«, als lebensgefährliche graue Malochersiedllung, in der man abgestochen wird und danach sein Auto im Parkhaus nicht wiederfindet.

Im Mannheimer Schloss gibt es nun leider tatsächlich nichts zu sehen, im Heidelberger umso mehr. Dass dies so ist, ist der US-Armee zu verdanken, die als Standort für ihr militärisches Brain eine hübsche Umgebung wollte und so Heidelberg im Krieg halbwegs verschonte.

Wenn der Mannheimer Besuch von außerhalb hat, fährt er sonntags gern in die Studentenidylle am Neckar. Für einen entspannten Sonntagnachmittag bietet Heidelberg gerade so genug.

Mein erster Fehler an diesem Sonntag war, mich von einem Odenwälder Zottel-Urvieh in seinem Ford Transit Baujahr '82 chauffieren zu lassen. Mein zweiter Fehler bestand darin, ihn nicht zu fragen, ob er einen Stadtplan im »Auto« hat. Stellen Sie sich einen Potsdamer vor, der sein Leben noch nie Berliner Boden betreten hat. Gut, jetzt sagen Sie, das ist nur Theorie, so was kann's gar nicht geben, frei erfunden ... fahren SIE mal in den Odenwald. Denn mein dritter und schwerwiegendster Lapsus war: Ich habe nicht überprüft, ob mein wilder Chauffeur schon einmal in Heidelberg war!!!

Bei der Parkplatzsuche empfehle ich, direkt an den Neckar zu fahren, denn bei schönem Wetter ... Und kaum habe ich ausgesprochen, liegt die Altstadt schon hinter uns, und wir ruckeln durch Schlierbach ... oder ist das Ziegelhausen? Ich frage meinen Zottel-Schumi, ob man bei einer doppelt gestrichelten Mittellinie wenden darf, aber der weiß nur, wann man Traktoren überholen darf, wie viele PS so ein Traktor hat, wie schnell so ein Traktor ... Biegen wir jetzt Richtung Zentrum oder Altstadt? Blindlings fahren wir falsch, aber wir werden von ganz alleine wieder an den Ausgangspunkt geleitet; die Schilderaufsteller wissen genau, wo wir hingehören. Und sie machen uns auch klar: Abbiegen generell negativ. Endlich finden wir einen Parkplatz direkt am Neckar, der so illegal sein muss, dass man sich gar nicht bemüht hat, Parkverbotsschilder aufzustellen. Jeder Einheimische weiß wohl, dass unbefugte Autos kommentarlos in die Luft gesprengt werden. Aber wir riskieren es todesmutig. Wir haben Glück im Unglück, denn bei IKEA in Walldorf ist verkaufsoffener Sonntag und daher verdampfen die Touristenströme zu Rinnsalen.

Entgegen aller Klischees sehen wir nur vereinzelt Japaner, dennoch wird die Bergbahn mühelos voll. Aber Moment mal – sechs Euro? Die S-Bahn von MA nach HD kostet 4,40 – und diesen alten Berg hoch sechs? Okay, dafür ist die Rückfahrt inklusive. Im ersten Streckenabschnitt fahren wir mit einer nagelneuen Bahn, alles Stahl, Glas, Panoramafenster auch im Dach. Die Lektüre unterwegs besteht aus vielfältigsten Verbotsschildern im Inneren der Bahn: Nicht rauchen, nicht aus dem Fenster hinauslehnen, nicht über die Türschwelle stolpern, nicht die Hand in der Tür einklemmen, nicht in Gummistiefeln Cha-Cha-Cha tanzen.

Nach kurzer Fahrt heißt es umsteigen. Wir vergessen uns zu erkundigen, warum die Haltestelle Molkenkur Molkenkur heißt, haben aber zwanzig Minuten Zeit, darüber nachzugrübeln beim Warten im absoluten Nichts – es sei denn, drei Parkbänke und ein Aschenbecher sind Etwas.

Dann pressen wir uns unter vollem Ellbogeneinsatz in eine echte alte klapprige Holzbahn, wo die Anzahl der »Verboten«- und »Obacht!«-Schilder noch mal zunimmt. Ebenso wie die Steigung: Bei 22 Prozent ist jedermann beeindruckt, bei 40 Prozent sprachlos. Nicht so mein flusiges Mitbringsel: »Mit de Motocross-Maschin kimmsch do logger nuff; kää Problem.«

Oben auf dem Königsstuhl grüßen uns routiniert Langnese-Schirme, ein paar Meter bergauf gleich die nächsten, daneben wieder welche. Das Terrassen-Café-Restaurant ist voll, dahinter an den Biertischen gibt's nur Getränke. Also steigen wir höher und werden fündig. Ein Rentnerparadies. Im Schatten des Funkturms erwarten Senioren von ihren Enkeln, dass sie begeistert sind und umgekehrt. Konsequent hat sich die Speisekarte auf die Extremklientel eingestellt mit Bier, Eis & Bratwurst. Wir haben wieder Glück, denn durch den Flugtag der Paraglider gibt's was zu gucken. Nebenan ist eine Vorführung in der Falknerei Tinnunculus (»der Klingelnde«, hübscher Name, ziemlich heidelbergerisch), doch man kann sich das Geld auch sparen und von draußen gucken, wie die Falken gelangweilt auf ihren Baumstümpfen hocken, für die Jungs ist das ja tägliche Routine. Zu unserem Erstaunen liegt direkt neben dem Café Königsstuhl ein Parkplatz. Der

Odenwälder knurrt einige unverständliche Knochenbeißerlaute, aber ich verstehe auch so, dass wir den ganzen Weg genauso gut auch mit dem Auto hätten hochfahren können. Die Straße muss jedoch durch eine für Mannheimer unsichtbare Warpschleuse führen. Eine Art Kilometerstein kündet in verwitterter Reliefschrift »KÖNIGSTUHL RENOVIRT DEN XVIII OCTOBER 1814«, was uns doch etwas übertrieben scheint.

Mit Engelsgeduld warten wir auf die Bahn hinunter zum Schloss. Wie mit Ansage kommen wir zur letzten Führung zu spät. Dafür beträgt der »Hofeintritt« nur 1,50, also halber Preis – die Kassendame merkt uns an, dass wir von weit her kommen. Immerhin kriegen wir das Große Fass zu sehen und das Deutsche Apotheken-Museum. Warum gerade so ein Museum hier oben? Es spricht nichts dagegen, aber was spricht dafür? Mein rumpeliger Begleiter hat schon wieder diesen Bierblick drauf, das letzte liegt ja fast eine halbe Stunde zurück. Gnadenlos verpflichte ich ihn, zunächst Kultur zu konsumieren. Wie zu erwarten, himmelt er Zwerg Perkeo an, der angeblich das Große Fass alleine leer getrunken hat. Umso enttäuschter sind wir, als wir vor dem Fass stehen mit einer angeblichen Füllmenge von 45.000 Litern. Wir halten uns nicht lange auf, wollen gehen, biegen um die Ecke und – BUMMM! stehen vor dem richtigen großen Fass! Ein Einfamilienhaus! Wir rechnen den Inhalt in Bauernfrühstücke um und betrachten das multinationale Wortgeritze im Holz, ein Dauerbrauchtum, das jeder Tourist meint, pflegen zu müssen, in HD ganz besonders.

Draußen im Hof bestaunen wir noch den Fußabdruck des Ehebrechers, der vom Fenster aus hier viele Meter herübergesprungen sein soll, und beschließen, die Story für schlecht erfunden zu halten. Genug Kultur, der Durst brennt. Das Schlosscafé aber schließt bereits um 18 Uhr! Rechts neben dem Schloss finden wir eine Wurstbude, und nach einer kurzen Pause lassen wir großmütig unser Rückfahrticket verfallen und steigen den Burgweg hinab. 303 Stufen, bergab ist das machbar. Ein Graffito unterwegs macht uns stutzig: ein gespraytes Verbotsschild, das einen trinkenden Studenten aus einer Verbindung zeigt, der durchgestrichen ist. Der Text darunter: »Wider den saufenden Pöbel, für ein züchtiges Vaterland«. Liberal klingt das nicht. Aber Tradition hat in Heidel-

berg eben Tradition. Eine Viertelstunde später sitzen wir nahe dem
noch vollständig vorhandenen Auto mit kühlem Bier in der Hand
in einem Bistro mit einem verwitterten alten Schild: »Alte Munz«
mit kleinem e im U. Eröffnet wurde es 2002.

*Fass ohne
Odenwälder*

Tipp: Heidelberg ist immer eine Reise wert, aber nehmen Sie ruhig einen Odenwälder mit. Die letzten gefährlichen Zwischenfälle
mit Odenwäldern liegen Jahre zurück, die meisten sind Menschen
gegenüber sogar sehr zutraulich.

Jetzt emo was ganz anneres ...

Der Wasserturm

Der Mannheimer Wasserturm

Ufos² über Mannheim

Weshalb sind hier keine Ausflugsrestaurants mit blinkender Leucht-werbung? Wieso rühmen keine Denkmäler einen großen Sohn der Stadt? Noch nicht mal ein popeliges Schild weist den Weg, den Weg zu einer einmaligen nationalen Einrichtung, zur UFO-Meldestelle. Der Telefonzentrale des Centralen Erforschungsnet-zes außergewöhnlicher Himmelsphänomene (Cenap).

Als vor einiger Zeit nachts ein beleuchteter Zeppelin über Mannheim schwebte, meldeten sich rund fünfzig Anrufer beim Mannheimer Flugplatz und meldeten eine UFO-Sichtung. Ein Fehler, denn die zuständige UFO-Meldestelle liegt in dieser klei-nen grünen Straße hinter der gezackten Kirche in Mannheim-Vogelstang. Die Highlights: ein Kleider- und Schuhe-Container so-wie ein »Hall«-Zigarettenautomat. Ich kratze das H ab und steige die Treppen hinauf ins Allerheiligste, in die deutsche UFO-Zentra-le zu Werner Walter.

Ein bärtiger, gut genährter Mann mit regem Kreislauf führt mich in ein 14-qm²-Zimmer mit allerlei Alien-Postern an den Wänden, ei-nem ausgedienten Nadeldrucker, einem Bücherregal voller Alien-In-fos und Science-Fiction-Literatur und einem zeitgemäßen Compu-ter. Walter ist Jahrgang '57, geboren im Jahr des Sputnik. Als Zwölf-jähriger erlebte er die Apollo-Mondlandungen, »und da hatten wir aus irgendeiner Idee heraus einen astronomischen Arbeitskreis ge-bildet und irgendein alter Schulmensch hat der Schule ein Teleskop überlassen. Und somit konnten wir tagsüber Teleskopbeobachtun-gen machen von der Sonne mit den Sonnenflecken. Ich bin also ein Kind des Weltraumzeitalters. Eine Generation vorher spielte noch Cowboy und Indianer. Wir haben Mondlandung gespielt.«

Damals kamen auch die Schokoriegel Mars und Milky Way auf. Im ZDF lief die Serie »Invasion von der Vega«. »Wie es der Zufall halt so will, waren ungefähr ein Jahr später in allen Zeitungen, auch im Mannheimer Morgen, tagelang Berichte über UFO-Sichtun-gen, natürlich in den USA. Gelandet sollen sie sein, haben Angler entführt und so. Das hat mir sozusagen den ›Horizont‹ geöffnet. Riesengroß, toll, super: Außerirdische sind hier, und ich, der Wer-ner Walter in Mannheim, will dazu meinen Beitrag leisten.«

Scully von der Vogelstang

»Meine Erfahrung war wie die meiner Kollegen auch: Irgendje-
mand hat etwas gesehen, was er nicht einordnen kann. Da sind
die natürlichsten Anlaufstellen die Sternwarte, Wetterwarte, Polizei, Flughafen, Zeitung. In den meisten astronomischen Einrichtungen wird viel mit ehrenamtlichen Leuten gearbeitet, auch hier
in der Sternwarte und im Planetarium. Nur die Chefs dort sind
wissenschaftlich Ausgebildete und verdienen ein Profigehalt. Der
Rest sind Ehrenamtliche, um die die Profis froh sind. Die halten die
ganze Sache am Laufen. Und auch heute noch lautet die Stan-
dardauskunft: ›Es gibt keine fliegenden Untertassen aus fernen
Welten, die zur Erde kommen. Was Sie gesehen haben, muss etwas anderes gewesen sein. Aber besuchen Sie doch nächste Woche unser Programm ›Trip durch die Galaxis …‹ Und dann erfahren die Leute nicht, *was* sie gesehen haben, und fragen sich: ›Wollen die was verschweigen?‹ oder ›Wissen die tatsächlich nicht, was
da los ist?‹ Auch wenn es teilweise die primitivsten Sachen sind.

Bundesweit ist auf vielen schwarzen Brettern in Sternwarten meine Telefonnummer angegeben: Ufo-Hotline. Es wird die Sternwarte in Hamburg angerufen von Hamburgern, die sehen ein seltsames Lichtobjekt am Himmel, was alle anderen zwar auch sehen, aber einer denkt, es ist etwas ganz Besonderes, weil es ganz besonders intensiv leuchtet, und es ist nur die Venus.«

Was machen dann die Alien-Opfer?

»Ab in die nächste Buchhandlung, in die Esoterikecke, da stehen dann die Prachtbücher: ›Fliegende Untertassen‹, ›Das Schwarze Imperium‹ usw. Alle mitnehmen. Irgendwo steht dann die Geschichte drin, dass ein Pilot der mexikanischen Spantas Airlines vor zwanzig Jahren ein Ufo verfolgt hat, quer über den brasilianischen Urwald, ein silbern glänzendes Objekt – das war auch die Venus, steht aber da nicht drin.«

Erklären Sie mir bitte den Unterschied zwischen einem Ufoforscher und einem Ufologen.

»Ufologen, das ist dieser dicke Brei aus der Esoterik, hinein in die Grenzwissenschaften, also Parapsychologie. Das sind Ufogläubige. Die Leute wissen, was die Venus ist, wissen, wenn ein Polarlicht am Himmel ist. Aber wenn dann etwas anderes da ist, dann sind das automatisch fremde Raumschiffe. Die blauen Ufos, kommen die jetzt von Atares? Oder die grünen, kommen die aus der Andromedagalaxie? Völlig kritiklos. Und dann gibt es diese ganz kleine Sparte der Ufoforscher, die den einzelnen Meldungen nachgehen und überprüfen, was denn der Hintergrund der eigentlichen Beobachtung ist. Egal, ob das fliegende Untertassen sind oder ein Kugelblitz oder weiß der Geier was.«

Sogar in der seriösen Fachzeitschrift »Astronomie heute« wurde folgendes Ereignis geschildert: Am 24.8.1990 gegen halb neun Uhr abends leuchteten über dem Greifswalder Bodden – dem Teil der Ostsee südöstlich der Insel Rügen – geräuschlose Lichterformationen, die rötlich am Himmel glühten. Etliche Minuten lang waren sie zu sehen, vom Festland, von Rügen, bis hin nach Usedom. Bild schrieb: »Ufos über der Ostsee. Leuchtendweiße Teller im Formationsflug.« 1994 saß Walter mal wieder in einer Fernsehtalkshow, und daraufhin meldete sich ein ehemaliger NVA-Offizier, der die Ostsee-Ufos als Leuchtkugeln enttarnte, die von Bord eines Kriegsschiffs abgefeuert worden waren und dann gemütlich an überdimensionalen Fallschirmen in der aufsteigenden Thermik der aufgeheizten Ostsee dahinsegelten. Sie dienten als Übungsziele für polnische Boden-Luft-Raketen, also handelte es sich um IFOs, identifizierbare Flugobjekte, wie auch helle Planeten, Sterne wie Sirius, Feuerballkometen, die großen Brüder der Sternschnuppen, Miniaturheißluftballone, die man bei Partys aufsteigen lässt.

Ein kleiner Schritt für einen Mannheimer

Wie oft meldet sich denn jemand bei Ihnen und sagt: Die landen gerade in meinem Garten?

»Eher selten, so gut wie nie. Es muss eine Grundvoraussetzung da sein, das Wetter muss gut sein, das ist wichtig. Bei Regen und bei Schneefall gab es noch nie Ufomeldungen, in der ganzen weiten Welt nicht.«

Die Aliens kommen bei schönem Wetter!

»Es muss schönes Wetter sein, damit die auch gut herfliegen können. Alle Ionenstürme im Weltraum überwunden, aber auf der Erde muss gutes Wetter sein. Es müssen natürlich auch Leute draußen sein. Wenn eine Sternschnuppe um 2:23 Uhr irgendwo in Südwestdeutschland niedergeht, sieht die keine Sau, weil keiner draußen ist. Ist das aber fünf Stunden vorher, 21:23 Uhr, Samstagnacht, wo die Leute unterwegs sind, mitten im Sommer, sehen das Tausende. Dementsprechend sind natürlich sehr viele Beobachter da, die auch Zeit haben und dann die Telekom reich machen, indem sie quer durch die Gegend telefonieren, um schlussendlich zu mir zu kommen. Der größte Gewinner im Ufogebiet ist mit Sicherheit die Telekom.«

Haben Sie ein großes Teleskop oben auf dem Dach?

»Nein, früher, als die Lage hier in Mannheim noch etwas besser war, vor der Lichtverschmutzung, hatte ich tatsächlich auf dem Balkon zumindest mal ein Teleskop. Die Lichterglocke, die wir hier über dem Gebiet mittlerweile haben, lässt astronomische Beobachtungen nicht mehr zu. Die Riesenscheinwerfer vor den Diskotheken sorgen dafür, dass für den Astronom das Thema immer uninteressanter wird. Der Blick durch das Teleskop ist heutzutage ein mühsamer hier in Deutschland und Europa.«

Gibt es denn Leute, die Sie als Spinner sehen?

»Selbstverständlich. In der Ufologie, bei den Ufogläubigen, bin ich natürlich der Scharlatan Nummer 1, und der Ruf ist: Hängt ihn höher. Aber wenn man dann zum hundertsten Mal innerhalb von dreißig Jahren einen aufgeregten Anrufer am Telefon hat, der nur die Venus am Himmel sieht, dann geht es einem auch auf den Hammer. Die großen Ufogeschichten, das gibt es einfach in der Wirklichkeit draußen gar nicht.«

Was würden Sie einen halbwegs ansprechbaren Außerirdischen als Erstes fragen?

»Ja, dringge Sie aa Weezebier?«

Stimmt, natürlich. Soll man einen weit gereisten Besucher als Erstes nach seinem Steuersystem fragen? Oder welche Verdauungsorgane er hat? Das ist ja keine Art, neue Leute kennen zu lernen. Zum Abschied versichere ich mich noch einmal, dass Werner Walter wirklich die zentrale Telefonnummer der Hotline rund um die Uhr bedient.

»Im Prinzip ja«, und gedämpfter, »aber nachts um eins häng ich's Telefon aus. Wegen der Venus …«

Ufo-Hotline: 0621-701370

Jetzt emo was ganz anneres …

Uwe Ochsenknecht[2]

In manchen Biografien steht, er habe mit fünfzehn die Schule geschmissen, anderswo heißt es, er sei kurz vor dem Abitur gegangen worden. Fest steht, dass er mit achtzehn in Bochum die Schauspielschule besuchte. Aber Uwe Ochsenknecht ist ein echter Sohn Mannheims, auch wenn sich heute die Stadt mehr auf ihn bezieht als umgekehrt. Am Nationaltheater fing er an, und heute blickt er auf eine dicke Filmografie zurück, darunter mit »Schtonk« und »Das Boot« zwei für den Oscar nominierte Werke. Er gehört zu den seltenen Schauspielern, die zugeben, Kameras »geil« zu finden und sagt ehrlich: »Erfolg ist sehr sexy.«

Was haben Sie heute für einen Bezug zu Mannheim?

»Meine Mutter und meine Schwester leben noch da, und ein paar Freunde. Das ist vor allem der Bezug. Und die Söhne Mannheims, Xavier und (Michael) Herberger. Wir kennen uns auch schon länger, und da ist auch Kontakt. Wir sind musikalisch so ein bisschen verbandelt.«

Sehen Sie sich als Botschafter oder als Repräsentant der Stadt?

»Nicht unbedingt. Ich bin ja schon lange weg, ich bin mit siebzehn von Mannheim weggegangen, das wäre also ein bisschen unrealistisch. Xavier, der Mannheim sehr hoch hält, ist wirklich so eine Art Botschafter für Mannheim. Der kann viel besser beurteilen, warum man Mannheim gegen den Rest der Welt vertritt.«

Wie würden Sie den Mannheimer Menschenschlag beschreiben?

»Ich würde sagen, dass die Mannheimer sehr, sehr herzlich sind. Ich bin in Gegenden aufgewachsen, Waldhof und Vogelstang, die doch etwas rauer sind als das restliche Mannheim.

Wenn ich mich an meine Jugend erinnere, was mich geprägt haben könnte, dann ist das schon eine gewisse Direktheit. Und durch den Slang potenziert sich diese Direktheit natürlich noch. Ich treffe immer wieder ein paar Leute, von denen ich Dinge höre, die für Mannheim sehr eigen sind. Es ist schon ein angenehmes Gefühl, heimatliche Klänge zu hören. Vor allem dieser spezielle Singsang.«

Hajoo.

»Genau, da kriege ich schon immer so ein bisschen Flashbacks.«

Zum Nationaltheater hat Ochsenknecht keine Verbindungen mehr, und auch wenn in allen »Große Mannheimer«-Listen sein Name nicht fehlen darf, ist er nicht wirklich gegenwärtig. Beispielsweise fuhr die Eichbaum-Brauerei eine gewaltige Werbekampagne, für die sie aber Ben Becker engagierte. Warum hat man nicht Ochsenknecht verpflichtet?

»Das müssen Sie die fragen.«

Sie hätten aber nichts dagegen gehabt?

»Ich hätte nichts dagegen gehabt. Die andere Frage wäre, ob ich für Alkohol Werbung mache. Im Prinzip haben Sie aber natürlich schon Recht. Man weiß ja, dass es Eichbaum nicht so gut geht, und wenn sie sich mit Ben Becker besser profiliert fühlen … Ben Becker ist ja auch ein Freund von mir. Und ich nehme so etwas grundsätzlich nicht persönlich. Anscheinend hat Eichbaum auch nicht dieses Mannheimgefühl, dieses Patriotische.«

Ja, das ist der Witz.

»Die hätten auch andere Mannheimer nehmen können. Es gibt sicher auch andere Leute, die dafür infrage kommen. Aus der Musikszene oder was weiß ich. – Was mich musikalisch auch sehr geprägt hat: Dort waren früher viele GIs stationiert, speziell da, wo ich herkomme, in Käfertal, Vogelstang, dahinten. Also, was die Atmosphäre in der Stadt betrifft, das war schon ein spezielles Klima. Das war damals schon sehr interessant.«

Dennoch sind Sie weggezogen.

»Früher habe ich immer so ein bisschen das Gefühl gehabt, es ist doch auch irgendwie Provinz, aus der man nicht rauskommt. Genauso wie damals bei Steffi Graf, der Vater. Es gibt ja einige Eltern, die meinen, ihre Kinder managen zu müssen. Das muss man natürlich auch können, das ist nämlich gar nicht so einfach. Das ist auch wieder so ein typischer Fall. Ich weiß nicht, ob man den auf ganz Mannheim umlegen kann, das wäre vielleicht ein bisschen unfair, aber ich meine, ich bin ja nicht umsonst aus Mannheim weg. Wenn man so ein bisschen über den Tellerrand gucken will, dann muss man aus Mannheim weg. Es gibt natürlich Einzelbeispiele, so wie Xavier. Aber im Grunde wird man in Mannheim und aus Mannheim heraus keine Weltkarriere machen können.«

Schwierig!

»Schwierig. Das ist genauso, wie wenn man aus einer anderen großen Stadt kommt in Deutschland, das liegt jetzt nicht unbedingt speziell an Mannheim. Ich bin damals weg, da war ich gerade siebzehn, und mir war klar, dass ich als Schauspieler in Mannheim am Theater wahrscheinlich sechzig Jahre würde bleiben müssen. Wie gesagt, es gibt in der Musik Beispiele, wo es funktioniert. Es passiert doch aber im Verhältnis zur Anzahl der Kreativen in Mannheim relativ wenig.«

Das sieht man vor Ort wieder etwas anders. Da gibt es ein paar wirklich gute Leute, aber man meint immer, man gehört zu Deutschlands Spitze, weil so viele ICEs am Bahnhof halten.

»Ja, ja, das ist ganz wichtig, dass viele ICEs halten, dann ist es schon eine Weltstadt.«

Welches ist Ihr Lieblingsquadrat?

»Mal überlegen … also, ich fand immer hinten die K-Quadrate ganz lebendig. Die Türken, das fand ich immer ganz klasse, weil es da so schön bunt ist. Da ist auch immer etwas los gewesen, und da geht es ja auch leicht in den Jungbusch rein.«

Jetzt emo was ganz anneres …

Hafen²

Die Basics: Die Kaimauern sind um sieben Meter länger als in Duisburg und sind somit die längsten Deutschlands! Zumindest unter den Binnenhäfen.

Das Schienennetz: Fragen Sie bloß nicht, wer so was ausmisst, aber das Schienennetz im Mannheimer Hafen ist exakt so lang wie das Schienennetz von Albanien! Was die Albaner freilich fürchterlich fuchst. Und jetzt als *savoir de surprise* für gehobene Tanztees: Die Häfen von MA und LU arbeiten zusammen! Ob es um mehr geht als den gemeinsamen Erwerb von Bildschirmschonern, ist nicht überliefert. Werfen wir einen Blick auf 2Haefen.de, die GEMEINSAME Website. Klick … Linke Bildhälfte Mannheim, rechte Ludwigshafen. Na, sich die Introseite zu teilen, um dann per Klick zum jeweiligen Hafen getrennt zu kommen, ist immerhin ein Anfang. Alle Informationen auf 2 Blicke, 2fellos.

Für fortdauernde Unbill sorgen in Mannheim die Jobs, und was wäre die Stadt ohne den Hafen. Die Werbeleute rechnen vor – Achtung! –, dass es im Hafen etwa 20.000 Arbeitsplätze gibt, dass jeder Job dort vier weitere Jobs in der Stadt schafft. »Eine Rechnung, die für Mannheim aufgeht«. Rechnen wir mal mit: 20.000 + 80.000 macht 100.000. Bei knapp 170.000 Beschäftigten in Mannheim insgesamt hieße das: Fast 60 Prozent aller Mannheimer arbeiten für den Hafen??? Fragen Sie mal in Ihrem Umfeld rum, wer auch nur einen kennt!

*Parkplatznöte von
Auswärtigen gelöst*

An einer Hand voll Wochenenden im Sommer veranstalten die Freunde des Stadtarchivs Mannheim e.V. – schön, dass auch so ein Archiv nicht mutterseelenallein auf Erden wandelt, sondern ein paar Freunde hat –, diese Ehrenamtler organisieren also eine »Historische Hafenrundfahrt«, für die nur ganz schwer Karten zu kriegen sind, ich sag's Ihnen gleich!

Am Neckarufer gleich neben der Kurpfalzbrücke modert ein Senior in einem Kartenhäuschen vor sich hin. Kein Mensch weit und breit, der ihn beim Modern stört. Ist hier nicht diese Rundfahrt?

Schiff namens Kurpfalz

Gänzlich ohne Stimmband kehlt er mir frustriert entgegen: »Do driwwe bei der Konggurrenz« und weist unter der Brücke hindurch auf eine ehrfurchtgebietende Menschenansammlung. Nur mit viel Glück erwerbe ich eine bestellte und nicht abgeholte Karte für das bereits eine halbe Stunde vor Abfahrt voll besetzte Schiff. Der Altersdurchschnitt der Ausflügler ist, well, in Vietnam it was nineteen, in Mannheim it is ninety.

Noch vor dem Ablegen wünscht uns eine Stadträtin eine »angenehme Fahrt bei trockenem Himmel und ein wenig Unterhaltung«. Der Himmel sollte tatsächlich nicht nass werden, die Unterhaltung nur wenig bleiben. Nun übernimmt Dr. Hanspeter Rings, der Mann, der ganz zufällig auch das Büchlein »Mannheim auf Kurs« verantwortet (ein paar alte Fotos, Text à la siehe unten, all das für nur noch 20 Euro). Und er bedankt sich artig für die Gutwetterwünsche: »Sollte es wirklich nicht halten, wären wir in guter Tradition, weil der erste Mannheimer Hafen ..., aber das erzähle ich Ihnen erst, wenn es wirklich anfängt zu regnen. Das Gleiche war übrigens auch, als die Stadt Mannheim gegründet wurde, besser gesagt die Festung 1606. 1606 wurde die Festung gegründet. 1607 – die Stadt Mannheim hat ihre Privilegien erhalten und wurde damit zur Stadt erhoben.« Merken: Festung von 1606 wurde 1606 gegründet, danach wurde Stadt Mannheim Stadt. »Rechts, der aufgeschüttete Neckardamm, wir befinden uns im Neckarkanal, nicht im historischen Neckar, sondern im kanalisierten Neckar.« Am Salzkai vorbei, der »ursprünglich insbesondere zur Anlieferung von Salz« diente, erreichen wir die »bekannte« Firma Götz. »Eine bekannte Firma am Neckar. Eine traditionsreiche Firma mit mehreren großen Fahrzeugen. Der Herr Götz, der Firmensenior, hat übrigens seine Erinnerungen auf einem Neckarschiff veröffentlicht.«

Der Informationsflow kocht einem das Hirn weich: In Containern sind »Kühlschränke, Kleidung, alles Mögliche des täglichen Lebens«. Im Begleitheft steht aber alles noch mal drin für hinterher, Verbindungsarme, alte Hafengebiete ... Aber auch für die Kleinsten wird gesorgt. »Die Kinder, die ich an dieser Stelle begrüßen darf, können nun ihren Kopf nach rechts wenden, es wird sie vielleicht ein wenig wundern. Das ist sozusagen ein bleibendes Ereignis, das hat man selten. Sie sehen, wir können hier im Grunde nicht weiterfahren, zumindest nicht durchs Land.« Der Mann beginnt gerade zu punkten, da »passieren wir eine Floßschleuse für die Flößer, die vom Neckar ankamen und in den Rhein geflößt wurden. Der Neckar war natürlich auch immer Floßstraße, in dem Zusammenhang darf ich auch an dieser Stelle, ich sehe ihn gerade vor mir, Herrn Klaus Dollmann, den Personalratsvorsitzenden der Stadt Mannheim, begrüßen. Dessen Vorfahren, das sage ich jetzt nicht von ungefähr, eine ganz bedeutende Flößereifamilie auf dem Neckar waren.« Meine Vorfahren waren übrigens Ertränkerfamilien, ertränkten zu Ertränkende, und Herr Rings käme für das Wiederaufleben einer alten Ertränkerfamilientradition in Betracht. Ich sollte mir statt Apfelschorle womöglich doch Bier bestellen?

»Es gibt Hafenführer von 1907, 1909, 1910, 1912, mehrfach aufgelegt, in denen der Hafen, den wir jetzt als historisch betrachten werden, tatsächlich als die größte Sehenswürdigkeit Mannheims beschrieben wird. Man möchte eigentlich ein Ausrufezeichen dahinter machen.«

Ich kippe die Apfelschorle weg. »Jetzt wird gleich das Tor hinter uns zugehen. Wir befinden uns in einem geschlossenen Körper, und jetzt ist natürlich die große Frage: Was passiert? Werden wir heraufgeschleust? Werden wir herabgeschleust? Alle Fragen offen. Wetten werden angenommen. Sie können es sich ja mal überlegen.« Hier gibt's nur kleine Bier, hm.

»An sich sind diese Silos 1905 entstanden. Diese sind allerdings erst entstanden in den 20er Jahren.« Ach egal, besser ein kleines Bier als Tatterich. »Dafür befindet sich hier im Hafen etwas ganz anderes. Eine Sehenswürdigkeit ersten Ranges, die man hier gar nicht vermuten möchte, die auch in Mannheim so gut wie unbekannt ist, eines der ältesten Denkmäler und eines der vergessensten. Rechter Hand auf Steuerbord sehen Sie jetzt die so genannte Meridianpyramide aus dem späten 18. Jahrhundert. Es handelt sich um den Punkt, der mit der Sternwarte verbunden wurde, um den Mannheimer Meridian zu ziehen. Wir befinden uns in einer Zeit um 1800, da es den Greenwichmeridian noch nicht gab, und jeder Kurfürst bestand darauf, seinen eigenen Meridian zu ziehen. Sozusagen seine eigene Landkarte zu fertigen.« Ich bestelle listenreich einfach zwei kleine Biere. Das erste auf ex. »Wenn Sie in Ihr

Begleitheft einmal reinschauen irgendwann, werden Sie sehen, dass dieser Mannheimer Meridian auch noch eingezeichnet und auch so genannt ist.« Scheiße, jetzt ist ein Bierrand aufm Begleitheft. »Ich möchte noch zu dem Kai linker Hand etwas sagen, wo Sie ein großes Blechgebäude sehen. Dort befand sich ehemals die Mannheimer Ankerfabrik. Die Ankerfabrik der Mannheimer Originalanker. Direkt daneben befand sich das erste Mannheimer Elektrizitätswerk.«

Das Zweite schmeckt immer besser als das Erste. »Rechts sehen Sie nun ein etwas älteres Gebäude in seiner Restsubstanz. Was wir hier sehen, sind die Reste der Mannheimer Bettfedernfabrik. Hier wurden Bettfedern hergestellt.« Der Rings hat' s drauf. So 'n Schnäpschen zum Bier? Hmmm … »Eine Fabrik von Bernhard Kahn. Der hat hier zusammen mit seinen Brüdern die Bettwaren vertrieben. Ein internationales Geschäft. Er hat Bettfedern bezogen.«

Der Typ is doch voll-kom-men irre. Wenn ich jetzt noch zwei Bier nehm, dann auch gleich zwei Schnappse dazu. »Die Krämer hatten die Menschen in der Hand. Sie konnten verkaufen, an wen sie wollten, und sie konnten vor allem auch oft schlechte Ware verkaufen. Ich will auf die übelsten Beispiele gar nicht eingehen, aber man kann sich sicher einiges vorstellen, wie man Kaffee streckt oder wie man Nudeln gelb bekommt.« Weißich, weißich: Mit Kaffeekot und Penne-Pinkel. – Frau Ober?

Am folgenden Tag schien mir, ich hätte noch gehört, dass auf der Friesenheimer Insel, gleich neben dem Industriehafen, ein Naturschutzgebiet liegt. Sowie die Flussdefinition, der Neckar sei »giftig-gelb, der Rhein kristallklar grün – aber nicht wie bei Basel!« Und hießen die Mannheimer Polizeiboote wirklich mit Vornamen »Peter«? Und wenn ja, wie mit Nachnamen? Noch dazu alpträumte mir, dass wir am Hafenamt im Rhein wendeten und den genau gleichen Weg wieder zurückfuhren!!! Drum muss ich allerdringendst anraten: Leichtmatrose, bleib bei Limo, lass den Rum dem Käpt'n.

Hockenheim – Jahresfest der Rotkäppchen

Gastbeitrag von Matthias Penzel

Es ist so sicher wie das Amen in der Kirche, man kann sich darauf verlassen wie auf einen Motor made in Germany: Wenn einmal jährlich, meist am ersten August-Wochenende, über 100.000 Rotkäppchen in den Hardtwald strömen, dann nicht nur zum Zelten und Trinken. Die Angereisten wollen mehr, sie wollen zwei Dutzend Männern in beräderten, bunt lackierten Litfasssäulen huldigen. Am Ende weniger Stunden Spannung feiern sie häufig den schnellsten von allen, manchmal aber auch nicht: Im Jahr 2000 währte Michael Schumachers Einsatz bis zur ersten Kurve, also keine fünf Sekunden – macht bei mindestens 200 DM Eintritt pro Sekunde ... wow!

Seit der Ankunft des Kerpeners in der Formel 1 hat sich einiges grundlegend verändert, auch in Hockenheim. Zuvor Pilgerstätte einer überschaubaren Schar Highspeed-süchtiger Formel-1-Fetischisten, bevölkern seit Schumacher regelmäßig Menschenmassen das Nordbadener Örtchen Hockenheim sowie den Wald rund um die Rennstrecke. Mitte der 1980er Jahre sahen noch 30.000 zu, wie die Flitzer 45-mal an ihnen vorbeirasten, zehn Jahre später waren es um die 150.000. Noch ein Jahrzehnt später sollten es mehr werden.

Märchenhaft, die New Economy im Grünen. So recht verstand keiner warum, doch was weltweit galt – in Deutschland ganz besonders –, das war auch wenige Kilometer südlich von Mannheim zu beobachten: Die Formel 1 boomte ohne Ende. Immer schneller wurde immer mehr möglich, es rollten außer heißen Reifen auch die Rubel.

Auf der Waldgeraden zur Jim-Clark-Schikane konnte man so lange aufs Gaspedal treten, dass hier regelmäßig Höchstmarken erzielt wurden, Jahres-Top-Speeds von mehr als 360 km/h, pro Sekunde 100 Meter! Als Zuschauer hört man dann mehr, als man sieht. Knapp hinter der Lichtschranke, am Ende der Waldgeraden:

Runter vom siebten in den zweiten Gang, unter 100 km/h: die Jim-Clark-Schikane, benannt nach dem Champion, der hier 1968 ums Leben kam.

Das erste Formel-1-Rennen fand in Hockenheim erst 1970 statt. Da sicherte sich Jochen Rindt den WM-Titel, welchen er allerdings nicht mehr feiern konnte – zwei Rennen später starb er in Monza. Der Grand-Prix-Zirkus machte seine deutschen Zwischenstopps wieder in der Eifel, denn der Nürburgring war einfach die bessere Adresse. Erst nach Niki Laudas Feuerunfall 1976 kehrte man auf den 16 Kilometer kürzeren Hockenheim-Ring zurück.

Doch zurück zur eingangs beschriebenen jüngeren Vergangenheit. Im Reich der schnellen Männer und hübschen Häschen wurden alle reich, der Tanz auf der Spielwiese der Konzerne und Motorenhersteller immer schöner. Fernsehlizenzen in aller Herren Länder brachten Millionen ein, Sponsoren Abermillionen, für Pay-TV wurde 1996 aus Hockenheim erstmals ein Sportevent digital übertragen. Und das Märchen endete noch lange nicht: Der Regent über die Königsklasse des Motorsports hatte eines Tages so viel Gold angehäuft, selbst die Brosamen einsammelnden Teamchefs waren in solchen Geldbergen versunken, dass der Chefvermarkter nachsann, wie das alles zu toppen sei. Immerhin: Am Grand-Prix-Wochenende 1997 wurde Hockenheim von 258.500 Menschen beehrt, die Veranstaltung brachte 87 Millionen DM, 70 Prozent davon für Hotels, Gastronomie usw. Zu dieser Zeit übte Bernie Ecclestone auf einige traditionelle Strecken Druck aus, andere strich er gar ganz aus dem Kalender. An Hockenheim missfiel, dass die überlange Strecke für nur 45 Runden Grand Prix gut war, wo doch anderswo jede mit Sponsorenlogos bemalte Streckenabsperrung viel öfter passiert wird! Irgend etwas musste geschehen, vor allem mit dem an die Ortschaft abgeführten Geld. Der Hockenheim-Ring musste kürzer werden.

Verrückt: Weil er so viel kürzer war als der Nürburgring, war der Hockenheim-Ring in den Grand-Prix-Genuss gekommen. Nun sollte er noch kürzer werden?

1932 als Tri-Oval angelegt, fristete die Strecke bis in die 70er Jahre hinein ein Schattendasein. Jetzt war sie jahrelang auf Siegerkurs, und da sollte sie verkürzt werden? Für den Umbau musste eine Schneise in den Wald gehauen werden – was würden die

Grünen sagen? Der alte Dreieckskurs, eine Schotterpiste, wurde außer für Motorradrennen als Teststrecke für die süddeutsche Automobil- und Zweirad-Industrie genutzt. Auf festem Straßenbelag fand auf dem nun ovalen Kurpfalzring erst 1938 das erste Autorennen statt. 1947 dann die Neuerfindung als Hockenheimring, ein Jahr später der bis heute geltende Zuschauerrekord (300.000). Im Jahr 2000 verhandelten also der Regent der Königsklasse und der FIA-Präsident mit dem Vorsitzenden der Ring GmbH, nebenbei Hockenheims Bürgermeister, verstärkt durch den aus Stuttgart angereisten Wirtschaftsminister. Auch Edmund Stoiber kam, ehemalige Lenker aus der Chefetage bei Mercedes-Benz, weitere Häuptlinge und Entscheider – und am Ende der Pokerrunde war man sich einig: Nachdem in zwanzig Jahren nur 700.000 Mark in die Strecke investiert worden waren, sollte sie nun umgebaut und modernisiert werden, Kostenpunkt: um die 100 Millionen. Das ist etwa ein Viertel von dem, was von Bund und Ländern in den Nürburg-, Lausitz- und Sachsenring (allesamt in strukturschwachen Regionen) gepumpt worden war.

Und damit ist die Geschichte fast zu Ende. Neben den Ring-Betreibern gaben Industrielle und Steuerzahler einen Obolus ab, und wofür? Das rote Spielmobil fährt nun pro Grand Prix 67-mal im Rund, und außer Auto-Tests finden auf der 4,574-km-Strecke Rennen der DTM statt, auch Dragster-Rennen, und der »BASF-FirmenCup-Rhein-Neckar«. Eine fast runde Sache.

Jetzt emo was ganz anneres …

Duden²

Willkumme in de Hauptstadt vun de daitsche Sprooch. So will's OB Widder. Und falls er es weiß, kann er sich sogar auf seinen, nun ja, Vorgänger berufen: 1775 sollte sich im Auftrag von Carl Theodor die Kurpfälzische Deutsche Gesellschaft »die genaueste Gleichförmigkeit in der Rechtschreibung angelegen sein« lassen. Und das in Mannheim!

Punk's not dead.

Das Institut für Deutsche Sprache (IDS) sammelt Deutsch. Es hat das größte Archiv der deutschen Sprache mit der größten Sammlung von Tonaufnahmen des gesprochenen Deutsch. Außerdem horten die 150 IDS-Mitarbeiter Texte, klar, und kommen auf die mächtige Summe von zusammengenommen fünf Millionen Buchseiten. Das IDS gehört zur Leibniz-Gemeinschaft, deren Vorsitzender nun ist Hans-Olaf Henkel, der wiederum ist Gastprofessor an der Uni Mannheim. Die Welt ist voll von verrückten Zufällen.

Mir babble Daitsch. So dürfte regelmäßig OB Widder auch Hunderte von Linguisten empfangen, wenn er den Konrad-Duden-Preis der Stadt Mannheim verleiht. Und sie müssen wohlwollend nicken, denn es ist der einzige Preis für germanistische Linguisten. Mir babble rischtisches Daitsch, würde der OB schließlich auf die Bibel der deutschen Sprache verweisen, den Duden. Und der ist aus Mannheim, jawoll! Wen juckt's, dass die Gesellschaft für Deutsche Sprache in Wiesbaden sitzt?

Wilhelminische Rechthaber, Weimarer Rechthaber, faschistische, westdeutsche, ostdeutsche und dann wieder gesamtdeutsche Rechthaber – im Duden spiegelt sich der gesamte neuere deutsche Geschichtsverlauf. Als 1954 ein Bertelsmann-Wörterbuch erschien, jammerten die Mannheimer Duden-Redakteure bei den Kultusministern über die Konkurrenz, und diese erließen die Zauberformel:»In Zweifelsfällen sind die im Duden gebrauchten (...) Regeln verbindlich«, die Lizenz zum, nein, nicht Töten, viel besser: Gelddrucken. Hier erhielt ein Privatunternehmen den amtlichen Segen. Man stelle sich vor: In Zweifelsfällen ist die Reißfestigkeit von Billy-Boy-Kondomen verbindlich. Oder der Geschmack von Herta-Wurst. Bei ams-Brezeln wär's ja noch nachvollziehbar ...

Aber der Duden-Verlag ist nur ein Krümelchen in einer dicken Verlagstorte, die aus Brockhaus, Meyer und dem Harenberg-Verlagsprogramm besteht. Sie haben richtig gelesen, die Lexika Brockhaus und Meyer sind in einer Hand. Und Sie kommen nie drauf, wer die Mehrheitseigner dieser Hand sind: eine gewisse Familie Langenscheidt ... Überlegen wir uns mal Folgendes: Bei »Wer wird Millionär?« muss jede Frage, die Herr Jauch stellt, vorher mit zwei Quellen belegt werden. Voneinander unabhängigen Quellen natürlich. Nicht dass Lexikonautoren (auch ein cooler Job) automatisch voneinander abschreiben, aber mulmig wird's einem schon bei so einer Fast-Monopolstellung.

Der Umsatz des Verlages stieg 2004 um fast 30 Prozent von 50 auf 65 Millionen Euro. Vom »Lexikon der Vornamen« über den »Schülerduden Sexualität« zu »Englisch lernen mit Pinguin Percy« ist alles dabei. Und die Spur führt immer in die Dudenstraße in Mannheim-Wohlgelegen. Wissen Sie noch? Wer nämlich mit h schreibt, ist dämlich. Und natürlich haben die besonders Witzigen dann »nämlic« geschrieben. Wer sz trennt, wird aufgehängt, hieß es mal. Wie zufällig ist es dann, dass gleich um die Ecke in der Käfertaler Straße der Galgen der Stadt Mannheim stand?

Dr. Matthias Wermke hat vor achtzehn Jahren bei der Duden-Redaktion angefangen, ist wie die Mehrheit seiner über zwanzig

Kollegen studierter Germanist mit Schwerpunkt Linguistik und, was noch viel entscheidender ist, Mitglied im Rat für deutsche Rechtschreibung. Er trägt eine sanfte Krawatte, einen sanften Bart und einen ebensolchen Humor.

Duden Headquarter

Von den zweihundertfünfzig Verlagsmitarbeitern arbeiten nur zwanzig für den Duden? Wermke klärt auf:

»Ja, dazu kommt noch ein Kreis externer Mitarbeiter, die regelmäßig wechseln; die durchforsten authentisches Sprachmaterial. Aber wir ziehen nicht mit dem Mikrofon an die Stammtische. Das macht die Gesellschaft für Deutsche Sprache.«

Die Duden-Redaktion saß in Leipzig, »wie alle ordentlichen Verlage. Nach dem Krieg wurde dann die Dependance in Wiesbaden eröffnet, das war ja eine weitgehend unzerstörte Stadt«.

Das wohl, aber nicht besonders billig. Die Aktionäre rechneten: Was ist weitgehend zerstört, also billig? Das nahe Mann-

heim. Also zog der Verlag 1953 hierher, zunächst in die Fried-
rich-Karl-Straße am Wasserturm und 1981 endlich in die Dudenstraße. Deren Seitenstraßen wiederum heißen Joseph-Meyer-
Straße (Lexikon-Meyer!), Gutenbergstraße (klar!) und, wörtlich
auf dem Straßenschild, »Chr.-Frdr.-Schwan-Str.«. Wermke stutzt,
wähnt sich veräppelt, nein, er kennt den Herrn nicht. Christoph
Friedrich Schwan war ein allseits bekannter und beliebter Buch-
händler und ein »Gönner« Schillers. Na, hab ich den Dudenguru
in seinem gläsernen Turm erwischt, nicht mal die nächste Seiten-
straße kennt er!

»Ein Straßenschild über 1,50 Meter Länge könnte ja abknicken.
Aber wir nehmen keinen Einfluss auf die sprachliche Gestaltung
unserer Nachbarschaft, nur auf das sprachliche Verhalten, das dann
aber nicht nur hier.«

Gleichwohl profitieren die unmittelbaren Mediennachbarn vom
Rhein-Neckar-Fernsehen, Mannheimer Morgen, Kurpfalz-Radio
usw. von der Duden-Nähe, denn ein Lokalsender aus Bremen wird
nicht mal eben jemanden vom Duden spontan ins Studio einladen können.

Wie viele Kurpfälzer arbeiten beim Duden, frage ich.

»Lassen Sie mich mal nachdenken, wie weit die Kurpfalz geht.
Also ursprünglich bis Bretten, dann den Rhein runter …« Klug-
scheißer! »… in Richtung Boppard, dann bis Kaiserslautern … Buchen ist schon grenzwertig …«

Unter Einsatz sämtlicher Finger kommt er auf sechs Mitarbeiter
aus der Region, zusätzlich stammen welche aus Hessen und Südbaden. Ich freue mich, dass die Kurpfalz Einfluss auf die Weltläuf-
te hat.

»Den letzten Einfluss habe ich!« Wermke gefällt mir.

Die Germanisten der Uni Heidelberg haben sich als For-
schungsschwerpunkt die Lexikologie ausgesucht, ganz sicher kein
Zufall. Der Duden und die Heidelberger Uni, wer war Huhn, wer
war Ei?

»Gute Frage. Wenn man sagt, das Ei kann's nur geben, wenn
das Huhn schon da war … Früher war das ja so: Die Stellen wurden jahrelang nicht ausgeschrieben, da hat man einfach mal in
Heidelberg nachgefragt, ob da jemand ist.« Und offenbar war da
oft jemand.

In Frankreich wird die Sprache per Dekret von der Académie française reguliert. Im Englischen herrscht freies Chaos, Deutsch hingegen, ja, Deutsch wird auch hier gemacht, nicht?

»Bei uns ist das Thema Sprache mehr belastet. Aber wir sind ein privatwirtschaftliches Unternehmen, aus Tradition jedoch sind wir der verlässliche Helfer in allen Zweifelsfällen. Wir betreiben jedoch keine Sprachpolitik.«

Ehrlich? Wermke denkt lange nach.

»Unsere Aufgabe ist, Werkzeuge und Hilfsmittel bereitzustellen. Wir machen nicht jeden sprachlichen Unfug der Werbung mit. Ein Wort wie ›kuschelweich‹ ist tausendmal belegt, aber immer nur in der Lenor-Werbung. Wenn ›kuschelweich‹ aber plötzlich in der Rede vom Bundeskanzler vorkommt und im Focus und was weiß ich wo, dann ist das was anderes. Es gibt immer noch Leute, die meinen, dass ein Wort, das nicht im Duden steht, nicht existiert oder auf gar keinen Fall verwendet werden darf.«

Und genau diese Leute wollen's genau wissen. Daher gehen täglich 180 Anrufe bei der telefonischen Sprachberatung des Duden ein. 180 Möchtegern-Rechthaber rufen unter einer 0190-Nummer für 1,86 €/Min. an, um Wetten zu gewinnen (heißt es: ich loade down oder ich downloade?) oder in Bewerbungsschreiben vorzutäuschen, sie beherrschten die Rechtschreibung.

»Laut neuer Rechtschreibung gibt es mehr Varianz. Jemand fragt zum Beispiel nach einem fakultativen Komma. Sie antworten: Beides geht. ›Und was ist richtig?‹ – Beides. – Dann kommt die Frage: ›Und wie würden SIE es machen?‹«

Der Duden lebt eben auch von rechthaberischen Menschen, ist insofern in der Kurpfalz gut aufgehoben. Dr. Wermke ist schwer getroffen, seine Wunden bluten. Rechthaberisch findet er »arg negativ. Manchmal gibt's das, Schüler streiten sich mit Lehrern, oder die Sekretärin wettet mit ihrem Chef um eine Flasche Sekt. Aber bei Bewerbungsschreiben wollen sie keine Fehler drin haben. Wir ALLE! MÜSSEN! bei Lichte betrachtet zugeben, dass wir alle unsere sprachlichen Schwächen haben.«

Und Ihre?

»Meine Schwäche ist über viele Jahre hinweg gewesen, dass ich mir partout nicht merken konnte, ob man während mit h oder ohne schreibt.«

Und heute, hm? Boah, bin ich ein harter Hund. Wenn ich Ihnen, geschätzter Wermke, eine krass schwere DIN-A4-Seite diktierte, wie viele Fehler hätten Sie?

»Hmm … kommt drauf an … unfehlbar bin ich auch nicht, für mich ist der Duden das wichtigste Handwerkzeug.«

So, jetzt gebe ich ihm den Rest: Was würden Sie an der deutschen Sprache ändern?

»Also wenn, dann die Diskussion um die Rechtschreibung.«

Lächerlich! Erstens sitzt Wermke selbst im Rechtschreibrat. Zweitens verdient der Duden an jeder Änderung, die eine Neuauflage rechtfertigt. Drittens trat im Sommer 2005 die Reform der Rechtschreibreform zum Teil in Kraft und wurde im Übrigen auf 2007 vertagt. Noch mal: Was sollte man am Deutschen ändern?

Wermke röchelt und stößt schwer atmend hervor: »Diese Frage ist eigentlich nicht zulässig.«

Dieser Mann ist nicht nur ein Quadratschädel, wie er im Buche steht, man möchte nächtelang mit ihm erörtern, wieso das aus der Hip-Hop-Sprache stammende »dissen« im Duden steht, »battle« aber nicht, wieso man sich mit dem Auto verfranzt mit z und vor allem, was es bedeutet, dass seine, Wermkes, E-Mail-Adresse das Wort Bacchus enthält. Dieser Mann ist ein Lustmensch.

Erinnern wir uns doch einfach an den Namensgeber des Duden, Gott hab ihn selig, den alten Oberlehrer, der er mit ganzem Herzen war: Als manche Bürger noch ihr selbstgebrautes Bier zu Hause ausschenkten, trafen sich in privaten Wohnstuben auch gerne Gymnasiasten, die noch nicht in Kneipen gehen durften. Ein Hofgärtner traf einmal den Schulleiter Konrad Duden auf der Straße und denunzierte die Schüler: »Herr Direktor, gehen Sie zum XYZ, dort können Sie gleich das ganze Nest ausheben!« Duden antwortete der Petze gelassen: »Ich habe Durst und die haben Durst« und ging schnurstracks in seine Stammkneipe.

Jetzt emo was ganz anneres …

Schlappner²

64683 Einhausen/Jägersburg. Die Straße heißt Außerhalb, Hausnummer 5. Nachdem ich zum dritten Mal an einem toten Gehöft vorbeigefahren bin, links durch den Wald, rechts ins Feld, muss ich einsehen: Das tote Gehöft ist Einhausen-Jägersburg, und deutlich außerhalb ist es auch. Schlappner trägt keinen Pepita-Hut, dafür Freizeitkleidung Helmut Kohl'scher Prägung und ein verkniffenes Gesicht.

Außerhalb

Mir ist viel Skepsis entgegengeschlagen, als ich mich entschloss, einem Mann ein Forum zu geben, der nachweislich ausländerfeindliche Sprüche geklopft hat und einst auf Kommunalebene in Südhessen für die NPD kandidierte. Wie passt es dazu, dass er Nationaltrainer in China war, im Iran arbeitete, heute in der Mongolei Trainer ausbildet und Jugendmannschaften trainiert? Ob die Mannheimer es wollen oder nicht, Klaus Schlappner ist nach wie vor einer der ersten Namen, die Auswärtigen bei der Erwähnung Mannheims einfallen. In Person von Christian Wörns grätscht allerdings auch der letzte verbliebene Eleve der Waldhof-Schule seinem Karriereende als Aktiver entgegen.

Wir sitzen im Biergarten der Gastwirtschaft von Jägersburg, die Schlappner ebenso gehört wie das gesamte 330-qm²-Gelände mit seinem halben Dutzend Gebäuden.

Schlappner eine Frage zu stellen heißt, auf 28 Antworten vorbereitet zu sein. Zunächst ist der Mann ja Hesse, wird aber überall als Mannheimer verbucht. Prompt folgt eine ellenlange Erklärung, dass er »grenzüberschreitend« Kurpfälzer sei, dass ja in der Scheune gleich nebenan Schiller mal geschlafen habe, dann wird etwas von Carl Benz fabuliert, aber vor allem von Sepp Herberger: »Von dem habe ich mir als Trainer das meiste abgeguckt.« Und er leitet nahtlos über zur Ungerechtigkeit, die Kölner Trainerakademie nach Hennes Weisweiler zu benennen. »Sepp Herberger war der Initiator, und Sepp Herberger war der Motor, und der Sepp Herberger ist aus unserer Region, und der Sepp Herberger ist ein Kurpfälzer, das ist ein Mannheimer.« Und im Holzbockgalopp springt er zum Thema Joy Fleming: »Diese Joy ist gar nicht ihrem Volumen entsprechend, sage ich mal, gar nicht so respektiert und auch von der Bevölkerung und der Region her als PR verwendet.«

Der Verdacht, dass Fußballer ihr Geschwurbel vor Reportermikrofonen von ihren Trainern lernen, erhärtet sich. Und was kommt gleich nach der Joy? Klar: »Die Kurpfalz hat die Positionierung, SV Waldhof Mannheim als PR-Mittel, verschlampt. Die 2. Liga geht die ganze Woche, von Montag bis Samstag. Man sprach über den SV Waldhof Mannheim, ob gut oder schlecht, es wird darüber gesprochen, in den Betrieben, extern in Frankfurt, Hamburg irgendwo, und am Samstag kommt Mannheim im Fernsehen, es kommt Mannheim im Radio.«

Fragt sich, wie so ein vierschrötiger Mensch in China zurechtgekommen ist.

»Ich war kein Diplomat, nein. Die Chinesen wollten mich, die Chinesen wollten aus ihrer Mittelmäßigkeit heraus, das heißt, sie wollten internationalen Standard. Und dieser internationale Standard geht nur mit Fleiß, Strebsamkeit, Pünktlichkeit, Willensstärke, alle diese Elemente, die wir Deutsche eigentlich haben. Eigentlich haben! Mir fehlen sie im Moment in diesem Land. Schon zehn, fünfzehn Jahre fehlen mir hier diese Elemente. Der chinesische Staatsrat für Sport, Kultur und Schule hat im Beisein von all meinen Mitarbeitern und denen, die im Fußballverband tätig waren, gesagt: Was der Schlappner sagt, wird gemacht! Diesen Satz habe ich mir sofort zu eigen gemacht. Ich hatte folgende Überlegung: Ich habe mich nicht vorinformiert, denn bei meinem Ja für China wollte ich nicht in irgendeine Richtung von jemandem, der mir etwas über die Kultur und allem Pipapo erzählt. Ich missachte keinen Menschen. Wenn er anständig ist und wenn er kein Dummschwätzer, kein Dieb ist oder sonst irgendwelche negativen Eigenarten hat, dann hat er mit mir einen Partner. Dieser Partner war ich dann für die Chinesen, und ich habe ihnen klipp und klar meinen Arbeitsstil vorgegeben und habe dieses: Ach Gott, der verliert sein Gesicht usw. abgetan, und habe zu meinem Dolmetscher gesagt, wenn ich mich hier umguck, da fliegen genügend Gesichter in den Ecken rum. Also, hör mir auf mit dem ›Ihr wollt den internationalen Status‹, damit man über den Sport von euch, vor allem jetzt primär den Fußball, wo wir jetzt zuständig sind, berichtet, dass da eine Entwicklung ist und dass man dann im dritten Glied international beginnt und dann ins zweite Glied in Asien und dann, früher oder später, bei Weltmeisterschaften dabei ist.«

Äääh, wie war das im Mittelteil? Womöglich hat Schlappner keine Anfragen aus Deutschland mehr, weil er sogar den deutschesten der deutschen Vereine zu deutsch ist.

»Es gibt immer wieder Anfragen aus Deutschland. Aber ich passe nicht überall hin, und ich passe auch nicht zu jedem Präsidenten. Vor der Aufgabe in Deutschland würde ich mich nicht scheuen, wenn es passt. Ich passe in der Bundesliga vielleicht nur zu drei oder vier Vereinen. In der 2. Liga vielleicht zu sechs oder acht Vereinen. Aber dann muss das vom Präsidium her zu mir und von mir zum Präsidium passen. Dann hast du auch den Erfolg.«

Thema Waldhof. Hat der Verein unter vielen anderen vielleicht auch das Problem, dass die Waldhof-Fans ab und zu auf Auswärtsspielen Rabatz machen, um es mal vorsichtig auszudrücken?

»Nein, nein, nein, ich kenne das, wir hatten diese Probleme schon in den 80er Jahren, nur wie gehe ich mit denen um? Wir hatten damals von jetzt auf nachher erfolgreich gespielt, wir hatten volle Hütte, und auf einmal hatten wir Fans. Wir hatten Fans, die wirklich die Mannschaft vernünftig unterstützt haben. Wenn du eine internationale Mannschaft hast, so wie das dann auf einmal in Waldhof passiert ist – es sind ca. 150 Spieler zwischen 1996 und 2000 durch den Waldhof gelaufen, von überall her – Waldhof war ja die Absteige von irgendwelchen Schwuchteln, die da rumgeeiert sind.«

Schlappner wird in seiner Brandrede gegen die Trainerära Rapolder jäh unterbrochen durch einen Sportflieger, der über unseren Köpfen Flugübungen macht. Der Alttrainer rastet unkontrolliert aus, schreit nach oben: »Des ist ein Idiot, irgendwann schieß ich den mal ab! Dieses Arschloch, dieser Idiot, den schieß ich mit der Schrotflinte mal runter!«

Er bietet dann noch an, den Waldhof jederzeit wieder zu trainieren, vorher müssten aber im Verein »Köpfe rollen«. »Da drin«, droht er und zeigt auf sein Privathaus, »saß einer wie der Widder, einer aus der Wirtschaft und einer vom Sport. Und ich sag: Machen wir? Und dann kommt: Ja, hm, da müssen wir überlegen, Abstimmung, Vorstand … und nix passiert. Um den Waldhof wieder nach oben zu bringen …« Jetzt spricht er ganz leise, und er weiß warum: »Da muss isch en Bu nemme von Lampertheim, einer aus der Pfalz, einer aus dem Odenwald. (…) Wir haben in den Familien den Hintergrund, die Stabilität, die Tugenden.«

Jetzt emo was ganz anneres …

Pfalz²

Das Verhältnis der Mannheimer zu ihren Blutsverwandten drückt sich in keulenschwingender Rhetorik zum Beispiel in den Worten eines Mannheimer Richters am Amtsgericht aus. Der Fall: Ein Vorderpfälzer hatte sich gewissermaßen selbst Urlaub genehmigt, weil er angeblich Besuch seiner Erbtante aus Amerika erwartete, und infolgedessen wurde ihm gekündigt. Der Vorderpfälzer Gekündigte, hier Zeuge V genannt, konnte auf nähere Nachfrage »nicht einmal angeben, wo diese angebliche Tante in Amerika wohnt«, wie die Neue Juristische Wochenschrift ein Urteil des Mannheimer Amtsgerichts zitiert. Der Mannheimer Richter hegt darüber hinaus, amtlich verbrieft unter 2.3.97 – (12) 4 Ns 48/96, »Bedenken« gegen den Zeugen auch aufgrund dessen »Elastizität«, der »stur blieb wie ein Panzer«, und erläutert diese Bedenken wie folgt:

»Es handelt sich hier um eine Erscheinung, die speziell für den vorderpfälzischen Raum typisch und häufig ist, allerdings bedarf es spezieller landes- und volkskundlicher Erfahrung, um das zu erkennen – Stammesfremde vermögen das zumeist nur, wenn sie seit längerem in unserer Region heimisch sind. Es sind Menschen von, wie man meinen könnte, heiterer Gemütsart und jovialen Umgangsformen, dabei jedoch mit einer geradezu extremen Antriebsarmut, deren chronischer Unfleiß sich naturgemäß erschwerend auf ihr berufliches Fortkommen auswirkt. Da sie jedoch auf ein gewisses träges Wohlleben nicht verzichten können – sie müssten ja dann hart arbeiten –, versuchen sie sich ›durchzuwursteln‹ und bei jeder Gelegenheit durch irgendwelche Tricks Pekuniäres für sich herauszuschlagen. Wehe jedoch, wenn man ihnen dann etwas streitig machen will! Dann tun sie alles, um das einmal Erlangte nicht wieder herausgeben zu müssen, und scheuen auch nicht davor zurück, notfalls jemanden ›in die Pfanne zu hauen‹, und dies mit dem freundlichsten Gesicht. Es spricht einiges dafür, dass auch der Zeuge V mit dieser Lebenseinstellung bisher ›über die Runden gekommen ist‹. Mit Sicherheit hat er nur zeitweise richtig gearbeitet.« Howgh, er hat gesprochen!

Jetzt emo was ganz anneres ...

Quadrate²

II. Regeln

»Die Quadrate links der Breiten Straße beginnen vom Schloss aus gesehen mit dem Buchstaben A und enden am Neckar mit K, die Quadrate rechts der Breiten Straße setzen das Alphabet dann fort, beginnend mit L und endend mit U.«

Der Erklärer setzt voraus, dass Sie wissen, wo die Breite Straße ist, wo das Schloss ist, wo der Neckar ist und wo »rechts« ist.

»Die zusätzliche Nummerierung der Quadrate folgt derselben Intention.« Wieso zusätzliche? So werden Unkundige unkundiger gemacht in einem offiziellen Text, mal abgesehen davon, dass es vielen Auswärtigen einfach zu langweilig ist, sich da reinzudenken wegen ein, zwei Übernachtungen. Aber die Bloomäuler erklären bereitwillig, gerne auch mal ohne Anlass, das System. Fragen Sie mal einen Hamburger, wieso HH Hummel-Hummel heißt. Ich habe es ein halbes Dutzend Mal getan und weiß es immer noch nicht, einfach weil die Story einen einschläfert.

»Komplizierter als die Quadratur selbst sind die Hausnummern zu begreifen. Denn in Mannheims Innenstadt gibt es eben nicht die geraden auf der einen und die ungeraden auf der anderen Straßenseite. Die erste Reihe links der Breiten Straße sind die A-Quadrate, rechts die L-Quadrate. Die Zahlen steigen also links der Breiten Straße im Uhrzeigersinn an, rechts davon gegen den Uhrzeigersinn.« Hier wird jeder Einheimische sofort nicken, jeder andere sofort weghören, weil die theoretische Erklärung eben nicht funktioniert. »Nach dieser Logik ist es möglich, dass sich zum Beispiel die Hauseingänge G6, 3 und G5, 17 exakt gegenüberliegen, aber auch zum Beispiel G6, 1 und F6, 5. Gezählt wird wiederum aus kurfürstlicher Schlosssicht.« Ja, verdammt noch mal, muss ich denn für jeden Weg von A nach B ... nein, das wäre schon wieder missverständlich ... immer erst zu diesem Kackschloss???

»Für die Quadrate links der Breiten Straße gilt: Das erste Haus auf der dem Schloss zugewandten Quadrateseite hat die Hausnummer 1. Danach geht's gegen den Uhrzeigersinn rund um das gesamte Viereck. Auf diese Weise liegen dann zwangsläufig die niedrigste und die höchste Hausnummer eines Quadrates nebeneinander, sie bilden die dem Schloss zugewandte Ecke. Für das Gebiet rechts der Breiten Straße gilt dieses Nummernsystem analog, nur eben entsprechend dem Uhrzeigersinn.«

Seien Sie froh, dass Sie nicht mehr im Jahr 1684 leben, nicht wegen der Folter – obwohl, das auch –, sondern weil Kurfürst Carl den Quadraten römische Ziffern verpasste, letztlich dann doch Folter. Das heutige System hat Carl Theodor eingeführt, Dank sei ihm.

Die wichtigsten Promi-Orte schon mal vorab: Mozart wohnte in D2 und F3, Schiller in B5. Die Räuber wurden in B3 uraufgeführt. M1, 8 war Drais' Wohnstatt, Benz bastelte in T6, 11. Das Hinweisschild hängt heute vor einer anderen Hausnummer, weil die Grundstücksaufteilung heute so nicht mehr stimmt. Bei Benz müssen Sie immer folgende Streber-Anekdoten parat haben: Am 3. Juli 1886 fuhr er mit seiner Karre auf dem Ring entlang und wurde verhohnepipelt. Ernst genommen wurde hingegen seine Frau Berta auf ihrer Fahrt nach Pforzheim, das Autofahren wurde demnach von einer Frau erfunden! Der erste Käufer von Benz' Wagen war irre, der zweite selbstmordgefährdet.

So, weiter im Quadrat: Natürlich sind zahllose amerikanische Städte quadratisch angelegt, auch die Lissaboner Unterstadt, ein Stadtteil von Barcelona namens Eixample, Islamabad usw., jedoch sind überall die Straßen nummeriert, nicht die Häuserblocks. Lediglich Alphabet City in Manhattan – und nicht etwa ganz Manhattan, wie die Mannheimer regelmäßig stumpf und falsch daherplappern – ist nach einem ähnlichen System aus Buchstaben und Zahlen aufgebaut, allerdings noch komplizierter.

Früher war das Leben auf das Schloss fixiert, die Nummerierung leuchtete also ein; heute bildet aber der Wasserturm den Fixpunkt, und von dort aus stehen Sie nun mal vor P7 und O7. Letzteres empfehle ich übrigens aus eigener Erfahrung als Wohnort aufgrund folgender wahrer Begebenheit: Ich saß in einer Kölner U-Bahn, hatte gerade mein Ticket verlegt und gab dem Kontrolleur meinen Ausweis mit meiner korrekten Adresse O7, 29: »Wo steht dann he de Strooß?«, staunte er in rheinischem Singsang. »Ähm, da.« – »Ja, wat is dat dann? Is dat 'ne Null?« – »Äh, genau,

Mannheim hat nummerierte Straßen.« – »Dat is jeck! Un de Hausnummer? Is dat 29?« Ich nickte dem verblüfften Mann zu und warte heute noch auf Post der Kölner Verkehrsbetriebe.

Als letzte Regel sei erwähnt, dass die Quadrate nur bis U gehen, nichts Neues, aber mich fasziniert ein recht böser Witz aus dem Zweiten Weltkrieg, den man vor dem Aussterben bewahren sollte: Wieso wird Mannheim so langanhaltend bombardiert? Die Briten suchen V1 und V2.

Jetzt emo was ganz anneres ...

Stadtrundfahrt[2]

»Wir zeigen Ihnen zum Beispiel den Mannheimer Wasserturm am Friedrichsplatz, das Zentrum mit Planken und Paradeplatz, Mannheimer Kirchen, ausgewählte Museen, Teile des Hafens, die Rheinpromenade und das Schloss«, verspricht die Tourist Information am Bahnhofsvorplatz, und sie sollte Wort für Wort Wort halten. Heute ist ein sehr sonniger warmer Tag, die idealen Bedingungen, um den Beweis anzutreten, dass Stadtrundfahrten das Image aus Langeweile und Spießigkeit nicht verdient haben. Ein halsbrecherisches Unterfangen.

Zwei Stunden soll sie dauern inklusive »Auffahrt auf den Fernmeldeturm sowie – falls möglich – ein Besuch der Jesuitenkirche und/oder ein Kurzspaziergang im Luisenpark«. Ich stelle mir vor, wie wir im Luisenpark einmal um den Fernsehturm herumspazieren – aber wirklich nur kurz – und hechte unter Lebensgefahr beim Maritimhotel über die Ampel, denn eine Minute später wäre der Bus weg gewesen. Rund um den Wasserturm wird gerade irgendein Würstelfest aufgebaut, und der Bus ist so klein, dass ich ihn inmitten der Stahlträger und Eichbaum-Lieferwagen fast übersehe. Stolz trägt der Mercedes-Kleinbus an der Frontseite die Typenbezeichnung 0815, und der Fahrer, das ist der Hans. Um mich herum sitzen 17 Menschen, die wie erwartet vorwiegend Ü60-Parties besuchen, die Hälfte aus der Kurpfalz, die andere ein Reisegrüppchen aus Andernach. Was wollen die denn hier? Die haben doch die Loreley vor der Haustür, Rüdesheim, den romantischen Rhein mit Burgen bis zum Abwinken; vielleicht wollen sie mal sehen, wie eine Fabrik aussieht?

Hans startet den Dieselmotor, und die Reiseführerin Frau Axt begrüßt uns, macht schnell klar, dass sie eine echte Einheimische ist. Die Fahrt geht los von der Vorderseite des Wasserturms zur Rückseite des Wasserturms, wo wir erst mal zwanzig Minuten stehen bleiben. Wir gucken auf den Wasserturm und den Friedrichspark, die Fahrer der hereinströmenden Autos aus der Augusta-Anlage gucken auf uns, wir stehen anscheinend im Weg, und es sollte beileibe nicht das letzte Mal sein. Um gleich mal klar zu machen, dass wir hier nicht durch Bröselskirchen schaukeln: Die Stadt wurde als »Bollwerk gegen Frankreich« gegründet und ist heute die Metropole der europäischen Metropolregion im »Oberzentrum Rhein-Neckar« mit 2,3 Millionen Menschen. Das hört sich plötzlich an wie »Agglomeration von Paris«, das soll es auch, und das ist es auch, jawoll.

*Ich sprüh's an
jede Häuserwand.*

Nicht zuletzt an die Andernacher richtet sich der Hinweis auf die drei »bedeutenden« Einkaufsmeilen Freßgasse, Kunststraße und Planken, und man muss zugeben, dass die Breite Straße mit dem Sexkaufhaus, dem schraddeligen Karstadt und den 1-Euro-Läden für 1-Euro-Jobber als Shoppingmeile nicht mithalten kann.

Wir fahren zügig voran, die ganzen fünfzig Meter bis zum Rosengarten und halten erst mal. Jetzt wird die Wassermenge im Wasserturm gelernt (2.000 qm^3), wie lange man damit heute die City versorgen könnte (2 sec), wie viele Einwohner sie damals hatte (700). Die nächste Zahlenfuhre – Baujahr Rosengarten, Kongresse im Rosengarten pro Jahr, Kongressbesucher im Rosengarten pro Jahr, Gesamtgewicht der Kongressbesucher im Rosengarten pro Jahr – überfordert mich. Ich erwache, als die nette Frau Axt gerade ganz durcheinander kommt mit den vielen Jubiläen: 2005 Schiller, 2006 Mozart, 2007 Stadt … Mozart? Jaja, klar, Mozart war ein Weilchen hier, wollte Hofkapellmeister werden, wurde abgelehnt und zog weiter. Da waren sie wieder, die fünfzehn Minuten Ruhm.

Frau Axt kündigt an, später die Systematik der Quadrate zu erläutern – »Aber seien Sie beruhigt, auch die Mannheimer müssen da nachdenken« –, was die Mienen der Kurpfälzer im Bus leuchten lässt, dieses Wissen haben sie den ahnungslosen Andernachern voraus, Quadrateerklären gehört neben Schach und Eishockey zu den wichtigsten Sportarten in der Quadratestadt, auch bekannt als – und das ist neu – »Stadt der Räder«. Klar: Lanz, Benz, Drais haben die Weltzivilisation aus der räderlosen Steinzeit katapultiert. Obendrein darf Mannheim sich schmücken, mit dem Schild »15 km/h« die erste Geschwindigkeitsbegrenzung der Welt erlassen zu haben! Mir bleibt verschlossen, wieso wir im unmittelbaren Anschluss über die Zahl der Luftangriffe im Zweiten Weltkrieg (151) plaudern, und ich bin unsicher, ob die für Ludwigshafen mitzählen. Oder hat da jeder seine eigenen feindlichen Flugzeuge gehabt? Die Bundesländergrenze gab's ja noch nicht, den Rhein aber schon, hach, es ist immer so kompliziert im Oberzentrum Rhein-Neckar.

Wir streifen die Kurpfalzbrücke, »die Brück«, die im Stadtführerjargon zu den nördlichen Stadtteilen Waldhof, Sandhofen usw. führt, und hier denken die Kurpfälzer einhellig, aber nur im Stillen, dass Joy Flemings Karl aus anderen Gründen über die »Brück« ging.

Am Marktplatz verschnauft der Bus ein wenig, denn er durfte jetzt schon mehrere hundert Meter nicht halten. Zeit, eine Betrachtung über die G-, H- und K-Quadrate anzustellen, die seit langer Zeit in der Hand »exotischer Südländer« sind, vor etwas längerer Zeit noch vielfach von Juden bewohnt wurden, und Mannheim hatte im Gegensatz zu etwa Frankfurt nie ein echtes Judenghetto, wozu auch, die Juden siedelten ja freiwillig alle auf einem Fleck. Die 60.000 Ausländer trifft keine Schuld, dass die Stadt hoch verschuldet ist, sie freuen sich aber über die Präsenz des Lidl in Prachtlage am Marktplatz. Wie eine Standarte kündigt der Billig-Supermarkt das Ende der Einkaufsmeile und den Beginn von Klein-Anatolien an, für die Andernacher fraglos ein fremdländischer, abenteuerlicher Anblick.

Passen Sie auf Ihre Handtasche auf!

85

Wissen Sie, welche Figuren auf dem Marktplatz-Brunnen stehen? Auf Neckar und Rhein kann man noch kommen, aber haben Sie schon mal was von der Mannheimia gehört? Auf dem Kopf sitzt die Festungskrone, in ihrer Hand ruht der Stadtplan, ihren Hintern reckt sie uns entgegen. Erhebend. Plötzlich taucht mitten auf dem Marktplatz ein blauer, polizeiartig wirkender Pkw mit Uniformierten auf, als wir den Schriftzug »Ordnungsdienst« entziffern, sind wir beruhigt. Na ja, in so einer Gegend muss ja einer aufpassen. Jetzt könnte man ja auch mal aussteigen, aber wir sind bereits in Zeitverzug, denn vor uns harrt das Schloss unserer Ankunft.

Hans chauffiert uns vor die Schlosskirche, alles aussteigen. Carl Ludwig, Carl Theodor, Carl Philipp, Carl Friedrich, Friedrich II., Friedrich IV – die waren alle wichtig, und das prägen wir uns ein, während eine peinlich berührte Studentin ihren Micra illegal vor dem Kirchenportal parkt und wir als weitaus wichtigere Touristengruppe mit Trippelschritten ausweichen müssen. Lebhaft wird's, als Frau Axt wissen will, wofür der Schlosshof bekannt ist, prompt »Placido Domingo« aus der Andernacher Ecke erschallt, ich an öffentliche Bundeswehrgelöbnisfeiern denken muss, sie aber den Rittersaal meint, der Europas zweitgrößtes Barockschloss nach Versailles ziert. Ich werde in der heißen Sonne schläfrig, bekomme gerade noch die zweite (oder dritte?) Zerstörung Mannheims im Pfälzischen Erbfolgekrieg mit, erwache, als Frau Axt besorgt fragt, ob alle gut zu Fuß sind, um zur Jesuitenkirche zu »marschieren«. Herrschaften, das sind an die 300 Meter, geht's noch? Aber keiner ist fußlahm, das Tempo gemütlich, ausflugsbuserfahren. Vor der schwülstigen, barocken, überladenen, ja, fetten »Lieblingskirche Helmut Kohls« fasst die Jugendabteilung in unserer Gruppe einen Beschluss: Ein einsamer Teenager packt den mp3-Player aus, ich beneide sie und gehe in die innere Emigration, bis wir weiterfahren zum Hafen …

Hans möchte am Ausflugsschiffanleger halten, Frau Axt bremst ihn aus: »Da halten wir aber nicht!« – denn sonst wären wir vermutlich im Weg. Hans wendet und fährt ein wenig beleidigt weiter. Vorbei an Planetarium und Siemens, lobt Frau Axt vor allem die vorbildliche Senioren-Residenz Augarten, wo die Rentner auch im Alter in ihrer gewohnten Stadtviertelumgebung wohnen bleiben, und findet anerkennendes Gehör – sie kennt ihre Kundschaft, und ein freestyliger Hip-Hop-City-Trip sind wir weiß Gott nicht.

»Und dort drüben steht die Villa von Carl ...« – »Benz«, plappert es im Chor mit. Erstmalig beschleicht mich der Verdacht, dass die mitfahrenden Kurpfälzer entweder Ex-Kollegen von Frau Axt sind, passionierte Hobby-Heimathistoriker oder einfach für die Stadtrundfahrt 'ne Jahreskarte haben. Unser Bus erreicht den Höhepunkt, als solchen darf sich das höchste Bauwerk der Region, der Fernsehturm, mit Fug und Recht bezeichnen lassen. Ach ja, sagen Sie bitte immer »Fernsehturm« und Sie werden zahllose Wetten gewinnen, denn mindestens ein Mannheimer in Ihrer Nähe wird Sie immer korrigieren: »Des heeßt Fern*melde*turm!« Denken Sie jedoch nicht darüber nach, was am Fernmelden so viel spektakulärer ist als am Fernsehen.

Am Aufzug sind wir einer anderen Touristengruppe im Weg, die uns aber auch! Wir rempeln sie einfach zur Seite, denn wir sind mehr als die. In den Aufzug passen nur zwölf Personen, wir sind ja aber 17 + 1, also muss man sich aufteilen, schon geht die Rechnerei los: Was ist 17 + 1 : 2? Wir kriegen es aber hin und sausen nach

Jesuitenkirche – fest in Illuminatenhand

oben: »Ouh, mir fahre die Ohre zu!« Erfahrene Herren rechnen im Aufzugskorb die Geschwindigkeit von Meter pro Sekunde in km/h um und erkundigen sich freundlich beim afghanischen Knöpfchendrücker, ob ihm sein Beruf Freude bereitet, der ebenso freundlich bejaht. Kaum oben angekommen, fragt ein Heidelberger, der vorhin gut aufgepasst hat: »Ist das da hinten der Wasserturm?« – »Ja, das ist der Wasserturm.« Zufrieden dreht er sich zur Seite und fotografiert das Großkraftwerk Neckarau.

Frau Axt macht die Runde um die Aussichtsplattform: »Da links, das ist das AKW Biblis, bei gutem Wetter sieht man auch das AKW Philippsburg … da sieht man die Neckarspitze, an dem einen Schornstein.« An dem *einen* Schornstein? Selbst die Ortsangabe »irgendwo« wäre präziser.

Bellevue

Eine etwas feinere Dame von der Bergstraße gesteht ihrer Freundin/Mutter/Tochter: »Ich war ja gegen die SAP-Arena, aber wenn man jetzt sieht, wie die sich doch im Stadtbild integriert …« Dumpf starre ich auf die Bäume und die rotbedachten Häuser neben der SAP-Ufo-Schüssel, da sollen wir uns gen Norden wenden, und jetzt geht's los: Heiteres Firmenraten (aber auch nach Ost, Süd, West): »Da ist Fuchs Petrolub!« – »Sind da nicht auch die Lebensmittelwerke?« – »Genau, die Lebensmittelwerke. Der Benz natürlich ...« – »Und die Motorenwerke!« – »Ist das da Roche?« – »Hm-m, ehemals Boehringer.« – »Die BASF ist ja Wahnsinn!« Der Heidelberger erkundigt sich unvermittelt nach der großen Moschee, die im Mannheimer Guinness-Buch steht, von hier oben aber nur als türkisfarbenes Pünktchen aufflackert.

An der Fahrstuhltür drängeln wir anderen Besuchern entgegen, aber wir haben Hunger, denn im Fernsehturmrestaurant Skyline erwartet uns badisch-pfälzische Heimatküche. An der Wand hängen Städte-Aquarelle in der Reihenfolge Mannheim, Paris, Weinheim. So sieht's aus, Messieurs! Von oben sieht die OEG auf ihrem braven geraden Schienenstrang entlang dem Neckar aus wie eine Spielzeugeisenbahn. Von unten allerdings auch. Ich will Frau Axt noch fragen, seit wann der Hafen der zweitgrößte ist, aber da ist sie schon verschwunden mit den Andernachern, die sich wieder in den Aufzug hineindrängeln, runter zum Bus, ab zurück zum Wasserturm, Hans will Feierabend machen. Was die Andernacher wohl zu Hause erzählen?

Jetzt emo was ganz anneres ...

Carl Weissner ²

Carl Weissner ist kein Prominenter, aber ein Star. Denn ein Star ist jemand, der immer wieder Höchstleistungen erbringt. Und Weissner hat es geschafft, so sperrige Schriftsteller wie Charles Bukowski, William Burroughs jr. oder Songtexte von Frank Zappa ins Deutsche zu übertragen, und ohne ihn gäbe es manche US-Literatur in Deutschland überhaupt nicht. Sowie manches Detail aus Bukowskis Lebenslauf ...

Man kann einfach von Karlsruhe nach Mannheim ziehen, das geht schnell und ist billig und sehr leicht nachzuvollziehen. Weissner ist es etwas umständlicher angegangen, hat den Umweg über

Frankreich, New York, San Francisco genommen. Und er ist aus eigenartigen Gründen hier.

Sie sagten neulich am Telefon, dass Sie mit Mannheim nie so richtig warm geworden sind.
»Ich bin ja nur durch Zufall hier. Das war keine Wahlentscheidung. Ich bin hier gelandet und aus Bequemlichkeit geblieben. Aber die Bequemlichkeit fiel mir leicht, weil ich von hier aus schnell überall hinkomme. Am Frankfurter Flughafen bin ich in einer Dreiviertelstunde; nach Süden und Norden halten sämtliche Züge hier; in der Pfalz bin ich schnell, im Schwarzwald bin ich schnell. Es ist eine Stadt, aus der man schnell rauskommt. Das finde ich gut, und ich habe Mannheim immer nur als meinen Arbeitsplatz betrachtet. Und das ist es auch jetzt noch. Ich suche ja nicht Zerstreuung, sondern will hier ungestört meine Sachen abarbeiten können.«

Weissner brachte von 1965-1967 eine Zeitschrift heraus, »Klactoveedsedsteen«, benannt nach einer BeBop-Nummer von Charlie Parker, ein reines Phantasiewort. Klacto enthielt Artikel von Querdenkern wie Jeff Nuttall, Allen Ginsberg, Diane Di Prima, Charles Bukowski, William Burroughs. »Das hatte in erster Linie den Sinn, dass ich den so genannten literarischen Underground, den es damals gab, näher kennen lernen wollte. Ich habe ja ziemlich schräge Typen gebracht, von Kalkutta bis Porto Alegre, in der Hauptsache natürlich Amis, aber da war auch ein Happening-Text von Wolf Vostell dabei, den damals noch kaum jemand kannte. Und meine Zeitschrift wurde in ganz New York verkauft, in erster Linie lag das in den kleinen, alternativen Buchhandlungen.«

Das war ausschließlich in englisch?
»Das war alles in der Originalsprache. Also der Kalkutta-Typ hat mir seinen Hindi- oder Bengalitext in lateinischer Umschrift geschickt, mit englischer Übersetzung dabei.«

Nach New York folgte die wichtige Zeit in San Francisco.
»Ja. Ich war ein Dreivierteljahr in New York und ungefähr noch mal so lange in Kalifornien. Nach San Francisco bin ich in erster Linie, weil ein Freund von mir, der dort eine ganz tolle Zeitschrift herausgegeben hat ›The San Francisco Earthquake‹, mich überredet hat, mit ihm zurückzufahren nach L.A. Da bin ich die halbe

Strecke nach San Francisco gefahren, ohne Führerschein, das ging Gott sei Dank gut, sonst hätten sie mich rausgesetzt, weil ich mit einem Stipendium dort war, da durfte man sich keine Sperenzchen leisten. In San Francisco war der berühmte Klüngel von Lawrence Ferlinghetti mit seinem City Lights Bookstore und Verlag, da hatte man viele Leute auf einem Haufen, die man sonst hätte suchen müssen. Das waren alles Leute, die sich also nicht als Nachfolgegeneration der Hippies oder so was bezeichnen wollten, die waren alle Mitte zwanzig, waren alle auf Speed und gingen zu Jimi-Hendrix-Konzerten und nicht zu Dichterlesungen.«

Die Rede ist von Jack Kerouac, Allen Ginsberg und Co. Sind Sie mitverantwortlich, dass Bukowski in Deutschland bekannter ist als in den USA?

»Nee, das sind die Leser und Kritiker gewesen. Ich habe ihn nur angeschleppt. Ich hatte ihn mit anderen Autoren im Gepäck, als ich zurückkam, und habe dann geschaut, dass ich davon möglichst viel bei Verlagen unterbringe, was damals nicht schwer war. Es war sogar eine ganze Zeit lang ausgesprochen leicht. Als ich als Literaturagent angefangen habe, Anfang der 70er Jahre, habe ich einen völlig unbekannten Typ, der einen Schlüsselroman geschrieben hat über »The Wherehouse«, das ist so eine Kette mit Billigschallplatten und so, die gab es damals nur in Kalifornien, das habe ich an 2001 am Telefon in zehn Minuten verkauft.«

Wieso sind Sie keine öffentliche Person?

»Wollte ich nie! Das hindert schwer bei der Arbeit. Ich habe hier auch nie eine Veranstaltung gemacht. In Heidelberg war geografisch die nächste. Ich glaube, ich war hier nur einmal vor vielen, vielen Jahren mit so einer kurzen Glosse lokalkulturmäßig im Mannheimer Morgen. Da kam jeder mal dran, und irgendwann waren sie auch einmal bei mir. Aber sonst bin ich immer im Zusammenhang mit Bukowski sehr sachlich und korrekt dargestellt worden in der Lokalpresse. Also, ich habe keinen Grund zum Klagen.«

Stimmt es, dass Sie William Burroughs irgendwann mal nach Heidelberg geschleppt haben?

»Nee, der kam von selber. Der war in Paris, wann war das … im Sommer 66 – und hat dort in dem berühmten ersten psyche-

Harte Koffeinszene
Mannheims

delischen Spielfilm »Chappaqua« eine Rolle (die Figur: Opium Jones) übernommen. Da war er also in Paris und hat seine Rolle nachsynchronisiert für den Film, der im Herbst '66 in Venedig einen Silbernen Löwen gekriegt hatte, was heute auch nicht mehr ginge. Und da schickt er mir ein Telegramm: ›Ankomme morgen abend 20.00 Uhr Heidelberg Hauptbahnhof – besorg mir ein Hotelzimmer‹. Der konnte auch durch Heidelberg laufen, ohne dass ihn jemand angesprochen hat. Das war sehr angenehm, wir sind am Neckar unten auf dem breiten Pfad spazieren gegangen und haben dort unsere Pläne geschmiedet für irgendwelche Sauereien.«

Sie haben die Drogen besorgt.

»Nee, ich hatte einen, der guten … ich kannte einen Altsaxofonisten in der Hauptstraße, der hatte gute Connections.«

Ist das Übersetzen eines Burroughs oder Bukowski Spaß oder Arbeit?

»Das ist echte Arbeit.«

Sie sind selber auch ein paar Mal in Bukowski-Büchern vorgekommen.

»Am treffendsten in seinem vollkommenen, für einen Alkoholiker erstaunlich straight geschriebenen Reisebericht über seinen Trip in Deutschland zu seiner Lesung in Hamburg, zu seinem Onkel in Andernach, zum Schwetzinger Schloss …«

War Ihnen das peinlich?

»Nö, nö, stimmt alles. (lacht) Das ist mir jetzt peinlich … Ich glaube, das Einzige, was er schonend ausgelassen hat, ist die Telefonzelle, die bei mir vorne an der Straße stand, die wir doch etwas verschoben haben, weil wir da immer dagegengetorkelt sind, während wir auf sein Taxi gewartet haben. Wir haben damals bei mir zu Hause gezecht, weil er im Hotel nicht so die Atmosphäre gefunden hat. Außerdem sahen wir bei uns immer alte Bogart-Filme auf Deutsch an. Er fand es unheimlich grotesk, Bogart auf Deutsch, Lauren Bacall auf Deutsch.«

Warum haben Sie sich nie mit der Stadt angefreundet?

»Als ich herkam so Anfang '69, war die Stadt stinklangweilig und bot so gut wie nichts. Nun, dann hat sich das ständig gebessert, das habe ich schon so aus den Augenwinkeln wahrgenommen. Städtebaulich und was das Kulturangebot betrifft, das Unterhaltungsangebot, die Musikszene, das Ballett wurde plötzlich interessant, bei mir um die Ecke hat das Medienkaufhaus Prinz eröffnet. Das alleine war Anlass, dass ich nicht weggezogen bin, sonst wäre ich nicht in der Stadt geblieben. Es ist wahnsinnig laut, das Café Journal, lauter solche Fixpunkte gab es plötzlich.«

Bemerkenswert: Auch der vollkommen anders gepolte Wilhelm Genazino sagte: »Als ich ganz jung war, wollte ich schnell weg von Mannheim, wo ich geboren bin, weil Mannheim einfach zu öde ist.«

Haben Sie Kontakt zur Uni hier? Germanisten, Anglisten, Literaturszene?

»No. Nichts!«

In Germersheim drüben ist ja diese Übersetzerschule.

»Aber das wird nicht gelehrt und kann auch nicht gelehrt werden, die Literatur von heute. Genauso wie man Hip-Hop-Texte und diese Sachen auch nicht jedem hinpacken kann und sagen: Übersetz mir das mal. Ich habe jetzt einen verzweifelten Anruf gekriegt von einer Schweizer Diplom-Übersetzerin. Die kriegte einen Bukowski-Dokumentarfilm von eineinhalb Stunden. Die wollte wissen, ob ich bestimmte Gedichte oder gedichtähnliche Texte, die da vorkommen, schon übersetzt habe, damit sie es nicht noch mal machen muss. Da habe ich gesagt: Nein, das hat nämlich folgende Bewandtnis ... das ist alles Schrott! Herr Bukowski hat nachts um zwei Schrott produziert, und der Dokumentarfilm hat einen sicheren Griff ins Klo getan. Der Mann hat Tausende von Gedichten geschrieben, und in diesem Dokumentarfilm ist eine ungewöhnliche Häufung von lyrischem Schrott anzutreffen. Ich hab ihr gesagt, kaufen Sie sich einfach den neuen Band ›439 Gedichte‹ aus dem 2001-Verlag, da sind bestimmt ein paar gute dabei, nehmen Sie die stattdessen. Da sagte sie: Sie sprechen mir aus dem Herzen.«

Welche Seiten lesen Sie im Mannheimer Morgen?

»Die letzte, Kulturseite! Mannheim ist eine ehrliche Stadt, hier kriegt man nichts vorgemacht. Sie steht wesentlich besser da als manche andere, die vollmundig rumtönen. Demnächst ist Stadtjubiläum, ich glaube, das ist inzwischen an Streitereien oder sonst was eingegangen. Das verstehe ich unter ehrlich. Die versprechen hier nicht den Blumenkorso und die Kulturmeile oder sonst was, sondern die sagen: Möglicherweise findet hier überhaupt nichts statt, wir können uns nicht einigen ... oder es stimmt mit dem Geld nicht ...«

Wie bewerten Sie die Qualität von lokalen Lesungen?

»In der Alten Feuerwache wird wohl demnächst zum zwölften Mal Roger Willemsen anrücken mit Pianist ... Und dann gibt es noch die lokale Szene, die ich nicht so kenne, aber einen der Macher. Der schmeißt mir ab und zu einen Zettel in den Briefkasten: Komm doch mal vorbei. ›Die Räuber‹ nennt sich die lokale Gruppe. Und sonst ist kaum was, von der Uni habe ich noch was gehört, dass die so was veranstalten. Ansonsten gibt es noch da vorne etwas beim Buch-Kober, seit der so groß ist und über drei Stockwerke geht, obendrin ein eigenes Café hat. Da finden sich ein, zwei Autoren pro Monat ein. Ich finde, das reicht auch. Ich glaube, hier ist nicht so eine Szene, wo die Leute einfach strömen, wo man sagen kann, da kommt man mit dem Geld fifty-fifty hin. Da ist in Heidelberg mehr los. Ich glaube, das ist ein bisschen abschreckend, deswegen trauen sich viele auch gar nicht, hier was aufzumachen. Die gehen dann gleich in den Odenwald aufs Dorf oder nach Heidelberg oder vielleicht nach Landau.«

Heidelberg gilt als kultivierter, und das ist es wohl auch.

»Glaube ich nicht. Der Wissenschaftsverlag, aber sonst gibt es eigentlich nur Palmyra als Alternativverlag.«

Mit einem Programm aus Palästinaproblematik und Doors-Biografien. Ich meinte aber mit »kultivierter« die Bevölkerung in Heidelberg.

»Nä, des sin genauso Pälzer Bauern wie hier, die gehen aach liewer zum Catchen oder was weiß ich … Milva ist bei denen, glaube ich, schon das Höchste. Die sind wirklich sehr erdverbunden geblieben.«

Hat Bernhard Schlink Botschafterqualitäten für die Region, oder Ingrid Noll?

»Jaja, und dann kommt Genazino. Ich kenne die alle nicht persönlich. Das sind ja auch alles … erstens sind die ja auch alle woanders, zweitens sind die Wehwehchen von mittleren Angestellten nie ein Thema für mich gewesen und werden es auch nie sein.«

Das ist jetzt wohl eine Spitze gegen Ingrid Noll?

»Ne, gegen Genazino. Der ist als Privatmann garantiert ein pfundiger Typ. Das schließt sich ja nicht aus. Und Schlink schreibt über Sachen, die eigentlich eher für Franzosen interessant sind, denn wir kennen das schon. Aber alleine die Tatsache, dass man in Gottes Namen sagen muss, Ernst Bloch stammt halt nicht aus Mannheim, sondern aus Ludwigshafen, das macht die Sache doch klar.«

Manchmal scheinen sich die Leute zu schämen zu sagen, dass sie aus Mannheim sind.

»Nö, das brauchen sie nicht. Nur wenn man hier unter verkehrten Vorzeichen antritt … Es gibt keinen Grund, sich aufzuplustern, aber … Den Bukowski haben sie mal gefragt, wenn er in Beverly Hills wohnen würde, falls er dort von einer reichen Witwe ein Anwesen geschenkt bekäme, ob es dort nicht vielleicht verlogener zugeht als in irgendeinem Elendsviertel. Da sagte er: Ne, das ist wahrscheinlich nur eine andere Form von Unehrlichkeit. Es ist also überall dasselbe. Er ist nicht losgezogen in der Absicht nachzuweisen, dass das untere Drittel der Bevölkerung ein ganz besonders edelmütiger Menschenschlag ist, ganz im Gegenteil. Nur ist es bei denen halt augenfälliger und krasser und bei den anderen mehr getarnt. Aber es kann durchaus noch passieren, dass hier noch der große literarische Knaller auftritt. Diese Stadt bietet garantiert dieselben Möglichkeiten wie Freiburg oder sonst eine Stadt.«

Was wollen die Mannheimer lesen?

»Also, das was neben der Kasse liegt, an der Bahnhofsbuchhandlung, ist schon ein Hinweis.«

Die Grishams ...?

»Nein, nein, nein, die Blümchentexte, das, was früher Verschenktexte hieß, und Auflagen von 400.000 hat. Aber das kann sich wie gesagt ändern, wenn sich jemand für die Lokalpolitik interessiert, dafür, dass die Stadtsparkasse untergegangen ist, weil hier unter Vorsitz des Oberbürgermeisters faule Kredite in gigantischer Höhe vergeben wurden. Das zwingt die in die Knie, und die Leute sind alle noch im Amt, also ich meine, zwei direkte Sparkassenmanager mussten über die Klinge springen, aber ich glaube, denen geht's heute auch nicht wesentlich schlechter als damals. In den Knast sind sie nicht eingefahren, soviel ich weiß. Oder die vielen, zeitweise sich häufenden Razzien, wo Waffenlager bei irgendwelchen Armeniern, bei mir um die Ecke, ausgeräumt wurden. In so einem, den Zweiten Weltkrieg überdauert habenden vierstöckigen Wohnhaus. Ich meine, eine Zeit lang waren wir hier auch ein äußerst vergifteter Ort, weil die Amerikaner im Käfertaler Wald noch ihr Nervengas gelagert hatten. Ich kann mir vorstellen, dass die alles abtransportiert haben, so wie die leck gewordenen Kanister aus Fischbach im Pfälzer Wald.«

Welches ist Ihr Lieblingsquadrat?

»Das neben dem Kurfürst-Friedrich-Gymnasium. N 3 oder 4, so was, der kleine Park mit dem großen Vogelhaus.«

Jetzt emo was ganz anneres ...

Dialekt²

»Viele Leute verwechseln Dialekt mit Blödheit, was erwiesenermaßen falsch ist.« – Professor J.W. Falter

»Ochsebriggel!« – Joy Fleming

Sollten Sie zu der exotischen Personengruppe gehören, die damit liebäugelt, in die Kurpfalz zu ziehen, vielleicht sogar aus einer
Gegend, wo man so gesichtsloses Deutsch spricht wie in der Ta-
gesschau, kriegen Sie hiermit die Pistole auf die Brust. Friss den
Dialekt, Vogel, sonst stirbst du! Monnemerisch. Monnemer Platt.
Gebabbel. Sie haben es schon einige Male gehört, von Fußballern
wie Christian Wörns oder Jürgen Kohler, von den Mitarbeitern der
Forschungsgruppe Wahlen, wenn's »heiß« wird am Wahltag um
18.01. Und natürlich von der Joy.

Letztere ausgenommen, haben Sie damit jedoch die geglättete
Variante erlebt, das, was man vor Ort für Hochdeutsch hält. Dies ist
leicht zu belegen anhand der Tatsache, dass Sie es verstanden haben. Sollten Sie Ihre Zelte in der Quadratestadt aufschlagen, glauben Sie ja nicht, dass es einen Lebensbereich gibt, in dem der Dialekt als verpönt gilt. Sie begegnen ihm an der Universität in Vorle-
sungen, an der Auskunft im Bahnhof, bei Ämtern, sogar vor Gericht.
Sie müssen damit rechnen, dass Ihre Kinder auf der neuen Schule
den Mathematiklehrer einfach nicht verstehen und flugs von zwei
auf fünf rutschen. Und meinen Sie ja nicht, an einem Elternabend
beim Gespräch mit dem Klassenlehrer auf Verständnis zu stoßen, er
wird Ihnen mit vorwurfsvollem Blick sagen:»Ha, mir redde halt so.«

Sie sollten nicht versuchen, den Dialekt selbst zu sprechen, das
tut jedem Mannheimer weh, und er wird sich allenfalls zu einem
Höflichkeitsschmunzeln zwingen, das ist aber eher unwahrschein-
lich. Verstehen müssen Sie aber Monnemerisch, sonst sind Sie tot,
sozial, aber auch wirtschaftlich.

Ein Student aus Hannover, der frisch in die Stadt gezogen war,
ahnte nichts von den örtlichen Besonderheiten, versuchte, in der
Sparkasse ein Girokonto zu eröffnen, und verließ nach einer halben Stunde mit blassem Gesicht das Geldinstitut. Nicht etwa, weil
man ihm als studentischem Habenichts die Kontoeröffnung bös-
artig verweigert hätte, nein. Er hatte die Kundenberaterin einfach

nicht verstanden. Kein Wort. Auch nach Jahren in der Region behauptet er steif und fest, in Mannheim werde nicht gebabbelt, sondern gebabelt.

Babylon ist gar kein falsches Bild, flossen doch in den groben Dialekt französische Vokabeln ein, jiddische und via Hafen auch Begriffe aus der Flussschiffersprache und aus dem Rotwelschen. Aber was bringt Ihnen das? Zumal es sich um einen groben Fall von Selbsttäuschung handelt: Die Mannheimer glauben ernsthaft, Wörter wie Lambarie, hd. Lamperie, frz. *lambris* für Fußbodenleiste, seien ausschließlich in Mannheim verwendete Begriffe. Bagage steht hier für Pack oder Clique, genauso wie anderswo auch. Berühmt, klar, Fisimatenten, das Visite-ma-tente (Besuch mein Zelt!) der französischen Besatzungssoldaten, eine Aufforderung zum Säftetausch. Sagen Sie aber keinem Mannheimer, dass man dieses Wort ebenso in Koblenz, Köln usw. verwendet, überall, wo Franzosen waren.

Echt ist nur das omnipräsente »Alla«. Es heißt alles und nichts: »Alla«, manchmal auch »allee«, mit Betonung auf a, bedeutet: Los!, Tschüss!, Na gut!, Ich sag's ja! oder auch gar nichts. Wenn Sie sich einschleimen wollen, können Sie auf den Gruß Alla! erwidern: Allah ist groß, Allah ist mächtig, Allah ist ohne Kopf drei Meter sechzig. Das gilt hier als witzig.

Fragen wir die Philologen. Leute, die mit Zirkel und Geodreieck jeden Schritt der Völkerwanderung nachgemessen haben und Frikative und Nasale aufspüren, wo normale Menschen nur undeutliches Genuschel hören. Schwester, Skalpell! Indoeuropäisch sezieren wir herunter auf die germanischen Sprachen, darunter das Deutsche. Dessen Teilorgan Westmitteldeutsch setzt sich zusammen aus Moselfränkisch, Ripuarisch (Rheinländisch) und Rheinfränkisch. Letzteres ist die Obergruppe der Pfälzisch-Variationen Kurpfälzisch, Südpfälzisch, Nordpfälzisch, Vorderpfälzisch, mittleres Westpfälzisch und westliches Westpfälzisch.

Falls Sie das nicht verstanden haben, klingeln Sie nachts um halb drei bei einer Mannheimer Marktfrau und lesen Sie ihr den Abschnitt laut vor. Die Antwort »Bisch du noch gonz klor im Kobb? Isch glaab, dir hawwe se ins Härn gschisse. Du dabbischer Hammel, mach, dass'd fortkummsch!« ist Mannheimerisch. (Und bedeutet in etwa: »Tut mir sehr Leid, ich habe das auch nicht verstanden.«)

Nachdem wir die Sprache bis zu ihren Zellbestandteilen zerschnippelt haben, wenden wir uns ihrem Haupteinsatzgebiet zu: der Beleidigung. Aber auch dem Fluch, der einfachen Beschimpfung oder dem normal Vulgären.

Haache ist schon etwas veraltet, steht für hauen. Beliebt in der detaillierten Ankündigung: »Isch haach der uffs Aach, un uffs annere Aach haach isch der aach.« – Ich haue dir aufs Auge, und aufs andere Auge haue ich dir auch. In diesen Gefilden blüht der Dialekt wirklich am schönsten, finden Sie nicht? Es gibt nichts Ehrlicheres als Gewalt, und die wird Ihnen bereits angedroht, wenn Sie nur scherzhalber fragen, ob Sie vom Bier des Gegenübers mal kosten dürfen. Das ist nicht lustig, da gibt's paar uff die Gosch, änni uff die Fress, en Satz heiße Ohre, dann gibt's Zores, und du griegsch doi Fäng.

In einem ältlichen, aber umso roheren Straßenliedchen mit trügerisch fröhlicher Melodie wird deutlich, wie es um die Toleranz und Friedfertigkeit der Mannheimer bestellt ist. Murmeln sind sogar im immer etwas langsameren Mannheim inzwischen passé, die beschriebene Einstellung jedoch hat sich eher noch verschärft. Wie gesagt, Gewalt geht immer.

Ei du Bongert, ei du Scheeler,
ei du Rindvieh, du Kamel, Hey!
Was bischt dann du for äner, hea,
was glodsch dann du so scheel?
Hey!
Geh häm, du mit doim Wuschelkopp un wäsch der mo die Leis,
Wann isch uff de Bart nuffklopp,
dann drehschde disch im Kreis!

Mir sin die Monnemer Buwe,
die Stärkschde vun de Gass.
Wer die Monnemer Buwe kennt,
des is e edli Rass.
Gebiggelt und im Ozigle, des is
uns viel zu dumm.
Mir fliege jo de gonze Dag
im Schdroßegrawe rum.

Ei, du Bankert, ei du Schielender,
ei du Rindvieh, du Kamel.
Was bist denn du für einer,
was guckst du denn so
komisch?
Geh heim mit deinem Lockenkopf und wasch dir die Läuse,
Wenn ich dir aufs Knie schlage,
drehst du dich im Kreis!

Wir sind die Mannheimer Jungs,
die Stärksten der Straße.
Wer die Mannheimer Jungs
kennt, das ist eine edle Rasse.
Gebügelt und im Anzug, das ist
uns viel zu dumm.
Wir treiben uns den ganzen Tag
im Straßengraben herum.

Zwee Buwe schbiele Gliggales und grigge midnonna Grach. »Hey, Bongart, gib mei Gligga her, sunschd schlag isch der uffs Dach. Du hosch wohl in doim Lewe noch kää Kondelwasser gsoff, Wonn isch disch am Schlawiddsche pack, dann saufsch es awwer doch!	Zwei Jungen spielen mit Murmeln und geraten in Streit. He, Bankert, gib meine Murmeln her, sonst schlage ich dir auf den Kopf. Du hast wohl in deinem Leben noch kein Wasser aus der Regen- rinne getrunken, Wenn ich dich am Kragen packe, dann wirst du es schon noch trinken.
Refräng: … Vor so 'ner Ausdrucksweis hod jedermonn Reschbekt, Des is und bleibt der uuverfälschde Monnemer Dialekt.	Refrain: … Vor so einer Ausdrucksweise hat jedermann Respekt, Das ist und bleibt der unverfälschte Mannheimer Dialekt.

Hier tritt die rassische Unterscheidung der Mannheimer vom Rest der Welt zutage: Wer hier aufwächst, ist dreckig und stolz darauf, gewaltbereit, trinkt Wasser aus der Regenrinne (im Gegensatz zum Neckarwasser, mit dem man getauft wird), treibt sich im Straßengraben herum und meint obendrein, man habe vor ihm Respekt … Respekt?

Bei ihrer Selbstwahrnehmung und ihrem mörderischen Platt sind die Mannheimer gespalten. Gegenüber einem Sprecher des Hochdeutschen entsteht im Mannheimer eine Gefühlsmischung aus Minderwertigkeitskomplex, Verachtung und Ignoranz. Das Hochdeutsche gilt als schnöselig, als angeberisch und emotionslos – »Der glaabt, der wär was Besseres!« und gehört zu den »foinen Loiten«. Und wenn das Gegenüber der dümmste Bauer aus der Lüneburger Heide ist, egal. Die Gleichung lautet Hochdeutsch = reich, gebildet und vor allem eingebildet. Gleichwohl gruselt es zahlreiche Mannheimer, wenn sie in einem hochdeutschen Rahmen, etwa bei einer Fernsehshow auf die Frage: »So, kommen wir zum Kandidaten Ralf Schneider, sie kommen woher?« – »Isch bin vun Monnem« hören müssen, zumal wenn der Showmaster gedehnt anfügt: »Jaaa, das hört man.«

100

Doch es muss nicht einmal der platteste, der »breedschde« Dialekt sein, verräterisch ist allemal die Melodie, der in der Tat sehr spezielle Singsang. Zur Übung: Sprechen Sie bitte das Wort »Hajo«. ... Natürlich, Sie denken an Hans-Joachim, kurz Hajo – falsch. Ha-jo-o-o heißt einfach: na klar. Das o ist dreifach gedehnt mit dem Zweck, es in drei Tonhöhen aussprechen zu können. Das »Ha« ist am tiefsten, dann geht die Stimme beim ersten »o« recht hoch, beim nächsten »o« runter, beim letzten o höher als beim ersten. Alles klar? Ha-jo-o-o. Sehr gut, Sie bekommen hiermit vom Ordnungsamt in K7 vorübergehendes Bleiberecht, melden Sie sich bitte unter Telefon 293-3240 oder 293-9495 bei der Ausländerstelle.

Affeaasch, Simpl, Sauiggl, Schlumbl, Rotzbangert, Rotzleffl und *Seggl, oogebrennter* (nur so, mit nachgestelltem Adjektiv!): Es ist weniger die vermeintliche Einmaligkeit dieser Ausdrücke, sondern die Begeisterung, mit der sie bei jeder x-beliebigen Gelegenheit eingesetzt werden. Hosch du was an der Klammer? Du bisch doch net ganz gebacke. Du sollsch gebacke werre! Kriegsch e paar uff die Baddrii (die Batterie im Sinne von Kopf) oder einfach 'nen Badscher. Wie oft solchen Drohungen Handlungen folgen, wollen Sie wissen? Machen Sie ruhig die Probe aufs Exempel. In Mannheim gibt es eine Reihe geübter Chirurgen. Doch lassen wir die rohe Gewalt im Dialekt hinter uns und wenden uns seriöseren Dingen zu: der Folter.

Die Folterknechte tarnen sich als harmlos wirkende Kurpfälzer Hausfrauen, lächeln Ihnen als Rentner von der Schönau zu, finden Unterschlupf in Karnevalsvereinen. Ein Entrinnen ist unmöglich, üben sie ihr diabolisches Handwerk doch im Lokalfernsehen, in den Zeitungen, im Radio aus; und sogar die Universität überziehen sie mit ihren menschenverachtenden Bluttaten: der kurpfälzischen Mundartdichtung! Erschrecken Sie bitte nicht, aber Sie sollten die Häscher Beelzebubs kennen, wenn Sie hier überleben wollen.

Jenseits des Styx werden Sie in glühende Särge verfrachtet und hören von Hildegard Fuchs aus Neustadt das Gedicht »Mei Tochder ...!« über den Besuch der Tochter einer alten Dame, die ihr den Kühlschrank leer futtert und die Seniorinnenwohnung in Unordnung bringt. Dennoch freut sich die Mutter, wenn die Tochter bald wieder zu Besuch kommt. Und einstweilen den Sack Reis in China wieder aufrichtet?

Doch wir steigen tiefer ins Inferno, werden in siedendem Blut festgehalten und erleiden »Mei Herzele« von Hermann Josef Settelmeyer, der überrascht feststellt, dass er sein Enkelkind so liebt, dass er es schade fände, wenn es abgetrieben worden wäre. Es übersteigt die menschliche Phantasie, welche Qualen sich so ein lieb dreinschauender Rentner auszudenken imstande ist.

Der Gehörnte dreht uns die Köpfe nach hinten zum Suhrkamp-Autor Dieter M. Gräf aus Ludwigshafen, der drei Bände mit Gedichten vollrattern durfte, die beispielsweise eruieren, dass Schichtarbeit in der Fabrik anstrengend und ungesund ist. Der Kokytos umschließt uns bis zum Hals mit Eis, und wir haben die Höllenqual der Wahl zwischen der Mannheimer und der hochdeutschen Variante von Rudi Steiners »'s wild Schlisselbliemel«:

Im Gaarde hinne, an de Hecke,	Im Garten hinten, an der Hecke,
wuu sällde änner anne geht,	wo selten jemand hingeht,
duut der, wuu guckt, im Grass endecke,	tut der, der schaut, im Gras entdecken,
dass doo e Schlisselbliemel steht.	dass dort eine Schlüsselblume steht!
Kaum änner duut sich däss betrachde,	Kaum einer tut sich das betrachten,
ganz abseits stehts doo,	ganz abseits steht's da,
schlicht unn klää,	schlicht und klein,
fascht känns duuts Bliemelsche beachde,	fast keiner tut das Blümelein betrachten,
de mäinschde esch däss äänerlää.	den meisten ist …
Die grouße, gfillde Gärtnerbliere	chrrrrr … chrrrrr …
im Blumebeet in voller Pracht,	chrrrrr … chrrrrr …
an Protz fascht nit se iwwerbiere,	chrrrrr … chrrrrr …
die wern bewunnert unn beacht. –	grmpfmmmm chrrrrr …
Fa mich eschs Schlisselbliemel 's	chrrrrr … chrrrrr …
Schäinschde!	chrrrrr … chrrrrr …
Ganz lieb guckts ausem Grass als raus.	chrrrrr … chrrrrr …
Ich frää mich iwwer däss am mäinschde,	Hm?
ma wääß, jetzt eschs mimm Winder aus.	Wo, äh, was?
In jedem Frihjohr duu ich waarde,	In jedem Frühjahr … chrrrrr …
ebbs an seim Plätzel wirrer steht,	chrrrrr … chrrrrr …
drumm geh ich degg naus in de Gaarde,	chrrrrr … chrrrrr …
wann als e lindes Liftel weht.	chrrrrr … chrrrrr …

An ämme Morche kumm ich anne,
doo stehts im goldgääl Frihlingsklääd
grad dort, wus immer schunn esch gschdanne. –
Jetzt häwwich wier an dämm mei Frääd.

Mama, will weg hier!
Nicht! Der Onkel ist böse!
chrrrrr … chrrrrr …
chrrrrr … chrrrrr …
chrrrrr … chrrrrr …
chrrrrr … chrrrrr …
chrrrrr … chrrrrr …
chrrrrr … chrrrrr …
chrrrrr … chrrrrr …
chrrrrr … chrrrrr …
chrrrrr … chrrrrr …
chrrrrr … chrrrrr …
Ist er weg?

Und wenn Sie in die tiefste aller Höllen hinabsteigen wollen, hat man extra für Sie in der Stadtbücherei ein eigenes Regal mit Regionalliteratur bereitgestellt: Bibliothekare der Stadt Mannheim? Pah, ein Tarnname. Es sind die Schergen Luzifers! Der Masochist genießt und schweigt.

Nachtrag für Streber: Das Dialekt-Wörterbuch »So wird bei uns geredd« von Kurt Bräutigam wird nicht mehr aufgelegt, erhalten Sie mit viel Glück noch antiquarisch, enthält aber das Siebenfache an Stichwörtern des unverschämt teuren »Des is halt Mannemerisch« von Franz Schmitt. Letzteres ist wieder erhältlich, nötigt aber selbst den MM, die Bezeichnung »Standardwerk« in Anführungszeichen zu setzen.

Jetzt emo was ganz anneres …

Alter Messplatz[2]

In Glasgow gibt es die Tradition, einmal mit der U-Bahn um den Innenstadtkreis zu fahren, an jeder Station kurz auszusteigen, ein Pint hinunterzustürzen, weiterzufahren und so den Kreis und sich selbst voll zu machen. Wir hatten den Plan, dasselbe zu Fuß um den Alten Meßplatz herum zu exerzieren, begannen im Adria, und schon wurde der Plan im Keim erstickt. Wer bei schönem Wetter im Adria sitzt, bleibt im Adria sitzen. Dies ist kein ungeschriebenes, sondern ein Naturgesetz. Wie viele angedachte Konzertbesuche im Capitol sind schon daran gescheitert ...

Man verabredet sich im Adria, sitzt aber tatsächlich im viel größeren Melange daneben, wird jedoch am Handy jedem Dazustoßwilligen sagen, man säße im Adria. Das Melange bietet steinalte Plastik-Gartenmöbel circa späte 70er Jahre, im Adria sind sie noch erheblich älter. Links prallt der Blick auf die drei Hochhäuser der Neckaruferbebauung, kurz NUB, geradeaus auf die Alte Feuerwache, die man von hier aus auch für ein historisches Rathaus halten könnte.

Die Bedienungen sprechen fließend zahllose ausländische Akzente, mit Deutsch gut durchgeschüttelt, nicht gerührt. Das Institut für Deutsche Sprache nennt diese Phänomene »Sprachkontakterscheinungen in Mehrsprachigkeitssituationen unter Beteiligung des Deutschen«. Das Flair ist südlich, inklusive hohen Stein- und Beton-Anteils, wie man ihn von Mittelmeerküsten kennt. Umso stärker entfaltet sich das Neckarstädter Multikulti. Und zwar nur hier. Denn bei schönem Wetter gilt §1 des Grundgesetzes der Neckarstadt: »Gehen Sie nicht ins Capitol-Café. Essen Sie nicht bei ›diesem Spanier‹. Zuwiderhandlungen werden mit einem einwöchigen Café-Memo-Aufenthalt nicht unter drei Litern Orangenblütentee geahndet. Das Nähere regelt ein Mehmet aus der Mittelstraße.«

Was Ihnen hier jederzeit widerfahren kann: Sie berappen 50 Cent für Straßenmusikanten mit Klarinette und Quetschkommode, und die Typen spielen trotzdem weiter! Von der anderen Neckarseite müht sich das MVV-Hochhaus, einen möglichst urbanen

Krieg der Welten –
Mensch gegen Made

Eindruck zu erwecken – immerhin liegt davor die einzige U-Bahn-Station Mannheims mit der prosaischen Bezeichnung »MVV-Hoch-haus«. Gebürtige Münchner allerdings erleiden letale Herzinfark-te, wenn man ihnen das Adria als atmosphärischen Biergarten empfiehlt. Viereinhalb Bäume beschatten zwei bis drei Dutzend Tische? Davor tuckert der Autoverkehr über die Zonengrenze Ne-ckarstadt Ost/West, mit dem Unterschied, dass hier der Osten »reich« ist, so empfindet es wenigstens die Urbevölkerung. Eine aus Würzburg zugezogene RNF-Mitarbeiterin weist darauf hin, dass die Neckarstadt-Ost entgegen der allgemeinen Mannheimer Wahrnehmung in anderen Städten keineswegs ein besonders emp-fehlenswertes Viertel wäre, und »um die Feuerwache sieht's aus wie im Ostblock in den 80ern.«

Vor der Alten Feuerwache wiederum sieht's aus wie im Ostblock in den 90ern, denn die Riesenbaustelle der Verkehrsbetriebe bringt selbst abgehärtetste Chaosforscher ins Schwitzen. Im Kundenzentrum der MVV ist man unsicher, was dort gerade gebaut wird, hofft aber, dass es nicht mehr lange dauert. Je nachdem, auf welches Baustellenschild Sie stoßen, sind die Bauarbeiten »voraussichtlich 2005« beendet oder »voraussichtlich 2006« oder »gegen Ende 2007«.

Von der Haltestelle aus blicken Sie auf die angeblich schönste Straße ganz Mannheims (und sogar das will was heißen), die sehr kurze baumbestandene Max-Joseph-Straße mit einer Hand voll Gründerzeithäusern, die Straße führt allerdings nach nur zweihundert Metern direkt in eine menschenfeindliche industriegraue Umgebung. Dieses kleine allein gelassene Sträßchen stellt quasi Neckarstadt-Mitte dar, und es besteht aus achtzehn Häusern.

Erstaunlich ist auch der Wagemut zahlreicher Menschen, die sich unter Einsatz ihres Lebens durch die zufällig in die Landschaft gewürfelten Absperrungen bis zur Haltestelle durchschlagen, nur um zehn Minuten auf die Bahn zu warten, über die Brücke zu fahren und sofort vor dem Karstadt wieder auszusteigen. Zu Fuß über die Brück'? Ach, da geht oft so ein Wind! Noch dazu gälte es, zwei Fußgängerampeln zu überwinden; auf der anderen Straßenseite wären es gleich drei! Wie immer in solchen Fällen ist der Fluss eine scharf trennende Psychogrenze. Allen Ernstes zögern die Kneipengänger, abends vom Memo aus die Brücke zu überqueren: Was, jetzt noch in die Stadt? Stimmt, die letzte Bahn könnte ja weg sein, und dann müsste man, siehe oben, zu Fuß über die Brücke, und das könnte an die drei bis vier Minuten dauern …

Warum ist trotz all des Wahnsinns das Adria (Melange) perfekt? Das Essen ist okay und günstig, die Portionen üppig, man sieht Neckarstädter Urviecher (Luigi, Ali, Juani), aber das alleine erklärt es nicht. Es kann nur daran liegen, dass es hier keineswegs perfekt ist und verkehrstechnisch hoffnungslos und für alle Zeiten gründlich vermurkst. Wenn es Frühling wird, der traditionell mit dem ersten Open-Air-Weizen im Adria eingeläutet wird, und ein Ludwigshafener fährt zum dritten Mal rat-, hilf- und orientierungslos im Kreis, und der Ludwigshafener fragt sich zu Recht, wo man legal anhalten und nach dem Weg fragen kann, und drei Italiener stehen an der Straßenecke zur Lange Rötterstraße und lachen sich kaputt über ihn, dann, ja, genau dann spürt man, warum hier die Welt in Ordnung ist.

Jetzt emo was ganz anneres …

Geld & Geiz

»Soll isch mer's aus de Ribbe schneide?« Sollten Sie als Zugezogener dieser in der Regel rhetorischen Frage begegnen, versucht Ihr Gegenüber zu verdeutlichen, dass er oder sie kein Geld hat. Oder keins ausgeben will.

Der Mannheimer hat kein Geld. Er zählt eben zu den kleinen Leuten, und von denen wird erwartet, dass sie verarmt sind, am Existenzminimum rumkrebsen. Allerdings verhält sich der Mannheimer diametral entgegengesetzt beispielsweise zum Hanseaten, der Geld hat und schweigt, oder aber Geld nicht hat und auch schweigt.

In Mannheim werden Sie bei jeder Gelegenheit mit der finanziellen Situation Ihres Gegenübers konfrontiert, ja, auch mit Ihrer eigenen. Und keine Sorge, es bedarf hierfür keiner Aufforderung. Vor einer Weile studierte ich am Fahrkartenautomaten an der Haltestelle Nationaltheater die Tariftabelle (es hatte vor kurzem eine »Fahrpreisanpassung« gegeben), und prompt sprachen mich zwei ältere Damen, klein und rund und gut genährt, an, fragten mich, wohin ich wolle, und empfahlen, nein, befahlen mir, in jedem Fall eine Streifenkarte zu ziehen. Ich sah mich genötigt, den Damen zu erläutern, dass ich nur sehr selten in Mannheim sei. »Ja, awwer wenn Sie irgendwann emol widdakumme, schbare Se bei jeda Fahrt zää Penning!« Ich weiß bis heute kein Gegenargument.

Geld hat man in Mannheim einfach nicht zu haben. Falls doch, wohne man in der Oststadt oder in Neuostheim, wo jahrzehntelang das Fußball-Stiefkind VfR Mannheim von wenigen, dafür umso spendableren Gönnern am Leben gehalten wurde. »Die hawwe's doch, des dud denne näd weh«, schimpft man anderswo. Geld hat man im Niederfeld mit einer Arbeitslosenquote unter fünf Prozent, hier wohnen Anwälte neben Oberstudienräten, Tanzschulen-inhaber neben Industriellen, nah zum Bahnhof, nah zum Grün des Waldparks. Und nicht zuletzt wohnen die, die sich's aussuchen können, im näheren Umland, in Weinheim, Heidelberg oder dem hübschen Schwetzingen. Da hat man einfach Geld. Und der Rest hat keins. Neidisch, ja, missgünstig blicken die anderen auf jene »Musebrotväddel«, jene Viertel, in denen man nach dem Krieg genug Geld hatte, um sich Marmelade (= Mus) aufs Brot zu schmieren, und behauptet noch heute: »Un mir hawwe nix zu fresse!«

Da mögen die Mannheimer lange mit dem Finger auf die ach so knickerigen Schwaben zeigen, aber ein günstiges Bier im Bro-ker's Inn, wo die Getränkepreise nach Börsenmanier entspre-chend Angebot und Nachfrage erheblich schwanken, wird gerne genommen, ebenso die »morgencard«. Mit dieser Kundenkarte sparen die Abonnenten des Mannheimer Morgen »bares Geld«, anfangs in dreihundert Geschäften, nur ein Vierteljahr später in fünfhundert. Grob hochgerechnet zahlt man im Jahr 2009 nir-gends mehr den Normalpreis. Kleckerkram? Macht jedes Kaufhaus? Nun, dreißigtausend morgencard-Nutzer in der Region sprechen eine klare Sprache. Nämlich die des Sparzwangs, der bei vielen Einheimischen den Charakter eines Hobbys hat, mit dem man an der Theke prahlt. »WAS hosch du gezahlt fer den Mondeo? Ha, do hab isch awwer en bessere Breis griggt! Hädsch misch vorher gfroocht!«

Schon DAS Mannheimer Urviech Blumepeter hat historisch be-legt nur einen Satz definitiv gesagt: »Kaaf mer ebbes ab!« Denn er war ein in jeder Hinsicht kleiner Mann, und wie viel Geld der hat ... Sie wissen schon.

»Man« fährt neuerdings auf den Waldhof, um sich eine der neuen »1001 Gelegenheiten« zu schnappen. In diesem Discoun-ter, der ein neues Billigbillig-Projekt von Aldi-Süd ist, wird die ex-trem günstige Nonfood-Ware aus den Aldi-Märkten noch mal zu 30 bis 50 Prozent billiger verhökert. Es war nicht einmal Werbung vonnöten, um die neue Ramschrampe zum Renner zu machen. Aus über hundert Filialen im Umland wird der Plastikschrott hier-her gekarrt. Und man staune: Innerhalb von »1001 Gelegenhei-ten«, dem Billigableger vom Billigsupermarkt, gibt es noch mal eine extra Aktionsecke mit superreduzierten Preisen. Das ist dann wirklich und wahrhaftig das Angebot vom Angebot vom Angebot. Schnäppchen bis zum Überschnappen.

Doch nicht nur der kleine Mann spart. Curt Engelhorn ist reich, unanständig reich sogar. Lange Jahre war er Mitbesitzer und Geschäftsführer der Pharmafirma Boehringer in Mannheim. Eines Morgens wachte er auf und rief, noch völlig ungeduscht, aus: »Heaa, geil! Heid mach isch 19 Milliarde!« Das war noch zu D-Mark-Zeiten, also halb so wild.

Engelhorns erster Schritt: Er verlegte seinen Wohnsitz ins Ausland. Zweiter Schritt: Über Boehringer stülpte er eine Holding, und diese Holding hatte ihren Firmensitz auf den Bermudas, wegen der guten Infrastruktur und den noch günstigeren Streifenkarten. Und dritter Schritt: Verkaufen, ohne an den deutschen Staat einen Pfennig Steuer für den Verkauf zu zahlen. Aber wie erklärt der Multimilliardär, der inzwischen wieder geduscht haben soll, dieses Verhalten? Offen sagt er über sich und seine Familie: »Wir neigen zum Geiz.«

Man wird verständnisvoll gegenüber dem Arbeiter, der seit Menschengedenken mantrenhaft leiert: »Es is schun widder alles deirer worre«, auch bei einer Minimal-Inflationsrate von 1,5 Prozent.

Es ist nicht überliefert, was Herr Engelhorn von billigem Bier hält, aber in der neuen Kneipe in P2, 4 mit dem kämpferischen Namen »Hartz IV«, in der jedes Getränk einen Euro kostet, weiß man am Tresen, was man von solchen Herren zu halten hat: »Mir schaffe uns grumm und bugglisch, und die schmeiße's Geld zum Fenschda naus!« und halblaut »… iwwarischens, hosch du en Job fär misch?«

An der Enträtselung dieser Mannheimer Dialektik, wie man sich krumm arbeitet und gleichzeitig arbeitslos ist, sind allerdings schon Heerscharen von Sozialökonomen gescheitert.

Jetzt emo was ganz anneres …

Notunterkunft[2]

	Maritim Parkhotel	Jugendherberge Mannheim
seit	1901	1952
Stil	Neo-Renaissance	50er-Jahre-Bau, Neubau demnächst in Betrieb
Betten/Zimmer	236/173	106, überwiegend 6-Bettzimmer
Parkplätze	199 (Garage)	»genug«
Frühstück	Büfett: deutsch, englisch, Müsli, Früchte usw.	7.30 Uhr
Nahverkehr	2, 3, 5, 5R, 6, 7, RHB41, G, L, M, N, X	7, 9
Ausblick	Wasserturm, Rosengarten, Kunsthalle, Ring	Rhein, Rheinpromenade, Rheinbrücke
Wert	geheim, gehört u.a. Karlsruher Versicherung	»keine Ahnung«
Gäste	90% Business (BASF!), Kongress, Rosengarten, sehr kleiner Teil Touristen	»alle Altersgruppen«
Promis	Geraldine Chaplin, Uwe Seeler, Genesis u.a.	»nicht dass ich wüsste«
Veranstaltungen	Jazzreihen, Sportler-Lounges, Weinproben	»da ist kein Platz für gar nix«
Konkurrenz	Dorint (»weil das Steigenberger nicht renoviert ist«)	keine
Preis	120-410 €	13,70-28,20 €
Fremdsprachen	englisch, französisch, italienisch, arabisch	deutsch, englisch
Besonderheiten	Standesamt, Hochzeit für 20 Personen für nur 1.999 €, Golf-Schnupperkurse, W-LAN Hot Spot, Pool, Sauna usw., Ferrari-Fahrt (1.400 €)	Fernsehraum, Tagesraum Carl-Benz
Rabatte	Nebensaison 99 €	Kinder bis 2 Jahre gratis Kinder 3 bis 5 Jahre 50% Ermäßigung
Beflaggung	USA, Europa, Deutschland, Japan	»Wir haben nicht mal 'nen Fahnenmast«
Fensteranzahl	»Hahaha – keine Ahnung!«	»Das weiß ich doch nicht«
Jahresumsatz	»Geben wir nicht raus«	»Ouh, das geben wir eigentlich nicht raus«
Und sonst?	»Die meisten Gäste gehen lieber nach Heidelberg«	»Die meisten kommen gezielt nach Mannheim«

JUZ

Parks²

Wenn es in einer Industriestadt gleich zwei zentrale Parks respektabler Größe gibt, hütet man sie wie einen Augapfel, ja, berechnet sogar Eintritt dafür. Es war eine jener fünfzehn Minuten Ruhm Mannheims, als 1975 die Bundesgartenschau ausgerichtet, die Parks hochpoliert wurden. Danach sollte normaler Alltag einkehren, die Parks wieder kostenlos zur Verfügung stehen. Aber die Stadt hatte die Rechnung ohne den Wirt gemacht, und das war die Bevölkerung in Gestalt einer Bürgerinitiative, die durchsetzte, dass die Parks weiterhin Eintritt kosteten. Verkehrte Welt. Zum Dank hat die Stadt beiden Parks ihren mittlerweile wieder trendigen 70er-Jahre-Charme belassen.

Der Herzogenriedpark liegt morbid-malerisch zwischen US-Kaserne, Motorenwerke, Gefängnis, Gesamtschule und der Herzogenried-Siedlung für sozial Schwache eingeklemmt. Schon die Kassenhäuschen scheinen aus einem Popfilm der Abba-Ära zu stammen, die Kassiererin aber saß zweifellos schon immer dort, und das Häuschen wurde um sie herum gebaut.

Ich berappe 1,80 Euro und bin gespannt, wofür. Ein Gebüsch mit »Winterruhe für Igel« etwa. Eine Kinderbällewegspritzanlage, Liegestühle und eine überdachte Outdoor-Schach-Area, allerdings ohne Figuren. Daneben spielen zwei Männer an einem Tisch mit

Blühende Mitgliedschaft

normalen kleinen Figuren: »De Schlissel fer die Figure hodd so en Mann, der hockt im Haisel am Grillplatz.« Und nach kurzem Nachdenken: »Awwa es is jo eh kääner do zum Schbiele.« Es stehen ja auch keine Figuren da, wende ich ein. »Gut ... Awwer es is jo kääner do.« Ich ergebe mich der Macht des Faktischen, da tutet ein nahender Ozeandampfer! Geheimnisvolles Hämmern mischt sich darunter. Ich folge den Geräuschen, stolpere in einen gemischten Rosengarten, der auf kleinen Schildchen »Gloria Dei« huldigt und einen »Gruß an Bayern« schickt, wer wie was wieso weshalb warum?

Der Grillplatz kostet Gebühren, und da ist ja auch das Häuschen, in dem der Grillwart sitzt. Schicker Partytalk: »Machstn du so?« – »Ich bin Grillwart. Mein Vater war Grillwart, mein Großvater war Grillwart, und ich bin auch Grillwart.« Wer sich beim Grillwart Grillgerät leihen will, muss dies »nach vorheriger telefonischer Vereinbarung« tun, dafür kann die angrenzende Baustelle nichts ... Baustelle? Ach, DAS ist dieses Tuten und Hämmern, das auch von der gebührenpflichtigen Minigolfanlage gleich gegenüber gut zu hören ist. Rätselhafte Skulpturen fragen Werfen auf, denken zum Nachregen an.

Ein Ausgang führt immer noch zur »Carl-Diem-Halle«, die, nanana, doch nicht mehr so heißen darf. Eine Ente putzt ihren Federjogginganzug. Als waschechte Herzogenriedente weiß sie nicht mal, was ein Kleid ist. Ein breiter Trampelpfad durchs Gebüsch weist den Weg zum leicht zu überkletternden Zaun ins Herzogenried-Freibad. Schwimmen wäre auch irgendwie cooler, als sich hier von den Schautafeln berieseln zu lassen mit Infos über die »Staude des Jahres«. Teppichphlox, Kissenprimel und Glattblattastern hinter mir lassend, stehe ich plötzlich vor einer madenförmigen Halle, in die man von beiden Richtungen nicht hineinfahren darf, und doch stehen Autos drin, offenbar vom Himmel gefallen. Was ist denn das für ein Gedränge da am Café? Ein echtes Event, mit Megapreisen: der Seniorentanztreff. Nackensteak mit Kroketten + Salat für sechs-fuffzich und ein halber Liter Fassbier für lumpige zwo Euro. Da bestellt man schon mal zwei, jeweils. Und pfeift auf die Verpoorten-Flyer im Foyer.

Gewalt ist auch keine Lösung

Daneben im selbstinitiierten Kindertreff wird ein Kontrastprogramm geboten, die Kleinsten können Bobbycar fahren, und beide anwesenden Kleinsten tun dies auch. In der Säulenbasaltecke raste ich, meditiere über die Verwendungsmöglichkeiten von Säulenbasalt und lasse mir das Ohr von einer Säulenbasaltwasserfontaine zuplätschern. Am hinteren Ende der Madenhalle spielen leise die gelben, grünen und türkisen Fahnen der Bundesgartenschau von '75 das stolze Lied der Nostalgie im Wind.

Das Gebüsch gibt den Blick frei auf den in schnörkellosem Grau gehaltenen Neuen Meßplatz, auch so eine Stelle, wo man per Zäuneklettern den Eintritt sparen kann, wenn man nicht im Rollstuhl sitzt. Eigenwilligen Humor bewiesen die Parkbetreiber, als sie auf einem der zahlreichen Spielplätze ein großes Holz-Spielschiff »Herzogin Rieda« tauften. Ohne erkennbaren Zweck steht plötzlich mitten im Geläuf ein blau-weiß-brauner Stahlpavillon, dessen Boden man mit Rindenmulch bedeckt, damit er nicht so kalt wirkt. Vermutlich ein »Objekt«.

Am nächsten Spielplatz erinnern mich die lieben Kleinen, welche Gegend Mannheims den Herzogenriedpark umschließt. Ein Zweitklässler spottsingt: »Du bist ein alter Peeenis, ein Peeenis!«, doch der ein Jahr ältere Widersacher kontert scharf: »Du Zweitklässler! Du Wichser!«, und der Gemeinte schweigt betroffen. Zum Abschluss gibt's in der Tierecke Variationen von Schwein (Woll-), Kröte (Sporenschild-), Hans (Lachender), Ente (Hottentotten-), Schaf (Ungarisches Zackel-). Und das Rhein-Neckar-Fernsehen hat die Patenschaft für den Mazedonischen Esel übernommen. Ist ja ein freies Land.

Road to nowhere

Gesamturteil:
- Die Grünpflanzen tragen diverse Namen
- Vogelarten: Amsel, Ente, Spatz, manch Taube ist zu sehen
- Pflichttitel für die Zielgruppe Willy-Brandt-Wähler
- ideal für Bad-Taste-Partys

PS: Der Luisenpark (4 € Eintritt) ist das Gleiche, auch in Grün, verfügt aber statt einer »Herzogin Rieda« über das »Café Luise«, die unvergleichlichen Gondolettas auf dem Weiher und den Fernsehturm.

»Anregungen+Beschwerden können an der Kasse in einem Buch hinterlegt werden.« (Kassenhäuschen Luisenpark)
     Jetzt emo was ganz anneres …

Zugezogener hält die linke Kasse irrtümlich für geöffnet.

Christine Westermann²

Auf der Drehscheibe Deutschland hat sich Christine Westermann derzeit für Köln entschieden, und selbst wenn die Mannheimer Morgen ein Zimmer Frei hätten, würde sie nicht wieder hinziehen. Zeit für eine Aktuelle Stunde:

Zum ersten

»Können wir das Gespräch verschieben? Mir ist was dazwischen gekommen.« Klar. »Ich weiß eh nicht, wie viel ich zu Mannheim zu sagen habe, ich bin da schon so lange weg.« Aber den Dialekt können Sie noch? »Ich war neulich bei der Late Lounge (im HR-Fernsehen, mit Roberto Capellutti), da habe ich gesagt, ich höre aus hundert Mannheimern jeden raus.« Und? »Die haben mir zehn Leute hingestellt, und ich hab's geschafft. Wenn ich mit meinen Schwestern rede, dann verfalle ich auch sofort in den Dialekt. Aber hören Sie, ich bin da schon so lange weg, wenn das nix bringt, lassen wir's, oder?« Abgemacht. »Ich bin ja eh schon gerührt, dass ich zu den Mannheimer Prominenten gezählt werde.« Tss, was glauben Sie denn, wie viele Grimme-Preisträgerinnen und Bestseller-Autorinnen Mannheim hervorgebracht hat?

Zum zweiten

»Ich hab keine Lust, über Sachen zu reden, von denen ich nix mehr weiß. Ich bin so ne ehrliche Haut, ich sag, was ich kann und was ich will.« Das ist allerdings sehr mannemerisch. Dennoch sind Sie relativ früh weggezogen. »Ich hab '70 die Journalistenschule München gemacht. Ich bin nach Darmstadt gezogen, weil mein Freund da studiert hat, und bin zwischen Darmstadt und München gependelt. Und dann bin ich zum ZDF nach Mainz gekommen.« Und dann zieht man nicht mehr nach Mannheim. »Ja, obwohl ... weiß ich nicht. Ich war neulich mal wieder zu Besuch, ich bin vielleicht einmal im Jahr da, weil ein Teil meiner Freundschaften noch da ist. Und vor 'nem Jahr hab ich so 'ne

Revivaltour gemacht, da bin ich so ganz alleine ... wir haben auf dem Lindenhof gewohnt und in Feudenheim. Wir sind '53 aus der DDR geflohen, daran hab ich aber keine Erinnerungen. Ich werde immer als gebürtige Erfurterin bezeichnet, aber meine Heimatstadt ist Mannheim. Zuerst haben wir in der Rheindammstraße gewohnt, da war ja alles noch ziemlich zerbombt, und meine Mutter ist dann in die Waldparkstraße gezogen. Später sind wir nach Feudenheim gezogen, und da hab ich jetzt 'ne Tour gemacht, Feudenheim und Rheindammstraße und Diesterwegschule, Tulla-Gymnasium, wo ich Abitur gemacht habe, das ist wie eine Zeitmaschine. (...) Es ist nie zu spät, eine glückliche Kindheit gehabt zu haben. Das ist nicht von mir, aber es ist einfach ein guter Satz.«

Später, als Sie in San Francisco lebten, sagten Sie da: »I am from Mannheim?«

»Too complicated. Es reichte schon zu sagen: I am from West Germany. Ich bin zum Zeitpunkt der Wiedervereinigung dorthin gezogen, da war es schon schwierig zu erklären, wieso Berlin nicht ganz DDR ist. Wenn jemand gefragt hat, wo ich her bin, habe ich gesagt, close to Frankfurt, Mannheim hat kein Mensch gekannt.«

Und wie sind die Mannheimer?

»Liebenswert. Ich empfinde die Mannheimer als unglaublich freundlich. Ich fühle mich zwar in der Stadt fremd, wenn ich hinkomme, und muss immer leicht grinsen, wenn ich den Dialekt höre, aber ich finde den einfach großartig. Alle Leute finden den Dialekt schrecklich, aber ich finde den wunderbar, und das hat was damit zu tun, dass man da groß geworden ist und den kennt. Die Menschen sind unglaublich entgegenkommend, ich würde Mannheim mit Zähnen und Klauen verteidigen gegen böse Vorurteile. Wir haben neulich Klassentreffen gehabt. Für die WDR-Sendung ›Klassentreffen‹ haben sie mich gefragt, ob ich Lust habe, mitzumachen. Wir haben zwar verloren gegen Herbert Feuerstein, aber nur um einen Punkt, aber wir saßen noch bis morgens um acht zusammen und haben gefeiert.«

Falsch ist, was oft zu lesen ist, dass Christine Westermann beim Mannheimer Morgen ein Volontariat gemacht hat.

»Ich habe dort mit 16 als Freie Mitarbeiterin angefangen, Polizeibericht geschrieben, Kinokritiken, Bildunterschriften, Kaffee gemacht, Teilchen geholt, Schneckennudeln, dann habe ich meine erste Reportage geschrieben. Da bin ich im Jungbusch mit der Heilsarmee losgezogen, habe eine Heilsarmeeuniform angehabt, das werde ich auch nie vergessen (lacht).«

War das der journalistische Anfang?

»Die sind auf mich aufmerksam geworden, als '66 die Notstandsgesetze kommen sollten. Da ging es nicht nur bei Studenten, sondern auch bei Schülern hoch her. Vier Politiker sind in meine Schule gekommen, da war einer dabei, der hat so einen Müll geredet, dass ich einen Leserbrief an den MM geschrieben habe, der ging über zwei Spalten, und den haben die voll abgedruckt. Das war irgendwie der Anfang.«

Was sie nach wie vor liebt, sind die Brezeln, sonntags ging sie mit dem Vater im Eichbaum-Brauhaus essen, an die Alte Münze denkt sie gern. Aber selber mannemerisch kochen?

»Nee! Ich habe Dampfnudeln geliebt, bis heute, oooh, mit Vanillesoße, oben ganz knusprig und innen noch weich. Speichelsturz ...«

Wo wir gerade über Mannheim sprechen: War Uwe Ochsenknecht mal in »Zimmer frei«?

»Hihi, ich habe neulich zu unserem Redakteur gesagt, wir könnten doch mal den und den einladen, da sagte der Redakteur, den hatten wir schon. Ich glaube, Uwe ... ich kann mich ... es ist wirklich furchtbar, ich hab ein Gedächtnis wie ein Sieb. Er war, glaube ich, nicht da, aber Xavier Naidoo war da, schöne Sendung. Joy Fleming war da, an die erinnere ich mich gerne. Tritt die denn noch auf irgendwo?«

Schon, aber sie klagt, dass Mannheim zu wenig für sie tut.

»Ja, das finde ich auch einen Skandal, dass die Stadt nicht mehr mit dieser Frau wirbt, die ist großartig. Ich sage das aber nur aus der Distanz, ich muss mich da nicht rumärgern, wie Joy Fleming das tut.« Und Christine Westermann ergänzt ungefragt: »Auf die Frage, ob ich dahin zurückziehen würde, würde ich ganz klar sagen: nein. – Aber ich muss gleich ins Studio. Können wir später weitersprechen?« Freilich. Zeit ist das Gold des Denkens.

Uuuund – zum dritten

Warum würden Sie nicht wieder hinziehen?

»Weil ich finde, dass es im Leben mehr gibt als Mannheim. Ich habe zehn Jahre in San Francisco gewohnt, ich würde gerne mal in Sydney wohnen oder in Zürich, ich möchte über den Tellerrand hinausgucken, und Mannheim wäre Tellerrand. Für mich gibt es keinen Grund, dorthin zurückzukehren, wo die Wurzeln sind. Das hat eigentlich gar nichts mit der Stadt zu tun.«

Und das, wo Mannheim kaum so viel Promis hat wie ein Quadrat Ecken.

»Ich fühl mich gar nicht als Promi, ich bin halt so eine, die bekannt geworden ist. Ich sitz gern in der zweiten Reihe oder sogar in der dritten. Dass ich in der Öffentlichkeit angesprochen werde, hält sich in Mannheim im Rahmen, weil die in den dritten Programmen den WDR nicht haben.«

Irrtum, haben sie.

»Ja? Also, in Mannheim geht das mit der Prominenz, und wenn, dann ist es da unangenehm, weil die Leute da ganz laut ›Zimmer frei‹ sagen oder so was in der Hoffnung, dass man sich umdreht. Ich glaube, die sind da einfach keine bekannten Leute gewohnt.«

Götz Alsmann zieht Christine Westermann vor allem mit Erfurt auf, nennt sie »die Erfurter Eruption«, aber auch »das Mannheimer Mirakel«.

»Bei Mannheim hält er sich zurück, denn wenn schon mal Gäste aus Mannheim da sind und wir in den Dialekt rutschen – Jessica Schwarz war neulich da (ihre Eltern haben eine Kneipe in Michelstadt), da gab's Kochkäse, das essen die da ja –, da hält Götz sich zurück und sagt nur: ›Oouh, der Dialekt ist so furchtbar!‹ Wenn ein Mannheimer versucht Hochdeutsch zu reden, das find ich wunderbar.«

Welches ist Ihr Lieblingsquadrat?

»… schwere Frage … also, die ist wirklich schwer zu beantworten … ich würde sagen, nachdem ich zu Hause ausgezogen bin, habe ich in M4, 5 gewohnt.« M4 oder M5? »M4, 5.« Ach so, M4 … M4 oder M4a? »Also M4, und die Hausnummer war 5.« Stimmt, in M4a ist ja nur ein Parkhaus, da wohnt hoffentlich niemand.

Jetzt emo was ganz anneres …

*Hier wohnte Chr. Westermann
noch nie.*

Nachtleben²

Auswärtige sind oft überrascht, dass es in Mannheim ein nennens-
wertes Nachtleben gibt, und verwirrt, wie man es denn finden
soll, fehlt es der Stadt doch an einer geografisch erkennbaren Altstadt, einem Hafenviertel oder Ähnlichem. Auch einfach in der
Nähe der Uni zu suchen führt nur zu Teilerfolgen.

Um einen Querschnitt der Nightspots zu gewinnen, starte ich
mit einem alten Trinkkomplizen gewissermaßen traditionell im
Journal am Marktplatz, das ehrlich gesagt durch nichts Besonderes
glänzt, nur durch seine Lage. Hier lässt sich insbesondere im Au-
ßenbereich trefflich über die vorbeiflanierenden Hauttypen spe-
kulieren, wann es sich um echte Südländer handelt, wann um
echte Sonnenbankländer und wann um eine gnadenlose Kombi-

nation beider. Aber das Journal bietet Rundumservice, vom Frühstück durchgehend bis spätabends warme Küche zu maßvollen Preisen, und muss somit ein wenig hervorgehoben werden.

Unser Ziel ist eigentlich die Filsbach, aber wir machen einen Schlenker zur Gaststätte Hemmlein, der vermutlich ältesten Kneipe in der City, ein Unikat mit seinem altehrwürdigen Holzmobiliar, der Theke, an der man nicht sitzen kann, und der aufwendigen Tischdekoration aus Maggi sowie Salz- und Pfefferstreuern aus Plastik auf der Karotischdecke. Das Bier kommt langsam und ist billig, auf der Spargelkarte stehen scheinbar noch die echten D-Mark-Preise. Fürs Essen zahlt man hier rund halb so viel wie in gutbürgerlichen Restaurants. Wer nur einen Abend Zeit hat, um Mannheim kennen zu lernen, dem sei das Hemmlein als Kultur-Konzentrat mit seinen Ringerfotos an der Wand und Urviechgästen unbedingt empfohlen.

Gänzlich unüblich in Mannheim sind Brauhäuser, ganz einfach weil es keine kleinen Brauereien gibt, das Eichbaum-Brauhaus aber liegt abseits der Nachtschiene. Mein Co-Trinker erzählt mir, dass man für den besonders hippen Event auch die Aussichtsplattform des Fernsehturms mieten kann, aber weiter weg von dort könnten wir kaum sein. Kurz schnuppern wir ins Miljöö, aber die frühere Mixtur aus Studis und jazzhörenden Vollbärten ist dem Upz-Upz-Umfeld einer Schülerdisse gewichen. Wir erbitten unseren Eintritt zurück, und zu unserer Überraschung kriegen wir ihn auch. Also hinüber in die Filsbach.

Das Murnau verbreitet mit seinem Straßencafé in dieser morschen Umgebung einen kräftigen Hauch von Kreuzberg, innen allerdings finden wir eine gesichtslose Modekneipe mit den unvermeidlichen Mojito- und Caipi-Angeboten, langweilig. Ganz anders gibt sich das moderne, geschmackvoll lässige Ritz, wo es die Bierentdeckung der letzten Jahre, das äußerst leckere Rothaus Tannenzäpfle, gibt, gratis dazu der Blick von der Theke aus auf alle, die lieber von draußen reingucken.

Eine feste Größe stellt das Störtebeker dar, ältlich, aber stabil hängt hier die Halblinke ab, ernährt sich von einer Speisekarte mit Volxküchencharakter und liest bei revolutionärem Latinosound die »Buschtrommel«, Frankfurter Rundschau, natürlich die taz oder den liebevollen Fotoband »25 Jahre JUZ«.

Das Odeon Café hat nachgelassen, wirkt liebloser als vor Jahren, wir gehen achselzuckend vorbei.

Die Stunde ist von ganz alleine vorgerückt, und wir peilen den Ring an. Plötzlich finden wir Kleingeld auf dem Gehweg, acht Euro paar zerquetschte, finden den mutmaßlichen Besitzer tieftrunken im Tiefschlaf in einem Hauseingang und finden, dass er momentan das Geld eh nicht brauchen kann. Wir tragen es in die ehemalige Galerie, früher ein gut abgehangener Rockkeller, der unter dem Namen Soho heute als Techno-light-Location an einem Samstagabend gegen Mitternacht gerade mal einem Dutzend Technomäuse als Spielwiese dient. Wesentlich lebhafter geht es ein Stockwerk höher zu, in der Taverna Latina, ein Fels in der Brandung der wechselhaften Nachtgastronomie. Deutsche sind hier in der Unterzahl, das Feld wird von Afrikanern, Türken, Latinos und vor allem Latinas bestellt, und obwohl die Taverna zu den Restaurants zählt, wird hier mehr getanzt (und gebaggert) als im backsteinbewandeten Gewölbekeller darunter. Am Tresen prahlt der Ex-Geschäftsführer Luigi (und so sieht er auch aus), er habe »keine Lust mehr gehabt. Aber jetzt mache ich ein großes Ding ...« Eine neue Kneipe? »Ja, mit Rosen ...« Ach so, mit Rosen ...

Wir setzen den Weg nicht fort nach Westen, gehen nicht ins Blau, sondern über Los, legen 4.000 Schritte ein und marschieren tapfer durch den plötzlich einsetzenden Regen am Parkring entlang Richtung Star Lounge am Hafeneingang gegenüber dem Friedrichspark, in der Hoffnung, hier in Lounge-Atmosphäre noch einen Cocktail im Freien schlürfen zu dürfen, aber Schlag drei Uhr ist die Star Lounge picobello aufgeräumt und zu, kein Mensch weit und breit zu sehen am echten roten Teppich, auch wenn das Schild am Eingang kündet, man habe »am weekend« bis drei geöffnet. Mit reichlich Schlagseite landen wir nach einem weiteren Fußmarsch am DIM, dem ehemaligen Peach. Die vier Türsteher sind genauso schlecht gekleidet wie wir, aber tragen pfundweise Sonnenbank im Gesicht; »Privatparty«, quetscht eine der wandelnden Toastscheiben hervor. Um vier Uhr morgens? Und deswegen macht ihr noch Tür? Schweigen.

Zum Finale geht's ins Fahrenheit im Schwøørz, ehemals Schwøørz. Sieht alles nach Abbau und Aufräumen aus, aber wir kriegen noch ein Bettelbier. Der DJ fragt uns, ob wir es auch cool fanden, und streicht sich die fettigen Haare aus der Hornbrille, als Mitbesitzer Vincenzo Subosco vor mir steht, dem ich genau eine Frage stellen darf. Er schlägt vor, dass ich ihn frage, ob er eine Penisprothese hat, ich frage aber: Wie sieht der Schuppen in fünf Jahren aus? Keine Ahnung, ruft Vincenzo aus, geradezu bestürzt.

Wir schenken uns für heute Abend die Spaghetti-Oper, vormals Geheimrat, wo abstürzen ansonsten Pflicht ist, und würden heute noch gern wissen, wer uns in ein Taxi gesetzt hat.

Für alle, die nie genug kriegen: Suchen Sie nicht nach Kiosken, es gibt nur wenige, und die schließen gerne mal um 18 Uhr. Dafür gibt es mittlerweile 10 Nachttankstellen. Besondere Empfehlung, wenn Ihnen am Heiligabend nach Saurauslassen zumute ist: die 24-h-Tankstelle »Total« an der Friedrich-Ebert-Straße, die an diesem speziellen Tag 5.000 bis 6.000 Euro Umsatz macht aufgrund der partyartigen Zustände. Denn dann, nur an diesem einen Tag im Jahr, hat der unmittelbare Nachbar BP geschlossen.

Und last but not least hat eine besondere Erwähnung verdient: das Old Vienna. In Wohnungsanzeigen im schwer reichen London-Hampstead steht gerne mal statt einer Beschreibung einfach nur: »Must see!«, und das gilt für das Vienna unbedingt auch. Als ich im Rahmen der Recherche gegen halb zwei nachts mit einer alten Bekannten an der Hufeisentheke festklemmte, prahlte die Dame zu den Versumpfknilchen gegenüber: »Er schreibt ein Buch über Mannheim.« Die Antwort des Chefknilchs: »Gibt's schon. Telefonbuch.«

Jetzt emo was ganz anneres …

Lirum, Larum, Ludwigshafen – nicht vergessen, sondern unbeachtet

Gastbeitrag von Erich Albrecht

Für Stadtsoziologen ist die Stadt ein Traum, so aufregend wie für einen ihrer Ureinwohner das konstruktive Misstrauensvotum gegen Helmut Schmidt. Gelegen zwischen zwei nicht nur Akademikern gern vorgeführten Attraktionen: dem »größten Weinfass der Welt« in Bad Dürkheim und dem »größten Weinfass der Welt« in Heidelberg. En route nach Mannheim (nicht benannt nach dem Soziologen Karl Mannheim, 1893-1947), hinter uns liegt die nicht nach Émile Durkheim (1858-1917) benannte Gemeinde voller Winzer, der Wein tickt noch sachte im Blut ... da befinden wir uns schon auf einer der Brückenauffahrten nach Mannheim.

Ja, gibt's denn so was? Gerade eben waren wir noch auf dem Weg nach Ludwigshafen, schon liegt die Stadt hinter uns. Keine kleine Stadt, immerhin halb so viele Einwohner wie Mannheim. Sogar wenn man dort hätte anhalten wollen ... geht das kaum: Mehrspurige Stadtautobahnen und Betontrassen, die bei den Umlandbewohnern Assoziationen mit Amerika wecken, faszinieren den Stadtsoziologen: Straßen fast menschenleer, und eh man sich versieht, ist man auf der anderen Rheinseite. Die Stadt ist nicht mal mehr im Rückspiegel zu erkennen.

Was man von Mannheim aus sieht, besonders bildschön nachts und zum Beispiel von der Bistro-Außenterrasse im 5. Obergeschoss des Musikpark (Hafenstr. 49, 68159 Mannheim), das ist gar keine Stadt, sondern ein funkelndes, neonbeleuchtetes, Tag und Nacht rauchendes, nonstop und scheinbar vollkommen autark dahinbrummendes Ding. Abertausende Lichter und Schornsteinschlote und Gerüche, 2.000 Gebäude auf sieben streng abgeriegelten Quadratkilometern, 330 Kilometer Straßen und Schienen, 2.000 Kilometer Rohrleitungen.

Zwischen den größten Weinfässern funkelt das weltweit größte Fabrikgelände. Wie aus einem anderen Zeitalter. Alles so geschäftig, ja: fremd, alles so menschenfern, dass es auf einem anderen Planeten weniger überraschen würde als hier, mitten unter Menschen. Menschen?

Für Ludwigshafener immer wieder verblüffend: Wenn sie, von ihrer Stadt mehr als 100 Kilometer entfernt, nebenbei erwähnen, wo sie herkommen, dann heißt es oft: »Wunderschön! Ja, Ludwigshafen am Bodensee ...«

Anders, als Mannheimer annehmen, ist dem Ludwigshafener seine Stadt nicht peinlich, die BASF schon gar nicht. Bereits in der Grundschule lernt jedes Kind, wie die Stadt funktioniert, dank der BASF, und wenn man nach Mannheim fährt, dann mit einer Selbstverständlichkeit, die es in umgekehrter Richtung nicht gibt. Nichts von der Rivalität zwischen Köln und Düsseldorf, Halle und Leipzig, Berlin entsprechend Mauerseite: Ludwigshafener fahren nach Mannheim wie die Bewohner ihrer Partnerstadt Pasadena nach Los Angeles, wie in einen eigenen Stadtteil. Doch für Mannheimer ist LU kein Abenteuer wert. Die Baden-Württemberger teilen mit den Rheinland-Pfälzern zwar dieselbe Telefonvorwahl, an katholischen Feiertagen fahren sie zum Shoppen auch schon mal auf die andere Rheinseite, aber letzten Endes ist die Stadt egal und, wenn sie doch Beachtung findet, allenfalls ein Scheusal, das man im besten Fall auch in Gedanken nicht touchiert.

Die linksrheinischen Kinder werden früh aufgeklärt, warum das so ist: Schon Carl Benz haben die Mannheimer so verärgert, dass er mit seinem Kraftwagen weiter nach Stuttgart zuckelte, am 12. April 1865 haben sie die Teerfarbenhersteller der Badischen Anilin- & Soda-Fabrik so vergrämt, dass die auch den Firmensitz auf die nicht-badische Rheinseite verlegten. Aber wenn es knallt, hören's die Mannemer nichtsdestotrotz. 1921 hörten es sogar die Frankfurter, als mehr als fünfhundert Menschen starben und über zweitausend verletzt wurden, Glasereien im ganzen Umland Hochkonjunktur hatten. Nach bahnbrechenden Erfindungen (künstliche Herstellung von Farbstoffen wie Indigo) werden von »der Anilin« zigtausend Menschen beschäftigt – und der Gestank zieht trotzdem nach Mannheim.

Nicht alles, was stinkt, ist auch giftig. Früher hat es noch mehr, viel mehr gestunken. Geld stinkt nicht. Wenn's dir stinkt, dann geh doch ... Das sind in etwa die Weisheiten, die die Kinder Ludwigshafens schon früh lernen.

Reist er ein wenig um die Welt, so lernt der »Lumpehafener«, dass erstaunlich viele Menschen von der BASF nie gehört haben. Ah ja, es gab mal die Kassetten (bespielbare, Audio und Video), eine Zeit lang sogar Schallplatten (deren Künstler aber wirklich zum Vergessen waren), doch außer Düngemitteln gab es extrem wenige Endprodukte von hier. Dafür ist in fast jeder Verpackung BASF drin: die kunststoffbeschichtete Alufolie in Getränkekartons, Styropor, Schaumstoffe usw. Das alles wird aus Kunststoffen, Fasern, Dispersionen und anderen Grundprodukten der BASF hergestellt. Mit anderen Worten: Nicht nur die Fertigungsanlagen sind unfassbar groß, auch das, was die BASF-Gruppe herstellt, ist immens.

Hält ein Reisender irgendwo im hinteren Anatolien an, um kurz die unberührte Schönheit des vorderen Orients zu bewundern, so stürzt nicht selten ein Wanderer auf ihn zu und grüßt ihn wie einen Vorboten des Himmels auf Erden: »Luuudwigshafen!« Er hat, so kann man der Gestik entnehmen, einen Cousin oder Bruder oder Schwager, der in der BASF gearbeitet und ein Vermögen gemacht hat.

Die Sache brummt, auch in den Bilanzen. Denn Chemie geht eigentlich immer, Krisen und Konjunkturflauten zum Trotz. Ganz besonders, wenn sich der Hersteller um Endprodukte gar nicht erst kümmert (an deren Erfolg zwar auch Image geknüpft ist, eben das will aber auch gepflegt, beworben und betätschelt werden, soll es nicht runzlig werden). Wenn Bayer Gefahren aussitzen muss – weil wegen Medikamenten Milliardenklagen eingehen –, dann wird das aus der Vorstandsetage beobachtet, doch in Pharma macht die BASF nicht. Nur als Zulieferer. Ja, gut, und manchmal knallt's halt, das ist aber die einzige Gefahr. Zum Beispiel wenn ein Schichtler in der Maschinenwarte einnickt, während Zentrifugen durchdrehen und Kessel überhitzen; äußerst explosiv wird dann das »Material« – so die Terminologie des Arbeiters für das, was ihm in Überresten eventuell noch aus dem Haar rieselt, während er sich aus einem verschwitzten Wegwerf-Overall pellt;

oder wenn er gerade mal wieder und ausnahmsweise die Treppe benutzt, weil im Aufzug beladene Fässer allein in den Keller transportiert werden.

Die Chemie bringt also eine Menge Geld. Der Stadt, ihren Bewohnern. Korrekt: Brachte. Die BASF Aktiengesellschaft besitzt über hundert Tochter- und Beteiligungsgesellschaften, betreibt in 39 Ländern Produktionsstätten, hat einen eigenen Werkschutz – und hervorragende Umsätze. Im Jahr 2000 betrug der weltweite Umsatz der BASF-Gruppe 35,9 Milliarden Euro, 2004 waren es 37,5 – im Vergleich zum Vorjahr 12,5 Prozent Steigerung, im ersten Quartal 2005 wiederum eine Steigerung um 11,4 Prozent. Das brachte der Stadt jahrelang solche Unmengen an Geld, dass Ludwigshafen sich ein Theater leistete, in dem wirklich anspruchsvolle Ensembles aus aller Welt gastierten, das Hack-Museum mit immer wieder hochkarätigen Veranstaltungen, das erste Haus der Jugend der BRD mit eigenem Tonstudio für Bands. Alles Peanuts. In den 60er Jahren vergab die Stadt noch ganz andere Aufträge, die weltweit – jedenfalls unter Soziologen – als mehr berüchtigt denn berühmt gelten. Doch dazu später.

Mitte der 80er Jahre, Ludwigshafens berühmtester Politiker hatte gerade in Bonn alle Postnachsendeanträge gestellt, da wurde in Deutschland das Kabelfernsehen eingeführt; das Pilotprojekt startete nicht ganz zufällig in Ludwigshafen. Samstagnacht konnte man durch die Fußgängerzone schreiten, nackt flanieren, es fiel niemandem auf, man konnte Weltklasseproduktionen im Pfalzbau bewundern, am Workshop mit Marcel Marceau teilnehmen, in der Friedrich-Ebert-Halle mit 6.000 Amis Acts wie Metallica oder Otto Waalkes sehen, für die es in Mannheim und Heidelberg keine Auditorien gab. Dann änderte sich die Steuergesetzgebung. Ende 2001 wurde im Bundestag das Unternehmenssteuerfortentwicklungsgesetz beschlossen. Was kaum ein Mensch aussprechen kann, davon lasen Ludwigshafener so gut wie täglich in der Rheinpfalz. Seither zahlen Tochtergesellschaften ihre Gewerbesteuern nur noch dann am Standort der Konzernzentrale (im Fall der BASF AG also LU), wenn ein Ergebnisabführungsvertrag vorliegt; ansonsten am Sitz des Tochterunternehmens. Verluste einer Tochterfirma kann der Mutterkonzern in seine konsolidierte Steuerbilanz nehmen (abschreiben in LU) und Gewinne an dem Standort der Tochter abführen (worum sich der Fiskus dort sehr bemühen wird). Für Ludwigshafen sind das immense Summen, die nun nicht mehr in die Stadt fließen; hinzu kommt der Umstand, dass es der BASF so gut geht, dass jeder Besserverdienende (also inkl. Vorarbeiter, Schichtarbeiter usw.) seine Lohnsteuer am Wohnort zahlt, und der ist immer seltener in Ludwigshafen. So kam die Stadt auf Haushaltsdefizite und jährliche Schulden von 70 Mio. Euro, plusminus zehn.

Zum Glück ist Ludwigshafen nicht nur eine Fabrik. Es ist eine Stadt, eine Gemeinde mit Menschen, Kultur … Da gab es Ernst Bloch, Kommunist und schon dem DDR-Regime zu verquer, zweifelsohne ein schwieriger Typ. Jule Neigel; ist lieber Mannheimerin, kam eh aus Sibirien, LU war also nur Zwischenstopp. Wobei uns, bei One-Night-Stand und -Stop, einfällt: Als im Mannheimer Nationaltheater»Die Räuber« uraufgeführt wurden, provozierte Friedrich Schiller damit einen Skandal, so heftig, dass er in derselben Nacht fliehen musste und eine Schlafstätte fand, nicht in einem Stall mit Ochs und Esel, sondern in einer Gastschänke in – Oggersheim! Heute ein Stadtteil von LU, ist Oggersheim, man ahnt es, älter als Ludwigshafen daselbst. Muss man nicht hin, obwohl natürlich ein paar Teile interessant sind, unterhaltsam vor allem die Straßen, durch die immer dann Sonderkommandos patrouillieren, wenn im Anwesen Helmut Kohls nicht nur das Dienstpersonal vorm Fernseher sitzt.

Das also das Wichtigste zu LU: irgendwie zum Übersehen, vor allem zum Dranvorbeifahren. Früher reich, dann bettelarm, so arm, dass es sogar sein Kfz-Kennzeichen einbüßte: Im Sommer 2005 entschied man sich, LU gegen RP umzutauschen, dabei noch ein paar der umliegenden Käffer mit ihren besser verdienenden Arbeitern gleich mitzunehmen. Hoffen wir, dass die Rechnung aufgeht, denn als LU reich war, machte die Stadt lustige Sachen – womit wir wieder bei den eingangs staunenden Soziologen wären: In den 70er Jahren war die Stadt so reich, dass sie sich einen Luxus erlaubte, für den man erst einmal das Kleingeld haben muss: Der Hauptbahnhof, wie in jeder Stadt im Zentrum, am Kopfende einer Einkaufsstraße, viel frequentiert, vollgeparkt, voller Staus, mit Gehupe und Geschäften, schreienden Kindern und was sich für eine florierende Innenstadt so gehört, wurde wenige

Kilometer weiter westlich nagelneu gebaut, der alte abgerissen und durch das Rathaus-Center ersetzt. Die Haupt- und Geschäftsstraße wurde zu einer Fußgängerzone, der Verkehr daran so effizient und mehrspurig vorbeigeleitet, dass Besucher im Handumdrehen in Mannheim landeten.

Jetzt emo was ganz anneres ...

Universität[2]

Manche Studenten sind gleich, andere sind gleicher. An der Uni Mannheim sind Hörsäle mit einer Kapazität von 800 Studenten gerne mal mit über 1.000 überfüllt, die vor der Tür sitzen, auf dem Boden, auf dem Nachbarn. Für rund fünf Euro kann ein Hochschüler eine Vorlesung über Unternehmenspolitik offiziell etwa auch käuflich erwerben. Will er doch in persona vor Ort erscheinen, muss er sich in manchen Fällen via Internet vorab anmelden, um ein Ticket zu erlangen. Immerhin besteht noch die Option, bei Kommilitonen Unterlagen zu borgen – gegen Entgelt natürlich. Wenn solche Verhältnisse von einem Studenten mit den Worten kommentiert werden: »Des isch ganz normal. Homo homini lupus«, muss die Kneipenweisheit »Wer nix wird, wird Wirt« für die Uni Mannheim umformuliert werden in »Wer nix wird, wird Betriebswirt«. Andere Fächer? Ja, die gibt es irgendwo auch. Sie dienen den im Ostflügel abgeschotteten BWLern zur Erlangung fachfremder Pflichtscheine, müssen folglich als notwendiges Übel in Kauf genommen werden. Wie stolz war Mannheim, als man sich einige Jahrhunderte nach Heidelberg auch offiziell »Universitätsstadt« aufs Ortseingangsschild pinseln durfte, und wie selten ist Humboldts Idee von einer freien Lehre, dem Zusammenkommen aller Disziplinen so brutal geprügelt worden.

Nach außen hin jedoch sonnt sich Mannheim im Glanz seiner Universität, nein, falsch, seiner Fakultät für Wirtschaftswissenschaften. Diese ist als erste deutsche Fakultät akkreditiert bei der AACSB, der Vereinigung der weltweit führenden wirtschaftswissenschaftlichen Bildungseinrichtungen, als auch bei der EQUIS, dem Qualitätssicherungssystem der European Foundation for Management Development. Und zum wiederholten Male konnte als Gastdozent Hans-Olaf Henkel, der ehemalige BDI-Chef, verpflichtet werden, immer um das Thema Management und Globalisierung kreisend.

In Umfragen der »Wirtschaftswoche« belegte Mannheim in den letzten Jahren im Bereich Wirtschaftswissenschaften mehrfach den ersten Platz. Zu den Erfolgen zählt man auch den Coup, lästige geisteswissenschaftliche Fächer mit der Uni Heidelberg gegen etwa VWL einzutauschen, eine Disziplin, die dort immerhin von Max Weber ins Leben gerufen wurde. Die ersten Management-Seminare an einer deutschen Uni überhaupt wurden 1966 unter Professor Pack (sic!) in Mannheim abgehalten. Und wenn der Universitätssprecher Fischer heute sagt, »unsere Kernkompetenz ist die Wirtschaft. In den Geisteswissenschaften können wir ja ohnehin nicht mit Unis wie Tübingen oder Freiburg konkurrieren«, um die Aufgabe etwa von Archäologie und Geografie zu rechtfertigen, sind die einen stolz, die anderen aber ohnmächtig. Als Anglist beispielsweise muss man in Mannheim 40 Prozent aller Leistungsnachweise in Wirtschaftsseminaren erbringen. Außergewöhnlich schöne neue Welt.

Gaudeamus igitur

Aber wir waren ja eigentlich bei den Glanzpunkten. In Norwegen existiert, aus welchen Gründen auch immer, kein Studiengang »Business Management«, wie BWL in anglophilen Ländern heißt und zweifellos in Mannheim bald auch. Daher studieren seit Jahrzehnten jedes Semester einige Dutzend Nordländer in der Kurpfalz, erhalten dafür vom Staat Norwegen ein Stipendium in Höhe von 5.000 Euro pro Semester, und das bis zu acht Jahre lang. Nun fragen Sie mal einen Norweger, in was man sein Bares am effektivsten investiert. Natürlich: in Norwegerpartys. Dieses in Deutschland einmalige Kuriosum besteht seit etwa 1980 darin, den Deutschen das Aquavit-Trinken beizubringen, das Tragen von behörnten Wikingerhelmen und Sackleinen als Kleidung sowie generelles lautstarkes Entgleisen. Gern gesehener Höhepunkt zum Abschluss ist die Bierdusche, durchaus unter Zuhilfenahme eines Kranes, von dem ein Gummischlauch den Alkohol über die Menge spritzt. Vielleicht die einzige Maßnahme, die selbst dem Denkapparat des Senats der »Universität« Mannheim wieder zur Normalleistung verhelfen würde.

Jetzt emo was ganz anneres ...

Mannemer Dreck[2]

Es war spät geworden im Uhland, die Neckarstadt-Ost muss früh ins Bett, denn im Gegensatz zur Neckarstadt-West gibt es hier Berufstätige, die morgens aufstehen müssen. Der Wurstsalat mit Röstkartoffeln lag mir noch schwer im Magen. Ich bettelte um ein letztes Ureich, als sich Tanja zu mir setzte. Ich konnte nicht wissen, dass sie Tanja hieß, aber nahm es einfach mal an. Wir wogen die Option ab, jeweils alleine nach Hause zu gehen und in ein kaltes Bett zu steigen, und entwarfen spontan Plan B. Praktisch, dass Tanja in der nahen Kobellstraße wohnte. Auf dem Weg machte ich ihr Komplimente für ihr »goldisches Ärschel«, und sie bot mir zum Dank spontan eine Brezel an, die sie morgens beim Grimminger gekauft hatte. »Die trag isch jetzt de ganze Daach spaziere, ess die, dann is se fort!«

Ich wollte widersprechen, aber das mögen Mannheimerinnen nicht, ich kaute also brav die Brezel, und kaum bogen wir um die Ecke, da stiegen wir auch schon die Stufen hoch zu ihrer schnuckligen Zweizimmerwohnung. Es roch nach Essen.

»Ach Gott, moi Supp!«, rief sie aus, pfefferte Handtasche und Mantel in die Ecke und stürzte in die Küche. Ratlos setzte ich mich aufs Wohnzimmersofa und bestaunte die Preise an der Wand. Tanja war offenbar leidenschaftliche Hobbyköchin und hatte zahllose Siege bei Wettkämpfen eingefahren. Als sie aus der Küche kam, steckten ihre Hände in Topflappenhandschuhen mit Zwiebelmuster und reichten mir einen Teller Nudelsuppe. Mein Zögern fand sie putzig und befahl mir zu essen: »Sunschd muss isch se morge fortschmeiße.« Das wollte ich nicht und aß brav auf.

Mein angestrengtes, ermüdetes Gesicht bereitete ihr Sorgen: »Des is net doi Lieblingssupp, hä?« Ich verneinte.

»Un Woschdsupp?« Mir schwante, dass Tanja gerade ein Fortbildungsseminar in Suppologie besuchte, denn im Gegensatz zur Vorderpfalz gehört in Mannheim die Wurstsuppe zu den Raritäten. Ein meist dunkelbraunes Gebräu, das Auswärtige in der Regel nicht als Nahrungsmittel erkennen, sondern für einen industriellen Schmierstoff oder Flüssigdünger halten. Als Einlage üblich sind so genannte Riwwelin, geriebene Teigstücke, ähnlich der schwäbischen Spätzle. Aber, ja, ich mochte Wurstsuppe. »Do hosch awwa Glick. Isch hab nämlisch zufällisch Woschdsubb uffem Herd!« Es gibt im Leben Zeiten, da empfindet man es als Glück, nachts um halb zwei einen heißen Teller Suppe zu bekommen, aber zum einen hatte ich schon einen im Magen, zum zweiten waren die beiden nächsten Teller noch voller als der erste.

»Tanja, ich hatte eigentlich nicht vor, die Nacht durchzuessen, ich dachte eher …« Ihre Augen wurden feucht, sie war tief gekränkt in ihrer Köchinnenehre und wollte schon die beiden Teller wieder in die Küche tragen, da hielt ich sie zurück. Sie tat mir Leid. Also schaufelte ich die Suppe tapfer in mich hinein, während sie sich in der Küche zu schaffen machte. Ich lehnte mich auf dem Sofa zurück, schloss die Augen und träumte von Verdauungsschnaps.

Geweckt wurde ich vom Duft warmer Kartoffelsuppe mit Apfelblechkuchen – statt Zwetschgenkuchen, denn momentan war keine Zwetschgenzeit. Wortlos mampfte ich die Delikatesse in mich hinein, und schon blickte Tanja zufriedener als eben. Essen macht Durst. Aber auf Tanjas Frage, was ich denn am liebsten hätte, beging ich einen großen Fehler und sagte, es sei mir vollkommen gleichgültig. Im Handumdrehen holte sie aus der Küche Federweißer – einen trüben Most, der noch nicht zu Ende gegoren ist – mit leckerem Zwiebelkuchen. Um die Dame des Hauses abzulenken, kam ich auf die gerahmten Ehrungen an der Wand zu sprechen. Stolz zeigte sie auf eine Ehrung der Metzgerei-Innung Pfalz und zauberte wie aus dem Nichts eine fulminante Hausmacher Platte Pfälzer Art mit Leberwurst, Griebenwurst, Schwartenmagen und Bauernbrot, dazu aufgeschnittene Gürkchen, Zwiebelringe, Senf. Wichtig: Echte Leberwurst ist grau, auch Graumann genannt. Denn eine Schweineleber ist von Natur aus grau, und das streichzarte rosa Produkt, das man in anderen Teilen Deutschlands als Leberwurst verkauft, verdient Skepsis.

Nun vollzog sich etwas Sonderbares: Ich bekam Hunger. An Zärtlichkeiten geschweige denn Intimhandlungen dachte ich längst nicht mehr. Ich spürte, wie ich begann, an dem Sofa festzuwachsen, als die Luft von einem der traumhaftesten Düfte dieser Erde erfüllt wurde, und selbst Patrick Süskinds Antiheld wäre nicht imstande, dieses olympische Odeur zu kreieren, diesen Sex für die Nase: Dampfnudeln! Eine in der Pfanne gebackene, etwa brötchengroße Mehlspeise mit salziger Kruste am Boden, am leckersten nicht mit der weit verbreiteten Weinsoße, sondern mit Vanillesoße.

Natürlich kannte Tanja den kleinen Trick, dass man den Glasdeckel nur äußerst behutsam abnehmen durfte, denn wenn das Kondenswasser von der Deckelunterseite auf eine Dampfnudel herabtropft, fällt sie zusammen und wird hart. (Ich habe mal gehört, dass man den Deckel mit Öl einstreichen soll, damit das Kondenswasser direkt an den Pfannenrand läuft, habe es aber nie ausprobiert.) Diese Prachtexemplare vor mir waren genau, wie sie sein wollen, luftig, dick und aus wunderbar aufgegangenem Teig.

Im Grunde begann ich satt zu werden, aber Tanja wäre nicht die beste Köchin der Neckarstadt-Ost, wenn sie mir ihre ausgezeichneten Nudeln mit Haschee, in der Pfanne gebratenem

Hackfleisch, das zu einer dicken Soße verarbeitet wird, samt Endiviensalat vorenthalten hätte. Leider fing ich einen überflüssigen Streit an, ob es sich hier wirklich um ein Mannheimer Gericht handelte, Franzosenzeit hin, französisch haché (gehackt) her. Sie ließ keinen Widerspruch gelten und zeigte mir anhand ihrer Mannheimer Klöße, die anderswo Kartauserklöße heißen, mit zwingender Logik: »Siggsch? Des hawwe die annere aa bloß nochgemacht!«

Dann erzählte sie mir, wie sie auf dem Heppenheimer Rollbratenfest bestürzt erleben musste, wie die Südhessen, die Riedochse, behaupteten, den Mannheimer Rollbraten erfunden zu haben. Ich war noch empörter als Tanja selbst. Sie briet spontan einen.

Nach dem Pfälzer Saumagen als Zwischengericht, der mir schon immer eine etwas zu fettige Angelegenheit war, erinnerte sie mich daran, dass Mannheim ja eine Hafenstadt war und fuhr frischen Zander auf, den ihr Onkel erst heute Mittag aus einem Altrheinarm geangelt hatte. Ich wollte gerade die halbe Flasche Federweißer, die seit dem Zwiebelkuchen nutzlos herumstand, ihrer natürlichen Bestimmung zuführen, da riss sie ihn mir aus der Hand und überraschte mich mit einem trockenen Riesling. Es roch nach Schinken ... nach Kartoffeln ... nach Sauce Hollandaise ... es gab Spargel! Weshalb hatte ich Tanja nicht schon vor einer Stunde einen Heiratsantrag gemacht? Gut, da hatte ich gerade Kartoffelsuppe im Mund, aber hätte sie das gestört? Selbstverständlich war der Spargel aus Schwetzingen – obwohl einige satanischen Ketzer inzwischen behaupten, man könne den Lampertheimer Spargel auch essen ... Lukullus allein wird sie richten. Die gute Nachricht ist, dass sich in ganz Deutschland seit 1990 die Spargelanbaufläche verdoppelt hat, die schlechte ist, dass sich die Ernte verdreifacht hat. Jährlich werden inzwischen um die 70.000 Tonnen geerntet, und die diesjährige Ernte lag komplett auf meinem Teller! Tanja setzte sich neben mich und verfolgte jede Gabelbewegung, die ich machte, jedes Kauen, jedes Schlucken, jedes lustvolle »Hmmmmm« von meinen Lippen mit größter Wonne, sammelte sich, räkelte sich und raunte mit samtiger Stimme: »Willsch als Nochdisch was Siißes?«

Nun bewegte sich nicht nur mein Magen, sondern auch weiter südwärts gelegene Körperteile. Ich rückte meinen vollen Leib näher an sie heran, und schwupps, sprang sie wie ein junges Fohlen in die Küche und brachte mir einen Kerscheplotzer, jenen Kuchen, in dessen Teig man die Kirschen hineinfallen lässt, »plotze«. Ich aß ihn.

Wenn im Hirn Teile kaputtgehen, sind andere Hirnregionen in der Lage, Aufgaben zu übernehmen. Dies tat vermutlich inzwischen mein Körper und nahm das Essen mit der Galle, mit der Milz, der Leber auf. Wirklich. So war es, als Tanja mir als kleines Dessert einen »Tete de Meune« ankündigte, den sie bei Kaiser's in der Langen Rötterstraße erstanden hatte: einen Tête de Moine, als Mönchskopf bekannt. Ich ignorierte die Knabbereien von Wolf/Bergstraße und Chio aus der Pfalz, denn sie gehören inzwischen einem Kölner Knabbermulti namens Intersnack. Tanja schlug vor, nach dieser kleinen Mahlzeit ins Bett zu gehen, ich hingegen wollte schlafen. Doch Widerstand war zwecklos, ich wuchtete meinen nunmehr rundlichen Leib in ihr Schlafzimmer, schaffte es mit letzter Kraft noch, die Bettdecke zur Seite zu ziehen, da fiel mein Blick auf eine ...

»Iwwerraschung!«, krähte Tanja putzmunter, zog einen in Zeitung dick eingepackten Topf aus dem Bett, wo er warmgehalten wurde, packte das Papier zur Seite und schob mir den Topf voll warmem Milchreis mit Zucker und Zimt in die Hand. Während ich ihn voller nostalgischer Gedanken an meine Kindheit in mich hineinwuchtete, erörterte sie mit mir vorab schon mal die Frühstücksoptionen: »Isch hab bloß noch e Knerzel Brot do«, ergo musste ich die Wahl treffen, ob sie mir am nächsten Morgen Laugeweck, Milchweck oder Wasserweck besorgen sollte. »Sin die Weck weg? Die sin all all, wer dann do do? All die vum Aldi«, purzelte mir aus dem Mund, und wieder erwachte in mir der fünfjährige Bub, dem die Mutter Oigebrockts macht, Eingebrocktes, keineswegs eine alternative Darmentleerungstechnik, vielmehr ein Schüsselchen Milchkaffee halb und halb, mit Zucker und in kleine Würfelchen geschnippeltem hartem Brot. Ich beschloss nun, Tanja alleine weiter vom Essen plappern zu lassen und sie einfach währenddessen zu beschlafen, aber da fiel ihr ein Letztes ein. »Wonn hosch dann du des ledschde Mol Monnemer Dreck gesse?«

Mut
haben sie,
die Mannheimer
Mädchen!

Und eine fröhliche,
rheinisch-kurpfälzische Art dazu!
Doch beim zu kurzen
Versicherungs-Hemdchen hört der Spaß auf.
Auch bei den Mannheimern.
Denn sie leben gern. Und wissen, daß eine
private Krankenversicherung
eine der besten Voraussetzungen ist fürs
Gesundbleiben. Und natürlich fürs
Gesundwerden. Der INTER-all-TARIF
übernimmt alle
Gesund-werde-Kosten zu 100%.
Wie man sich bettet, so liegt man.
Auch im Alter!
Wer den goldenen Herbst
noch genießen will,
der sorgt vor. Mit einer
INTER-Kapital-Anpassung.
Eine Lebensversicherung,
die automatisch mitwächst.
Das ist wertstabile
Sicherheit!

Die kesse Tanja

137

Ich sank in die Kissen. Mein Tod wäre eine Erlösung gewesen. Nicht nur, dass meine Zukünftige mir reihenweise diese lebkuchenartigen Leckereien zwischen die Zähne schob, sie erzählte mir auch die ganze endlose Geschichte, die ich schon hundertmal gehört und noch öfter wieder vergessen hatte. 1822 drohte ein Mannheimer Beamter den Bürgern eine Geldstrafe an, wenn sie ihren Dreck weiterhin auf die Straße kippten. Und ein »humorvoller und erfindungsreicher« Bäcker pappte seinen »Dreck« aus der Backstube, also Marzipan, Nelken, Haselnüsse, Mandeln usw., zusammen, buk ihn, und »Unter dem Jubel und der Begeisterung der Mannheimer Bürger legte er seinen ›Mannemer Dreck‹ in sein Schaufenster«, wie sich die Hofkonditorei Kettemann noch heute freut. Und während dieser traumhaft spannenden Geschichte schlief ich selig und dick wie eine Tonne in Tanjas Armen ein.

Jetzt emo was ganz anneres …

Quadrate³

III. Ausnahmen

Die Quadrate zu erklären bereitet den Mannheimern ebensolchen Spaß wie den Engländern, Cricket zu erklären: »When you're in you're out, when you're out you're in.« Nein, mehr noch. Und komplizierter sind die Quadrate auch. Fragen Sie mal aus der hohlen Luft einen Kneipentisch voller Eingeborener, welcher Weg weiter ist: von A3 nach P4 oder von O1 nach C8. Sie werden einen Heidenspaß haben und den ganzen Trotteln in aller Ruhe unbemerkt ihre Biere wegtrinken können.

Die Quadrate reichen von A bis U. J (Jot) gibt es nicht. Wenn jemand statt »I fünf« »Jot fünf« sagt, lacht der Einheimische. Natürlich fehlen auch Ä, Ö, Ü, ß. Alle Quadrate liegen innerhalb des Rings … nein, L nur teilweise, ab L5 sind die ungeraden außerhalb, an der Bismarckstraße. Zudem gibt es 15-mal L statt der üblichen sieben Male, C ist mit C8 auch eines zu viel, dafür reicht A nur bis fünf. Und A5 ist nebenbei das jüngste Quadrat, auch ein

Schmankerl für eintönige Partys, falls man plant, sie endgültig auf-
zulösen. Gespalten sind M3 und M4 in M3 und M3a und M4 und
M4a. S, T und U gibt es nur sechsmal, ganz ohne Grund. Summa
summarum ist es leichter, sich alle Ausnahmen zu merken als die
Regeln. Ein Schachbrett besteht aus 64 Feldern, also 8 mal 8.
Mannheim besteht aus 144 Quadraten, ergo ist die Wurzel 12 ...
nein, viel zu simpel. Es sind ungefähr zehn mal krumm. Die Stadt
verleiht Ihnen sowieso bereitwillig einen Orden, wenn Sie ein
wirklich quadratisches Quadrat finden. Es sind ausnahmslos Recht-
ecke – abgesehen von den Rhomben, Trapezen und Dreiecken mit
gebogenen Seiten. Noch Fragen, Kienzle? Ja, Hauser, gibt's denn
gar keine Straßennamen? Und ob, aber dazu später.

Jetzt emo was ganz anneres ...

Weinfeste[2]

Die flüssige Hauptnahrung in Mannheim ist und bleibt Bier. Ex-
port, Pils, Weizen, völlig egal, Hauptsache Eichbaum. Nur wenn
am Wochenende in den Sommer- und Herbstmonaten die Temperatur, der Ozonpegel und der Durst steigen, fährt man ins »Ausland«, gerne auf ein Weinfest.

Mannheim hat angesichts der Hopfen/Malz-Dominanz das un-
verdiente Glück, genau im Dreieck der Weinanbaugebiete Rhein-
hessen, Baden und Pfalz zu liegen, und obwohl das Verhältnis zu
den Stammesbrüdern aus dem Linksrheinischen immer etwas an-
gespannt ist, stellt die Pfalz das bevorzugte Ziel für trinkorientier-
te Ausflugsaktivitäten dar.

Die Gegend hinter Ludwigshafen ist die Vorderpfalz, aber wo
sie anfängt und endet, weiß niemand zu sagen, sei's drum, für den
Mannheimer ist sowieso alles Linksrheinische »die Palz«. Berühmt
ist sie für Kartoffeln und Wurst. Typischer Pfälzerwitz, besser gesagt, Anti-Pfälzer-Witz gefällig? Es ist acht Meter lang und stinkt
nach Leberwurst. – Ein Bus voller Pfälzer.

Die Glykol-Alarm-Jahre sind längst vorüber, und heutzutage ist
der Pfälzer Wein erstaunlich trinkbar. Und günstig allemal. Die

Vorurteile beschränken sich allein auf den angeblich rohen Menschenschlag.

Bereits im Frühjahr ist die Auswahl an Weinfesten enorm, in jedem zweiten, dritten Örtchen wird gefeiert, und die Besucherzahlen übertreffen die Einwohnerzahl in der Regel deutlich. Das hat seine Gründe.

Die Wahl, welches Fest wir besuchen, fällt schwer. Noch zu früh ist es für die Deidesheimer Geißbockversteigerung oder das Weisenheimer Weinfest mit Dialektpredigt. Kompletter Unsinn ist das hochgejubelte Speyerer Brezelfest, denn es unterscheidet sich in nichts von jeder x-beliebigen Kirmes. Zugegeben, es gibt da auch Brezeln, aber die bekommt man das ganze Jahr, überall in der Gegend, in jedem Nest, bei jedem Bäcker, sogar bei Regen. Berlin feiert ja auch nicht das Vorhandensein von Brot mit einer eigenen Kirmes.

Dennoch stehen an diesem Wochenende sieben Weinfeste zur Auswahl, und wir überlassen es dem Schicksalswürfel des öffentlichen Nahverkehrs, wo wir uns einen Schoppen genehmigen.

Zu dritt plus Kleinkind und Kinderwagen machen wir uns auf die kurze Zugfahrt nach Westen, vorbei an Haßloch, der ehemals durchschnittlichsten Stadt Deutschlands (West). Findige Marktforscher kamen vor etlichen Jahren auf den Trichter, dass es in vielen Fällen zu aufwendig, vor allem aber zu teuer ist, mehrere tausend Verbraucher neue Produkte ausprobieren zu lassen, stattdessen »entdeckten« sie das pfälzische Städtchen, in dem passend zur Region die normalsten aller Deutschen wohnen: Die Familien sind durchschnittlich groß, verdienen durchschnittlich viel, langweilen sich so oft wie die anderen 80 Millionen im Land. Und sind daher auserkoren, neue Milchschäumer, Dildos, Ohrprothesen und Vorschlaghämmer zu testen. DAS ist die Pfalz. Den hingegen ganz und gar nicht durchschnittlichen Ortsnamen wollte man im Rathaus ändern in Herzburg am Rosengärtlein oder so was, fand aber keine Mehrheit, und so bleibt Haßlochs Nomen Omen.

Die Fahrt führt vorbei an Spargelfeldern, an Weinbergen ohne Berge bis ins Herz der Region, Neustadt an der Weinstraße. Wir zögern, ob wir von der Bahnhofsrückseite mit dem verlockenden »Kuckucksbähnel« fahren sollen, ganz gleich, wohin, aber wir wollen ja trinken. Auf der anderen Bahnhofsrückseite – eine Vorderseite gibt's scheinbar nicht – steht tatsächlich ein Bus parat, er fährt laut Plan nach Hambach, und wir haben nichts dagegen einzuwenden. Der Palatina-Bus weist nicht nur stolz auf die römische Zeit der Pfalz hin, er soll laut Plan sogar gleich abfahren. Die Türen sind zu, der Motor aus, wartende Fahrgäste Fehlanzeige, und auch kein Fahrer ist in Sicht. An einem anderen Bus plaudert ein dickbauchiger Nahverkehrsmitarbeiter mit dem Fahrer und proklamiert auf unsere Nachfrage, ob es sich um den richtigen Bus handle: »ICH bin der Bus.« Wir sind die einzigen Fahrgäste, sammeln auf dem Weg durch diverse Dörfchen aber noch ein verzweifeltes älteres Paar auf, das seit einer Stunde auf den richtigen Bus wartet. Mich beschleicht der Eindruck, die beiden wollen egal wohin, nur weg hier.

*Aktion
hungernde
Muslime*

Der Busfahrer lädt uns im Zentrum von Diedesheim ab – nicht verwechseln mit dem nahen Deidesheim! – und erklärt uns noch den Fußweg zum Weinfest. Inzwischen ist es richtig heiß geworden, und der Weg führt konsequent durch eine Wohnstraße, belebt wie das Expo-Gelände in Hannover, nur hübscher. Irgendwo auf einem fernen Hügel steht eine Burg, und wir hoffen inständig, dass es nicht bis dort hoch geht, doch da! Plötzlich stoßen wir auf ein veritables Grenzschild: »Achtung Grenze! Diedesheim/Hambach!« Wir huschen vorsichtig auf eigene Gefahr weiter. Endlich blicken wir auf ein großes hölzernes Schild zum »Andergasserfest«, das nicht nur die einzelnen Winzer verzeichnet, sondern auch, was es bei jedem zu speisen gibt – von wegen Service-Wüste. Nach und nach wird es wirklich bevölkert, und wir begreifen: Dieses Straßenfest findet nicht auf der Straße statt, sondern neben der Straße, bei den einzelnen Winzern in den Höfen, unter Dächern ausgedienter Scheunen.

Fröhlich Pfalz

Zielsicher steuern wir irgendein x-beliebiges »Fest« an, pflanzen uns auf die Holzbänke an den Holztischen, bewundern die Holzfässer überall und hoffen, dass in der Küche auch andere Materialien Verwendung finden. Auf dem Menüplan stehen heute »Spundkees mit Salzgebäck zum Dippen« für 4,50 (eine gewürzte Mischung aus Quark und Frischkäse) oder zum Beispiel »Woikeesel« (das schreiben selbst die Pfälzer mit Anführungszeichen) mit Butter und Bauernbrot. »City-Bäck« wäre für die hiesigen deftigen Brotkanten auch ein deplazierter Begriff. Ein Classic hierzulande ist die Hausmacher Wurst und »Gequellde«. Unsere Tischnachbarn erkundigen sich bei der Bedienung, was ein Steak aus Schweinekamm ist und lernen von ihr: »Des is wie e Schnitzel, awwer feddisch, vun do« und sie zeigt zum Hals – »Vum Hals?« – »Vum Hals!«.

Wir ordern Dornfelder, Riesling, Sekt-Orange und erfahren dabei Überraschendes: Die Weinprinzessin von Hambach, Patricia I., persönlich bedient uns! Bacchus ist uns hold! In Erwartung des Alkohols kommen auch unsere Hirne wieder in Gang: Die vermeintliche Burg auf dem Hügel ist das Hambacher Schloss, der Kreißsaal der deutschen Demokratie! Freilich muss man auch Demokrat sein, um stocknüchtern die hinter uns dröhnenden Senioren zu tolerieren, die mutmaßlich seit dem Frühstück hier sitzen: »Schöööön ist die Ju-hugend, sie kooomt nie meeehr!« ist der eine Klassiker, der andere reimt »Palzwoi« auf »in de Hals noi«. Hier also der wissenschaftliche Beweis, wieso die Pfälzer als Krischer, als Kreischer, bezeichnet werden, ja, sich selbst so nennen.

Unser Wein kommt in der Glasform »Surprise«: Gerade Wassergläser mit je einem halben Liter Gesöff, auch der Sekt-Orange! Ungläubig prüfen wir die Preise von 3 bis 4 Euro nach und beschließen umgehend, uns nach freien Wohnungen in Hambach umzuhören.

Als die alte Garde neben uns sich mit den Worten »Erhebe dich, du schwacher Geist« erhebt und vermutlich zum nächsten Weinfest eiert, reinigt die Prinzessin daselbst mit einem Wasserschlauch die Umgebung des nun verwaisten Tisches. Unsere Tischnachbarin spricht uns aus der Seele: »Ma will gar net wisse, was do für Flüssischkeide ware …«

Wir fragen, wie es um die Zukunft des Weinguts Müller-Kern bestellt ist, und sind beruhigt: Patricias Bruder studiert Önologie und wird wohl den Betrieb weiterführen, sie selbst wich auf Biologie aus, aus einem einfachen Grund: »Chemie kann ich net, Physik kann ich net, Englisch kann ich net.« Und Patricia ist froh, keinen Prinzen neben sich zu haben, denn anderswo »wird einem dann irgend so ein Bacchus zugeteilt – oh Gott oh Gott!«

Der Wein ist lecker … und wie! Aber wir verzichten auf die verbreiteten Mischvariationen, die immer Schorle heißen. Angeblich fand Napoleon den Pfälzer Wein zu sauer, ließ sich Wasser hineingeben und kommentierte dies mit »J'adore-le« (»Den mag ich«). Solcher Art Pfälzer Sauerampfer, der die Gesichtsfalten verdreifacht, nennt man ironisch einen guten Schorlewein, nur dass die ironische Bedeutung inzwischen fast vergessen ist. Daneben sind üblich die Kombinationen Cola-Weiß, also Cola mit Weißwein, entsprechend Cola-Rot mit Rotwein (örtlich heißt dieses Gesöff auch Korea) und süße Schorle, Wein mit Limonade. Umpf.

Kulturvoller sind da schon die Gläser, verziert mit einer Zeichnung des Hambacher Schlosses mit Verweis auf das »Hambacher Fest 1832: Freiheit und Einheit Deutschland und Europa« nebst wehender schwarz-rot-goldener Fahne auf dem Schloss. Jetzt haben sich an den rentnerlosen Tisch hinter uns Belgier gesetzt, na bitte! Gut, diese Belgier mögen Europäer sein, aber wir behandeln sie wie Ausländer, denn sie drangsalieren fortlaufend ihre 1,5 Kinder; wir aber schwenken stolz die liberale Kurpfalzfahne, ach was soll's, die Pfalzfahne. Als unsere zweijährige Lea spazieren will, traben wir ihr folgsam hinterher, schließen Freundschaften allerorten, zunächst am Flammkuchenstand: »Ja, du bisch jo e Goldischi!«, im Nachbarweingut Martin: »Ja, wer bisch dann du?«, oder wir taumeln einfach einer Großgrupppe von zwanzig Flanierern in den Weg: »Ja, wer is dann do?« Erst jetzt fällt uns bei »unserem« Weinfest die Sekt-Ecke auf mit der Bezeichnung »Sekt-Ecke«, igitt, Schnöselvolk aus der Großstadt, nichts wie weg hier.

Haben die Pfälzer Humor? Unbedingt. Über einem Ecktisch hängt unübersehbar das Warnschild »Die immer do sitze (und ihre Freunde) Stammtisch Hof No. 2«. Es ist der einzige leere Tisch weit und breit.

Der Wein knallt bei 30 Grad enorm, das Klassenziel ist übererfüllt, wir winken »Ade« und kollern die Straße hinunter zur Bushaltestelle, seltsam beschwingt. Unten angekommen, erlahmen unsere Schwingungen, als wir der harten Realität eines Wochenendfahrplans ins erbarmungslose Auge blicken. Der nächste Bus fährt frühestens in 45 Minuten nicht nach Neustadt, sondern nach * oder + oder &, in ein uns völlig unbekanntes Nest, und danach in schwer durchschaubaren Halbregelmäßigkeiten ganz woandershin.

Die Taxizentrale schickt uns nach wenigen Minuten einen Rettungsengel in Form von Jacqueline Schneider, wie wir dem Taxifahreridentifikationskärtchen entnehmen, nur für den Fall, dass sie versucht, uns alle drei auf dem Heimweg in ein Gebüsch zu zerren. Kindersitz? Albern, hier gibt es weder Ampeln noch Gegenverkehr, also wird erst am Zielort gebremst.

Auf der Fahrt erörtern wir das gegen alle Klischees völlige Fehlen von Schlägereien und volltrunkenen Barbaren, wie man in Mannheim gerne krittelt, aber die gute Jacqueline versichert uns, dass oben beim Weinfest abends Polizei und THW aufpassen. THW? Zerstören hier die Betrunkenen Gas- oder Wasserleitungen? Und Wasser braucht man ja nicht zuletzt nach Rentnerbesuch. Jedenfalls gibt es sehr wohl Schlägereien, sogar recht verlässlich spätabends. Was nutzt eine Sperrstunde von ein Uhr am Wochenende, wenn die meisten Besucher sich seit Mittag die Kanäle zuschütten, zudem viele Winzer heimlich ihre Uhr ein Stündchen oder zwei zurückstellen? Aber danach geht es erst richtig los! Noch vor ein paar Tagen hat Jacqueline ein Paar chauffiert, das in erfinderischer Not die Wiese auf der Rückseite des Bahnhofs (auf welcher?) zum Geschlechtsverkehr benutzte, gleich am Taxistand (ach so, auf der). Ganz zu schweigen von der Dame, die nach dem Weinfest ins Krankenhaus gebracht werden musste, weil in ihr eine leere Weinflasche steckte, der ein hilfloser Helfer auch noch den Flaschenhals abgeschlagen hatte mit Verletzungen, die ... Danke, danke, danke, wir müssen hier aussteigen! Vielen Dank auch für die tollen Geschichten, wir überlegen uns das noch mal mit der Wohnungssuche.

Wir bewundern auf dem Bahnsteig den angezeigten Zug in Gegenrichtung nach Wissembourg in Frankreich, die achtköpfige

Laotenfamilie, die sich furchtbar verfranzt haben muss, und die Freundlichkeit und Gastlichkeit der vollkommen zu Unrecht missachteten Pfälzer und haben neben der Hose nur noch eine Frage offen: Was macht man in der Pfalz an den übrigen 51 Wochenenden im Jahr …?

Jetzt emo was ganz anneres …

Fünfzehn Minuten Ruhm
(2. Teil)

Gay, Mister
Zum wiederholten Mal wird der deutsche »Mister Gay« in Mannheim-Neckarau auserkoren, schließlich ist das Connexion die größte Schwulendisco Europas!

Gebirge
Der Monte Gogolo hinter dem Schloss kann auch ohne Hochgebirgsgerät und Atemschutzmaske ganzjährig erklommen werden.

Halle

Die wohl vielseitigste kleine Halle der Kurpfalz

Die Attraktion auf dem Mühlfeld: Für zwei Millionen Euro wurde das ehemalige „Broadway" zur wohl vielseitigsten kleinen Halle der Kurpfalz umgebaut.

Hauptstadt

2004 reichte beim Petitionsausschuss des Deutschen Bundestages ein Petent (so heißen die) eine Petition ein, denn was tun Petenten sonst: Er forderte, dass Mannheim Bundeshauptstadt wird,»weil ihm Berlin zu dreckig war«. So 'n Schelm.

Hochschulsport

Der zweitgrößte Hochschulsportort in Baden-Württemberg ist die Stadt, in der man nicht Sportlehrer werden kann, Monnem. Der Leiter des Instituts für Sport an der Uni Kiel, Dr. Robin Kähler, lobt das ausgezeichnete Angebot, das an der Universität Mannheim bestehe. Und jetzt sein genialischer Finanzierungsplan, um den Hochschulsport auszubauen:»Neben höheren Zuweisungen des Landes und Drittmitteln soll dies auch durch eine Steigerung der Teilnehmerbeiträge um 85 Prozent geschehen. Wie dies genau realisiert werden soll, ist noch unklar.« Dieser Mann muss dringend Ehrenmannheimer werden.

Höhe

92 oder 95 oder 97, ja auch 100 Meter über dem Meeresspiegel, auf dem Fernsehturm noch weit drüber. Der Schlosshof liegt exakt 98,1 ü NN, außer wenn der Rasen gemäht ist.

Irakwahl

2004 wählten auch die Exil-Iraker eine demokratische Regierung. In Deutschland errichtete man die Wahllokale in Berlin, Köln, München und, jawoll, Mannheim! Wieder fünfzehn Minuten Ruhm geerntet.

Kartenspiel

Das örtliche Kartenspiel heißt Cäsar, eine Melange aus Doppelkopf und Skat. Die Spielelemente tragen okkulte Namen wie Mi, Bella und Dert.

Kies

fehlt in der Stadtkasse, nicht so am Rheinufer und ist für die Ansiedlung der ersten Mannheimer zwischen 6000-2000 v.Chr. verantwortlich. Der Kiesrücken war für die jungsteinzeitlichen Jäger einfach ein praktischer Schutz gegen Hochwasser.

Körperwelten

Japan unterschlagend, behauptet man in Mannheim gerne, der weltweit erste Ort der Ausstellung gewesen zu sein. Fakt bleibt, dass Mannheim selten solche Medienpräsenz erreichte wie damals, und wie immer kamen die Kameras, filmten und zogen wieder ab, weil es sonst nicht viel zu sehen gibt. Knapp 780.000 Besucher sahen sich Gunther von Hagens Metzgerporno an, nur 170 davon wollten sich selber vom Meister tranchieren lassen.

Kokain

findet sich laut einer Untersuchung des Nürnberger Instituts für biomedizinische und pharmazeutische Forschung an 90 Prozent aller Geldscheine. Die deutschen Topschniefstädte sind Hannover, Berlin und Kiel. Die Schlusslichter heißen Leipzig, Wolfratshausen und Mannheim.

Lindenhof

darf in diesem kleinen Guinness-Buch Kurpfalz nicht fehlen. Vor rund dreißig Jahren gab es in dem schläfrigen Stadtteil 7 Tankstellen, heute 0. Einsamer Tankstellenabbaurekord.

Ludwigshafen

Für Mannheim lebensnotwendig, um auf jemanden hinabblicken zu können.

Lupinenstraße

Die erste Fußgängerzone Mannheims! Ja, noch vor den Planken, die wurden es erst 1975. Und vielleicht, aber nur vielleicht, hat Mannheim im Bordellsektor noch einen Rekord zu vermelden: Die weltberühmte Hamburger Herbertstraße, der Inbegriff der Beischlafindustrie, das deutsche El Dorado des pay-per-fuck, misst 86 auf 7,5 Meter, also 645 qm^2. Die traditionsreiche Mannheimer »Lupi« hingegen bringt es auf satte 142 mal 10 Meter, ist demnach mit 1.420qm^2 mehr als doppelt so groß! Monnem vorne!

Mitte

Die Mitte von Mannheim

Oberbürgermeister, der wahre
Der Hamburger Eggert Voscherau ist als 2. Mann in der BASF zuständig für die Zukunftsinitiative der Region, rechnet den Ministerpräsidenten der drei Bundesländer vor, dass bis 2015 was passieren muss, rechnet die Einwohner im Ballungsraum auf 1,6 Millionen zusammen, um München zu übertreffen, rechnet aus, dass drei Theater, drei Orchester gar nicht nötig sind und droht: »Wenn die Region nicht zusammenwächst, geht sie unter.« Seit 2003 ist er in seiner schmucken Firma Mitglied im »Rat für nachhaltige Entwicklung«. Klingt nach Drohung.

Pfalz
Zweitgrößtes deutsches Weinanbaugebiet.

Pharma
Die PHOENIX Pharmahandel Aktiengesellschaft & Co KG Mannheim ist der zweitgrößte Pharmagroßhändler Europas.

Planetarium, erstes kommunales der Welt
Das Planetarium war 1927 das erste kommunale der Welt und hat somit den zweiten Platz denkbar knapp verfehlt.

(Fortsetzung folgt)

Blumepeter[2]

Wenn eine Stadt einen analphabetischen Zwerg verehrt, kann der Zwerg nichts dafür, insbesondere wenn er längst tot ist.

An den äußersten Südosten Mannheims grenzt ein Nest namens Plankstadt – »Plankscht« –, wo der Familienname Berlinghof stark verbreitet ist. Ein Sippenmitglied namens Barbara gebar 1875 einen nicht ganz gesunden Sohn. Der Vater des Kindes war offiziell unbekannt, das Kind hatte eine fehlgebildete Schilddrüse, war dadurch geistig behindert, körperlich behindert und zudem sehr kleinwüchsig. Eine traurige Geschichte? Nein, traurig ist, dass so einem hilflosen Kerlchen schlechte Witze angedichtet wurden, von denen nachweislich kein einziger von dem kleinen Peter stammt.

Er bekam den Nachnamen seines Ziehvaters Schäfer und hatte gerade noch genug Verstand, um Blumen zu verkaufen, tat dies, indem er einfach auf der Straße herumstand oder in Kneipen hineinging und rief: »Kaaf mer ebbes ab!« (heute: »Du wolle Rose?«) Jetzt fragen Sie sich, wieso so ein Knirps, der nichts Besonderes geleistet hat, der erwiesenermaßen auch nicht schlagfertig war, wie so oft kolportiert wird, der letzten Endes 1940 in der Klapse in

Wiesloch starb, wieso ist dieser mitleiderregende Typ lokale Symbolfigur? Genau deswegen! Nicht obwohl, sondern: deswegen! Die Mannheimer identifizieren sich ganz leicht mit so einem, erkennen sich wieder, haben Sympathie für einen armen Wicht, der nichts zu sagen hat, den man nicht ernst nimmt, der zudem leicht reizbar gewesen sein soll und auch vulgär und dem die Mannheimer Nazizeitung Hakenkreuzbanner vollkommen zu Unrecht eine humorvolle Persönlichkeit untergejubelt hat.

Menage à trois (gleichberechtigt)

Konsequenterweise errichtet man so einem ein Denkmal. Dieses ist – wiederum passend zur Einwohnerschaft der Stadt – klein, unauffällig und gedrungen, und es sitzt an den Kapuzinerplanken. Sitzt? Ja, sitzt. Wenn es stünde, könnte es ja umfallen. Da hockt einer wie bestellt und nicht abgeholt, wartet, dass man ihm frische Blumen in die hohle Hand steckt, grinst leicht debil und denkt sichtlich an nichts. Déjà-vu? Es ist gut möglich, dass sie darin die komplette Volksseele der Mannheimer wiederfinden.

Peter der Kleine sitzt wenigstens nicht mehr am Kapuzinerplatz, wo man ihn leicht übersehen konnte, sondern eben an prominenterer Stelle auf den Kapuzinerplanken; das nach ihm benannte Fest aber begeht man am Wasserturm. Jetzt überlegen Sie, nun ja, wenn dieser »Andersbegabte« den Leuten wirklich so am Herzen liegt, wieso sitzt er dann nicht einfach neben dem Wasserturm? Gehen Sie mal durch die Flure des Rathauses und prägen Sie sich vorher die Physiognomie und den Gesichtsausdruck des Blumepeters gut ein, Sie werden schon eine Erklärung finden.

Jetzt emo was ganz anneres ...

Gerhard Widder[2]

Und jetzt die aktuellen Bürgermeister-Charts der Kurpfalz. Der Spitzenreiter ist auch dieses Jahrtausend Schriesheim, dessen Bürgermeister Peter Riehl seit '74 amtiert und im Januar 2006 in Pension geht, mit 32 Jahren Amtszeit ungeschlagen. Gefolgt von Werner Ludwig aus – Sie haben's geahnt – Ludwigshafen, der von '65 bis '93 das Rathaus besetzte, 28 Jahre lang. Gerade noch auf Rang 3 behauptet sich der Heidelberger Reinhold Zundel, der von 1966 bis 1990 einen Ehrenplatz bei Schlosskonzerten einnehmen durfte, allerdings dicht gefolgt von Widder, Gerhard, der seit '83 über Mannheim thront und im Jubiläumsjahr 2007 gleichziehen dürfte – wer wollte so eine Party sausen lassen!

Das Konferenzzimmer im Rathaus ist für rund zwanzig Personen ausgelegt, also versuchen Herr Widder und ich, uns möglichst breit zu machen, und er hat einen kleinen Vorsprung. Was ist das

auch für ein Leben, ewig Sektempfänge, Grundsteine legen, Sekt-
chen dabei, Kindergärten einweihen mittels Band durchschnip-
peln, Schampus gefällig? Ein harter Job, aber einer muss ihn ja
machen. Die zweite Hauptaufgabe besteht darin, als lebende PR-
Maschine die immergleichen Lobeshymnen runterzujodeln, und
zunächst tat der studierte Elektroingenieur nichts anderes. Und
das klingt so:

Wenn jemand hierher zieht und erfährt, dass der Mannheimer
OB auf der Vogelstang wohnt, dann wird er sich vielleicht wundern, wenn er diesen Stadtteil sieht.

Gerhard Widder: »Warum soll er sich wundern?«

Er würde vielleicht eher erwarten, dass Sie in der Oststadt wohnen oder in Neuostheim.

»Dafür gibt es eigentlich keine Veranlassung. Erstens ist die Vogelstang ein ebenso interessanter und auch lebenswerter Stadtteil
wie andere in Mannheim auch. Jeder hat seine Eigenheit. Jeder
hat seine Eigenart. Aber alle sind Stadtteile, in denen die Menschen gerne leben.«

Also haben Sie es nie bereut, dass Sie dorthin gezogen sind?

»Ich selbst komme aus dem Stadtteil Neckarstadt, bin dort
groß geworden und bin dann später, nachdem ich ein paar Jahre
von Mannheim weg war, weil ich Assistent in Ulm an der Fach-
hochschule war, als ich dann wieder kam, auf die Vogelstang gezogen. Dort sind in den End-60er Jahren viele Wohnungen gebaut
worden. Das war die Chance, eine moderne Wohnung zu bekommen, und ich fühle mich dort wohl. Ich bin überzeugt, würde ich
in einem anderen Stadtteil leben, würde ich mich genauso wohl
fühlen.«

Der befürchtete Fall X ist eingetreten, Schmierotexte aus Bro-
schüren der Tourist Information. Gleich wird Widder, der Metro-
polregionen-Themenpate für Moderne Verwaltung, mir einen
Werbestadtplan der SPD anbieten …

Als Sie aus Ulm zurückgekommen sind, haben Sie dann die Stadt
mit anderen Augen gesehen?

»Ja, natürlich sieht man eine Stadt, wenn man knapp fünf Jahre in einer anderen gelebt hat, auch ein wenig mit den Augen des-
jenigen, der zurückkehrt. Ich wollte wieder zurück nach Mannheim,

OB mit Hirntumor

als überzeugter Mannheimer und als jemand, der mit dieser Stadt eng verbunden ist, und habe deshalb auch intensiv bei meinem Arbeitgeber betrieben, dass ich wieder hierher zurückkomme. Ich war damals im Berufsschuldienst. Mannheim hat auch nach der Rückkehr jedem Vergleich mit anderen Städten, die ich zwischenzeitlich kennen lernte, standgehalten. Man kommt ja ein bisschen herum in Deutschland. Also, diese Stadt kann sich mit jeder anderen messen, in jeder Beziehung. Sie hat ihre Eigenheiten. Das hat jede Stadt. Wenn eine Stadt keine Eigenheiten hat, dann ist sie verwechselbar. Und wir sind unverwechselbar.«

Bei Ludwigshafen wird es schon schwerer mit den Eigenheiten.

»Aah, das würde ich jetzt nicht sagen. Auch der Mensch, der in Ludwigshafen lebt, bekennt sich zu seiner Stadt und sieht seine

Stadt in ihren Besonderheiten. Das gilt eigentlich für jede Stadt. Ich will auch nicht sagen, die eine ist besser, die andere ist schlechter. So kann man Städte nicht beurteilen. Städte haben ihre Besonderheit, ihre Wesensmerkmale, die sie von anderen unterscheiden, und ich muss prüfen: Passe ich in diese Stadt? Es gibt Städte, in denen ich nicht wohnen wollte. Nicht, weil die Städte nicht Qualität hätten, sondern weil sie dem nicht entspricht ...«

Um auf die Volksseele zu kommen: Was würden Sie denn sagen, sind die Mannheimer etwas grob, derb, direkt?

»Der Mannheimer, wie der Kurpfälzer – man muss das immer regional sehen – wir Kurpfälzer – also unsere Bezugsachse liegt eigentlich so Ost-Westrichtung – wir gehören zum fränkischen Sprachraum – sind dann im Laufe der Jahre, sozusagen durch die große Politik, nach Baden gekommen, sind aber heute bewusste Badener. Im Herzen noch immer Kurpfälzer. Die Kurpfälzer sprechen die Dinge gerade aus, offen aus, fressen sie nicht, wie man das so gerne sagt, in sich hinein, sondern lassen den anderen wissen, wie sie es sehen, wie sie denken. Das hat viele Vorteile. Natürlich kann das eine empfindsame Seele auch mal hart treffen, wenn die Dinge direkt angesprochen werden. Wir tragen nicht ununterbrochen offene Rechnungen mit uns herum, die wir noch mit irgendeinem zu begleichen haben, sondern wir sagen es ihm gleich.«

Ich habe neulich mit Joy Fleming gesprochen. – Sie grinsen ein bisschen. – Joy sagte ...

»... nicht grinsen. Lächeln! Weil die Joy die Dinge beim Namen nennt.«

Das ist so! Joy sagte, sie sei sauer auf die Stadt Mannheim. Die Stadt hätte zu wenig für sie getan in der Vergangenheit.

»Ja, das ist natürlich eine subjektive Sicht, da müsste man von ihr wissen, was sie im Detail damit meint.«

Es ging konkret um Auftritte bei öffentlichen Festen, es ging darum, sie einzusetzen als Botschafterin außerhalb Mannheims, um für die Stadt zu werben, wenn solche Gelegenheiten sind.

»Aber, das gilt ... also, ich müsste jetzt, wenn wir das sozusagen statistisch belegen wollen, mir die Statistik anschauen, aber wir beschäftigen in dem Sinne Künstler nicht selbst, sondern das geschieht bei Veranstaltungen durch Veranstaltungsträger und wie es sich ergibt im Laufe der Jahre. Aber Joy ist bei Veranstaltungen, die die Stadt durchgeführt hat, nicht nur einmal aufgetreten. Wobei wir in der Regel nicht der Veranstaltungsträger sind. Das kommt relativ selten vor.«

Das Rhein-Neckar-Dreieck ist ja jetzt eine europäische Metropolregion.

»Richtig, ja.«

Weiß das jemand außerhalb des Rhein-Neckar-Dreiecks?

»Oh ja. Das haben viele zur Kenntnis genommen. Das ist schon außerordentlich beachtet worden.«

An welchen Stellen spürt man so etwas?

»Das Ganze ist noch nicht sehr alt. Diese Entscheidung ist am 28. April getroffen worden. Die Landesentwicklungsminister in Berlin haben diesen Beschluss dann dort gefasst. Der Deutsche Städtetag hatte vor wenigen Tagen seine Hauptversammlung in Berlin, da war das ein Thema, da wurde ich von vielen daraufhin angesprochen, denn die Berichterstattung war nicht nur regional, sondern national. Es gibt mehrere, die schon europäische Metropolen sind, oder es gerne werden würden, auf dem Wege dorthin sind. Da wurde das mit großem Interesse wahrgenommen.«

Wissen das, sagen wir, die Bayer-Werke in Leverkusen?

»Gut, ob das jetzt in diesem Unternehmen jemand weiß, ist eine ganz andere Frage. Das ist jetzt natürlich auch ein Thema der Penetration, nicht nur des Begriffes. Viel wichtiger ist, deutlich zu machen, wer dahinter steht, mit welcher Leistung, mit welcher Kompetenz. Die Expertise hier, welche Qualität, welche Vielfalt diese Region hat. Es beginnt aber eine Aufmerksamkeit, die wir vorher nicht hatten. Und diese jetzt zu nutzen, das ist ja unser Thema, an dem wir ...«

Und so Wurst, und so Käse. Wissenschaftsdichte, Forschungsdichte, Hochschulregion, Kulturregion, Ballungsraum, Rankings ... Die Sekretärin war so vorausschauend, reichlich Kaffee bereitzustellen. Ich gehe dazu über, ihn mir direkt in die Vene zu jagen. Es hilft ein wenig. Nehmen wir mal den Fall an, ein Politiker sagt, er wolle eine Frage nicht beantworten. Wissen Sie, was als Nächstes passiert? Wir blenden wieder ein.

Worüber haben Sie sich in der Rückschau am meisten gefreut in Ihrer Amtszeit?

»Das ist die Frage, die höre ich so oft.«

Ach so.

»Die nächste bitte …«

Entschuldigung, dann nehme ich sie zurück.

»Das ist eine Frage, ich beantworte die auch nie, weil, da kommen so die berühmten Highlights. Das ist aber nicht meine Art, meinen Dienst zu beurteilen. Freude kommt immer dann auf, wenn etwas gelingt, was man sich vorgenommen hat. Das muss nicht immer etwas ganz Großes sein, das können auch kleine Dinge sein, die aber eben dann auch (…) und da gibt es eben sehr viele. Wenn ich die alle aufzählen wollte, muss es ein extra (…) beispielsweise man hat selbst Fehler gemacht (…) Teilweise ist man dann in eine Situation geraten, in der man dann das nicht erreichen (…) dann ist das eine Situation, die mich sehr freut.«

Ja klar, auf jeden Fall.

»Also nicht nur, wenn da jetzt ein Gebäude entsteht oder so. Das ist auch wichtig, aber viel wichtiger ist, dass die Menschen auch wissen, und dass man selber weiß, dass es bei den Leuten so gesehen wird, dass man sich auch um Dinge kümmert, bei denen man sieht, man kann helfen …«

Und dann hörte ich mich sagen:

Okay, verstehe, habe ich vollstes Verständnis, ganz klar. Sie haben jetzt die schwierige Aufgabe, mit einer relativ klammen Stadtkasse das Stadtjubiläum 2007 ausrichten zu müssen. Man hat ja auch im Hinterkopf, was zum Jubiläum 1907 alles gemacht wurde – Friedrichsplatz, Industriehafen, Kunsthalle. Ist das heute eine schöne Aufgabe, oder ist das eher schwierig durch die finanzielle Lage?

»Nein, es ist schon eine schöne Aufgabe. Es ist eine interessante Aufgabe. Ich habe vor, ich weiß gar nicht, wie viele Jahre das jetzt zurückliegt – damals dem Gemeinderat gesagt, lasst uns nicht darüber reden, wie wir das Stadtjubiläum feiern wollen, sondern lasst uns darüber reden, wie wir uns eigentlich die Stadt vorstellen im Jahr 2007. Die Diskussion hat aber begonnen irgendwann in der Mitte der 90er Jahre …«

Die Diskussion führte zu Arbeitsgruppen, circa 480 (!) Projekte zum Stadtjubiläum, auch »über den Tag hinaus«, Musikpark, Zeughaus … »aber von diesem Jahr 2007 wird vieles bleiben«. Howgh, Häuptling Brettbart hat gesprochen.

Fever

Was ist Ihr persönliches Lieblingsquadrat?

»Um jedem Streit oder Diskussion aus dem Weg zu gehen, das ist E5, da sitze ich den ganzen Tag.«

Hier lässt es sich schon gut arbeiten, also von der Lage.

»Jaja.«

Und plötzlich, ich beginne mich zu verabschieden, da sagt der Mann wirklich, was er denkt. Holla, die Waldfee. Doch dazu später mehr. Und jetzt?

Jetzt emo was ganz anneres ...

Partnerstädte²

Das Partnerstadtschild erzählt alles über eine Stadt, kaum fährt man hinein. Und wenn man in Mannheim dennoch hineinfährt, ganz tief hineinfährt, bimmelt am Rathaus das Glockenspiel »Üb immer treu und Redlichkeit« oder den »Jäger aus Kurpfalz«. Vor Jahren ertönten an selber Stelle das »Colonlan-Lied« für Swansea, »Coupot Santo« für Toulon und »Wo des Haffes Wellen« für Memel. Die ersteren beiden sind langjährige Partnerstädte Mannheims, Letztere war einst »Patenstadt«, als die historische Uhr am Rathaus noch rückwärts lief. Was aber sagen die Partnerstädte eigentlich über Mannheim?

Das Hauptproblem beim Schüleraustausch mit den Schwanenseern war und ist das klebrige, zerkaute Englisch der Waliser, für Ausländer schwerst verständlich. Mannemerisch? Danke, gleichfalls. Seit 1957 sind die beiden verbandelt, und immerhin verfügt Swanseas laut der offiziellen Website über einen »Twin Town Director«, einen Zwillingsstadtdirektor, Mister Ben Reynolds, den Mann mit dem gemütlichsten Job in ganz Wales. Mannheim selbst wird dort nur einmal genannt, in der Twin-Town-Aufzählung neben Rostock und dem dänischen Århus.

In dt. Partnerstadt von Swansea

1959 kam Toulon hinzu, in einer Zeit, als das Verpartnern zwischen Deutschland und Frankreich so beliebt war wie heute Online-Singlebörsen. Doch auch heute noch rühmt Toulon die Verbundenheit, schließlich gibt es dort seit 1969 analog zum Toulonplatz eine Rue de Mannheim, und irgendwo in Toulon steht ein Heinrich-Heine-Denkmal. Warum Heine? Klarer Fall, als Düsseldorfer ist er ebenso Deutscher wie die Mannheimer – voilà! Seit August 2001 »wurden die Verbindungen zwischen den beiden Städten aufgefrischt, und der Ratssaal in Mannheim trägt den Namen von Hubert Falco, dem Touloner Bürgermeister«. Chapeau!

Niemand hatte die Absicht, 1961 eine Mauer zu errichten, aber ein paar Schelme taten es klammheimlich doch, da galt es in Westdeutschland, flugs Flagge für Berlin zu zeigen, und Mannheim nahm sich Charlottenburgs an. Übrigens, liebe Partnerstadtbeauftragte, und nicht erschrecken: Die Mauer ist jetzt weg.

1980 war wenig los in der Weltpolitik, da hatte man Muße, sich um einen Ort namens Windsor in Kanada zu kümmern, wo Mannheim gelegentlich Manheim buchstabiert wird. Wenn Sie mal hinfahren wollen, es liegt gegenüber von Detroit in Ontario. Nach den Mannheimer Kanadatagen '81 besuchte schon drei Jahre später eine Fastnachtskapelle die Windsoraner; '88 gab's dort ein Fußballturnier unter Mannheimer Beteiligung; Studentenaustausch natürlich auch. Kurz zuvor, '85, hatten die Kanadier eine dreißigköpfige Wirtschaftsdelegation nach Mannheim verschifft, im Rahmen der Hannover-Messe, aus kanadischer Sicht durchaus nahe liegend. Seither schlummert der Austausch ein bisschen, aber das wird schon wieder. Als etwa die Jugendmannschaft der Adler Mannheim Anfang 2005 nach Kanada geladen wurde, hat man prompt vergessen, die Partnerstadt zu besuchen, aber eifrig hinübergewunken.

Äußerst lebhaft hingegen gestaltet sich die Partnerschaft mit Riesa – hätten Sie's gewusst? Seit 1988 dürfen Mannheimer dort beim Drachenbootrennen mitpaddeln. Die Riesaer Schriftstellerin Renate Preuß (wer hätte nicht ihre Gesammelten Werke zu Hause stehen?) las mehrfach (2x) in Mannheim, und der zu TV-Ehren gelangte Kabarettist Christian Habekost trat schon beim Riesaer Stadtfest auf. Ochsentour nennt man so was. Für schäumende Empörung sollte sorgen, dass das Riesaer Bläserensemble die Jugendherberge am Rhein als »nicht besonders komfortabel« bezeichnete. Das wird noch ein diplomatisches Nachspiel haben. Immerhin kann das sächsische Städtchen eine Mannheimer Straße vorweisen, wo sogar ein Stadtrat wohnt, Jürgen Günz von der NPD.

Seit dem Umbruchjahr 1989 ist Mannheim mit einer veritablen Hauptstadt verpartnert. Auch wenn Moldawien vorübergehend nicht zu den G8-Staaten gehört, blickt die Kapitale Chişinău, das frühere Kischinjow, stolz auf die Partnerstädte Bukarest, Grenoble, Kiew, Odessa, Sacramento und eben Mannheim. Zu mehr Informationen hat der Moldawier keinen Platz auf der offiziellen Website gefunden.

Aber Moldawien ist ernstlich arm. Versuchen Sie bitte unbedingt, an den ausgezeichneten Rotwein heranzukommen und ihn in großen Mengen zu genießen, oder unterstützen Sie das Land direkt unter dem Kennwort »Moldawienhilfe« Nummer 3800 4000 bei der Sparkasse Rhein Neckar-Nord (BLZ 67050505).

Der Bromberger Baumgang hieß schon vor 1991 nach der polnischen Stadt, die sich heute Bydgoszcz nennt. »Und hier, liebe Abordnung aus Bydgoszcz, ist der Baumgang, der nach Ihrer schönen Stadt benannt ist … (leiser) können Sie bitte ›Baumgang‹ mit Straße übersetzen, ja?« Dann muss es dem Dolmetscher in Schönau noch gelungen sein, diese als schöne Au zu verkaufen, denn als Dank preisen die Polen Mannheim als: »in Baden-Württemberg gelegen, an der Neckarmündung, bildet gemeinsam mit Ludwigshafen eine Industrieregion. Handel, Kultur, Tourismus. Industrie: Maschinen, Autobusse, Elektrotechnik, Chemie, Keramik, Hafen. Universität, Planetarium, Brockhaus-Verlag.« Dem Duden-Verlag sollten die Stadtoberen eiligst eine der berühmten Mannheimer Keramiken überreichen, zum Trost fürs Übersehenwerden, das ist ja wohl nicht zu viel verlangt. Und überhaupt, wieso erwähnen die denn Ludwigshafen? Daran müsst ihr noch arbeiten!

Bereits 2001 fotografierte der Litauer Peter Koch ein »Historisches Mannheim«, obwohl seine Heimatstadt Klaipėda sich erst 2002 auf Mannheim als Partnerstadt einließ. Im Übrigen verweisen die Balten auf www.maimarkt-mannheim.de, und man sehe mir nach, dass ich keinen Baltisten (sic!) gefunden habe, um mir die Website zu übersetzen.

Das zärteste Pflänzchen in der Mannheim-Familie ist ein Mammutbaum. Mit 2,9 Millionen Einwohnern ist Zhenjiang, vormals Jinjiang bzw. Chinkiang und Jinkou, der mit Abstand größte »Bruder der Stadt mit den vielen eckigen Häusern«. Zhenjiang-Offizielle besuchten '94 auf Verdacht den Maimarkt, dann dauerte es nicht lange, bis Mannheim seinerseits wegen Investitions- und Absatzmöglichkeiten anklingelte.

In der früheren Provinzhauptstadt, die früher ein wichtiges Handelszentrum war, wohnte früher Pearl S. Buck. Sie liegt heute in einem Industriegürtel und am Kreuzungspunkt des Jangtse mit dem Großen Kaiserkanal. Hey, dieses Zhenjiang passt verdammt gut zu Mannheim! Zweifler können es selbst überprüfen und im Luisenpark mit der Bimmelbahn, dem »Duojing-Express«, ins Teehaus fahren. Während die Mannheimer bekanntermaßen gerne Pharma, Maschinen, Chemie und dergleichen produzieren, erzeugen die Zhenjianger Weizen, Erdnüsse, Tabak, Mais, Blumen – eine ideale Ergänzung. Die lokalen Highlights bestehen nach eigenem Bekunden aus einem »International Beer Festival«. Nichts wie hin, »Baum aus Eiche« kann ja nicht so schwer zu übersetzen sein.

Jetzt emo was ganz anneres …

Nationaltheater[2]

Als selbstverständlich gilt, dass in der gesamten Republik bestaunt wird, was am NT inszeniert wird, ach was sag ich, in ganz Europa! Ein derartiges Dünkel wirft zwangsweise allerlei Fragen auf:

Wieso ist im Foyer in der Tür der Herrentoilette ein Türspion angebracht? Wer steckt Briefe in den an der Außenwand eigens angebrachten Briefkasten für »Zuschauerpost«? Welcher Nation dient das Nationaltheater? Wir wissen es nicht. Ebenso wenig, wieso gerade in Mannheim erstmals eine deutsche Stadt ein Theater übernommen hat (1839).

In den Kriegsjahren 43/44 wich das Ensemble ohne Wenn und Aber in den Ludwigshafener Pfalzbau und sogar nach Heidelberg und Schwetzingen aus. Eine Fusion mit dem Heidelberger Theater scheiterte jedoch 1950 am »massiven Protest der Theater und der Bevölkerung«. 1970 scheiterte eine geplante Fusion erneut. Und 1979 schon wieder. So wie die Rhein-Neckar-Uhren ticken, wäre es mal wieder an der Zeit für eine scheiternde Fusion.

Sie können von den wechselnden Intendanten außer PR-Gefasel nichts über die Qualität eines Theaters erfahren, was auch für Schauspieler und Regisseure gilt. Das Mannheimer Publikum besteht zum großen Teil aus launischen Abonnenten, deren Reaktionen weitgehend unvorhersehbar sind. Wann und warum der Mannheimer Mogel sich über Inszenierungen freut, korreliert direkt mit den Lottozahlen. Aber das hässliche, 1957 eingeweihte Gebäude verfügt ja zum Glück über ein Café. Hier treffen sich nachmittags elf bejahrte honorige Damen und ein Herr zum Bridge bei Kaffee und Kuchen. »Was für ne Sahne ist das? Käse?« – »Kää Ahnung. Alkohol is drin.« – »Aah, gut.« Und hier treffe ich eine Insiderin, eine intime Kennerin des die Mannheimer Kultur als heller Stern leitenden Theaters. Die Dame – wir wollen sie Erika Rupp nennen – lag als Baby in einer goldenen Wiege aus dem Fundus des Nationaltheaters, damals in B2, als ihr Großvater noch im Chor des Theaters sang.

Entgegen meiner Vermutung ist das NT kein Seniorentreff. »Nää nää, es kommen auch viele Junge, kommt aber auch aufs Stück an. Manchmal bringen sie Stücke, wo sie modern machen, wo nicht so ... wo die Leute dann buh rufen. Aber im Großen und Ganzen ...«

Zurzeit läuft eine umstrittene Hamlet-Inszenierung, aber »den hab ich noch nicht gesehen. Aber es gibt auch Stücke ... Mensch, was war denn das, wie hieß denn das, modern gemacht, mit Japanern ... das war super! Da hab ich ein Stück gesehen, das habe ich früher schon in alt gesehen, und jetzt neu, das war eigentlich ganz gut gemacht. Entführung aus dem Serail war ja auch modern gemacht jetzt. Als ich mit vierzehn von der Schule entlassen wurde, war das ja so, dass man mit der Schule ins Theater gegangen ist, das war damals schon die Entführung aus dem Serail, aber in dem Alter hat man ja keine Ahnung davon. Und das haben sie jetzt auf modern gemacht. Mit Türken, also türkisch. Das war super, das muss ich sagen, das war schön.«

Höchst kryptisch erscheinen mir die mannigfaltigen Abonnementskategorien wie B, VI, grün. Das geht Frau Rupp nicht anders: »Dafür habe ich mich nie so interessiert. Da gibt's verschiedene für soundso viel Vorstellungen, das kostet aber auch verschieden … Was auch schön ist: Im Winter, da ist immer ein Kaffeekonzert, alle vierzehn Tage samstags im Oberen Foyer, das ist dann immer mit einer Tasse Kaffee, ein Stück Kuchen und der Eintritt, das ist eigentlich ganz nett so. Da sind überwiegend sehr viel Ältere. Die Musik so, und … ja.«

Sie sieht sich um und senkt sicherheitshalber die Stimme: »Das soll ja alles umgebaut werden, die ganzen Kassen sollen hierher, und wir sollen alle da hintenrein jetzt, nachdem der neue Intendant da ist, ne … Manchmal kommen auch Schauspieler her, viele eigentlich. Der Piske zum Beispiel, der ist ja sehr interessant, der macht ja den Heinz Erhardt nach, der kommt oft als mal und trinkt hier ein Glas Sekt. Die meisten Schauspieler gehen ja oben ins Kasino.«

So sehr Frau Rupp auch Insiderin ist, *das* Theaterstück hat sie noch nicht gesehen. »Die Räuber habe ich noch nicht gesehen, nee … Nee, nee, nee. Da waren doch mal die von Korea da, die haben das gespielt. Von Korea, von Seoul. Und da war am Samstag, war dann Abschiedsparty hier. Und vor vierzehn Tagen sonntags war Matinee hier, ich hab sonntags morgens gearbeitet. Um halb elf denk ich, ach Gott, da kommt ja überhaupt niemand, soll ich zumachen? Aber dann sind doch ziemlich Leut gekommen. Da war dann der neue, äh, der Regisseur, der wo das neu inszeniert hat, Wilhelm Tell, der war hier. Das war interessant, wenn man das mal wieder hört. Man vergisst das ja alles mit den Jahren. Früher habe ich immer gerne Operetten gehört, Opern wollt ich nicht. Dann hat mal ne Freundin gesagt, Mensch, geh doch mal mit, und das war hier, das waren Hoffmanns Erzählungen, und ich muss sagen, das war so ein tolles Bühnenbild, dass mich das so gepackt hat, dass ich jetzt immer auch Opern anguck.« Nur zu gern hätte Frau Rupp noch weiter aus ihrem Fundus berichtet, aber heute Abend ist ein Empfang. Und sie muss noch 65 Sektgläser richten – oje.

Jetzt emo was ganz anneres …

Die Ruhe vor dem Turm

Fetisch²

Gastbeitrag von Bandita

Also, am Anfang des Jahres '91 war ich erste Mal in meinen Leben in so genannte »schwarze Keller«. Es war ein Zufall, ich selbst war schon sowieso in der »Szene«, aber ich wusste nichts davon, dass so was auch in Mannheim, in der Ort, wo ich wohne, gab. Es war jemand aus Pirmasens, der mir sagte, dass in Mannheim eine Party steigen würde, ich sofort auf 180. Also bin ich hin, mit meinen damaligen Freund.

Ich war selbst in schwarze Gummi gekleidet, von Hals bis zum Fuß, mein Freund genauso, dann haben wir unsere Fahrräder geschnappt und sind hin, also nach Neckarau, ca. 3 km entfernt. Da war nur das Connexion, aber da sollte es ja sein, also sind wir auch hin zum Eingang, wo alle gerade Achtzehnjährigen gedrängelt haben, aber wir kamen durch ... – andere Schlange, ›ihr wollt bestimmt ins Jail's hin‹, nur eine Feststellung, so von Türsteher.

Also rein ins Schwarze. Und das war es auch. Alles schwarz, aber warmschwarz. Und geil. Ich war nicht mehr sicher, ob ich wach bin oder träume ... erstmals kamen die Leute, die das Sagen hatten, entgegen, haben sich vorgestellt und auch sonst mit uns bekannt gemacht, mich besonders nett behandelt, da ich eine Frau bin, da es normalerweise eine Schwulenclub war, die zwei wollten aber auch einmal Frauen zugelassen haben, so das es keine Geschlechterunterschiede gibt. Also, ich dürfte auch überall hin, hat mich zwar gewundert, da ich sowieso immer auf öffentliche Partys überall hinkonnte, aber habe mir keine größeren Gedanken darüber gemacht. Aber der Abend hatte ja erst begonnen.

Ich lief irgendwann mal rum, und was da alles war, in dem schwarzen Keller, und was da passierte, das alles faszinierte mich. Nicht, dass es neu für mich gewesen wäre, aber das alles sooo öffentlich. Also, als Erste beeindruckt haben mich die Stimmen, die Stöhnerei, dann ging ich nach, also nur zwei Schwulen, die sich gefickt haben oder geblasen haben oder den Arm den anderen ins Asch geschoben haben bis zum Ellenbogen. Alles okay, Zuschauer gewünscht, also, nett fand ich das. Keiner hat mich angemacht, haben mich eher geholfen über den holprigen Boden, dass ich nicht stürzte mit meine 14-Zentimeter-Stöckels. Okay, das war der erste Abend, und ich war eine Frau von drei, die da waren, und Männer gab es über sechzig, also, eher was zum Schauen, selbst was zu machen hat niemanden interessiert.

So war der Anfang, aber da die zwei Betreibern das so toll fanden, dass auch ich als Frau alles toll fand (wir haben uns auch privat befreundet), haben wir zusammen geredet, und die zwei meinten, am Donnerstagen könnte man auch treffen, so also auch Frauen, aber nur in Gummikleidung, zuerst. Dann ging es paar Wochen so weiter, aber da ich die Einzige war, haben wir Kleidervorschriften etwas gelockert, also auch Leder etc., so SM-mäßig. Eine andere Frau war sowieso schon immer da, aber mit ihre eigene »Priesterkostüm«.

Also, so wurde aus dem Jail's, dem Keller unter Connexion, auch eine gute Adresse für Frauen, die sich gerne bewundern ließen und, ohne begrapscht zu werden, wo hingehen konnten, trotzdem Komplimente erhielten und Austausch und Betrieb auch von Sachen, wo die Muttis und Schwiegermuttis umgefallen wären.

Also, da könnte man alles machen. Einlass nur in Gummikostüm, oder sonst, in was Sündigen, aber nicht in Dessous von Kaufhaus. Denn das Anmache auf gewisse Aktivitäten war keine Anmache, sondern pure Lust. Okay, das alles gab es in Mannheim schon im Jahre '91. Erste große Party auch, dann wurden die immer größer und öfter halt, so alle zwei Monate, und die Donnerstage dazu. Am 17.9.93 war in Mannheim die Besucherzahl am größten, es gab auch eine Brautpaar in perversen Klamotten, über 400 waren da. Waren alle Freunde der Lust und Last, waren meiste in Schwarz.

Damals kamen die Leute aus Berlin, aus München, aus Köln, Hamburg, sogar aus Wien und Barcelona! Nach Mannheim, nur um diese Partys und die Leute und die Stimmung da zu genießen! War halt alles etwas anderes, könnte man nicht überall so nippelfrei rumrennen, oder in Chaps ohne was drunter. Und diese Spiele, mit und ohne Peitsche! Als Dame brauchte man keine extra Toilette zum Pipi … tja … :-)

Und die Kostüme, die Art von Leuten … WAHNSINN!! Eine besser als der andere, das waren niemals Konkurrenten oder blöde Anmacher, sondern nur geile Leute! Und da war es nebensächlich, wie du nackt aussiehst (außer bei Schwulen, und das waren keine FKK-Partys :-)))), sondern wie du dich machst. Ich habe in meinen ganzen Leben nie wieder so geile, attraktive, schöne Leute gesehen in solchen Haufen wie damals im Jahre '91–'95. Es waren alle toll, ihr wart alle toll! (falls das veröffentlicht werden sollte).

Nun, schön ist es Spaß zu haben, irgendwann nicht mehr so schön, wenn es aufhört. Ist traurig. Irgendwann fing das große Sterben an, in Mannheimer Schwulenszene und sonst wo wohl auch. Die Betreibern sind verstorben, von damaligen Jail's. Hat mir große Herzschmerzen zugefügt, weil die so lebenslustig waren. Und dann kamen die andere Städte auch auf die Idee, so was auf die Beine zu stellen … also nun wuchsen die schwarze Kellern wie

Pilze im Regen. Tja, wenn in Karlsruhe was gibt und in Köln und in Berlin, Hamburg sowieso, München auch und dann auch Zürich … warum sollten die Leute nach Mannheim?

Aber okay, Mannheim war einzigartig, besteht heute noch, aber die alten Zeiten sind nun mal vorbei, oder doch nicht?

Eure Bandita

Jetzt mal was also so ganz anderes …

Fussball²

Nie mehr 1. Liga, nie mehr, nie mehr …

Die Geschichte des SV Waldhof besteht genau genommen aus drei Geschichten: Eine handelt vom sportlichen Aufstieg und Niedergang, eine von der feindseligen Ablehnung des Lokalrivalen VfR und eine von gewaltbereiten Fans mit fließendem Übergang ins Neonazitum.

Am besten lässt sich der Charakter des Waldhofs und seines Umfelds anhand der in ihrer unerhörten Dämlichkeit einzigartigen Vorgänge des Jahres 2002 illustrieren.

Der damalige Zweitligist Waldhof steckte in so großer Geldnot, dass ein Lizenzentzug drohte. Als letzten Rettungsanker machte man ernst und versuchte, durch ein »Zusammengehen« (das Wort Fusion war tabu) mit dem VfR Mannheim einerseits und durch den neuen Sponsor MVV, den örtlichen Energieversorger, andererseits das Schlimmste zu verhindern. Es formierte sich die Initiative Pro Waldhof. In Fan-Kreisen lautete der Slogan: »Lieber mit dem Waldhof in die Oberliga, als mit dem VfR in die Bundesliga.« Raten Sie mal, was bald geschah.

Nicht zum ersten Mal machten es die Waldhof-Fans einem Sponsoren schwer, bei der Stange zu bleiben. Randale gab es in größerem Umfang, zum Beispiel beim Ligaspiel in Mainz und beim Pokalmatch in Saarbrücken, wo sogar Polizisten angegriffen wurden.

Der VfR wiederum fühlte sich ausgenutzt, rechnete mit Mitgliedsaustritten, die Identität gehe verloren, eine Identität allerdings, die ausschließlich davon lebt, in einem zerbombten Deutschland 1949 einmal Deutscher Meister geworden zu sein. So ging einem Waldhöfer Ehrenmitglied auch recht leicht der Satz von der Zunge: »Wir schlucken den VfR, bleiben in der 2. Liga, behalten erst mal unseren Namen und bekommen Spieler vom VfR. Wir haben keinen Grund, uns zu beschweren.«

Den Anfang vom Ende protokollierte der Mannheimer Morgen am 19.1.02, »als im Kulturhaus Käfertal eine Horde kurzsichtiger und aufgeputschter Fans im Verbund mit einer Anzahl verbohrter Traditionalisten den Vertreter des Sponsors MVV, Hans-Jürgen Farrenkopf, verbal von der Bühne prügelte. Es war das Ende des bislang letzten Versuchs – diesmal durch den Energiekonzern vorangetrieben –, die Kräfte in Mannheim durch ein Zusammengehen (nicht durch eine Fusion der Stammvereine) zu bündeln. Und dabei wurde zugleich das letzte bisschen Reputation pulverisiert, das Waldhof noch besaß. ›Wer so mit seinem Sponsor umgeht, wird noch viele weitere finden‹, sagte Farrenkopf damals mit leiser Ironie ins Mikrofon. Hans-Joachim Bremme hat noch heute damit zu kämpfen. Diejenigen, die ihn zur Amtsübernahme ermutigten und bei solider Vereinsführung Unterstützung versprachen, sind nirgendwo mehr zu sehen.«

Wo liegt die Crux? Wieso steckt Dietmar Hopp seine SAP-Millionen lieber in den kreuzbraven Provinzverein TSG Hoffenheim als in den Waldhof, der selbst in den letzten verkorksten Jahren immer wieder Talente durch seine Jugendarbeit nach oben beförderte – und weg vom Waldhof? Nun, es ist ganz leicht: Die Vereinsspitze lässt zu, dass braunes Gesocks im Umfeld Rabatz macht; schon zu Erstligazeiten waren die Waldhöfer bei sämtlichen Gegnern die unbeliebtesten Fans, was sich in den unteren Ligen fortsetzt.

Die Gruppierung Ultras Mannheim – die Bezeichnung Fanclub würde hier irreführen – wurde im Januar '99 gegründet. Und bereits für das erste Jahr nennt die Ultras-Homepage als »Höhepunkt«: »das legendäre Spiel am Vatertag in Offenbach«. Skins und Hooligans stürmten in Offenbach eine baufällige Tribüne. Manuel Jakob, der Herausgeber des Fanzines »Doitsche Offensive« und Ex-Schlagzeuger der Skinhead-Band Bosheit, riss zwei Meter lange Holzlatten aus der Verankerung und schleuderte sie auf gegnerische Fans. Randale.

In der Folgesaison »war es Sitte, dass sich die Ultras nach dem Spiel sehr oft auf der Straße wiederfanden, um ihre jungen Kollegen von der Kurpfalzfront und die alten Kollegen von The Firm und City Boys zu unterstützen«. Es ging so weit, dass es in Hamburg sogar Demonstrationen gegen die Waldhöfer gab. So weit muss man das Image eines Vereins, einer Stadt erst mal bringen.

2000 wurde das Ultras-Gründungsmitglied Oliver Ort Fanbetreuer mit dem Ziel »der Verbesserung des Verhältnisses von Verein und Fan. (…) Auch erhielt unser Fanbetreuer einen Schlüssel für das Carl-Benz-Stadion«. Selten wurde ein größerer Bock Gärtner. Das »verbesserte« Verhältnis führte dazu, dass es beim Heimspiel gegen Köln erstmals mehrere Festnahmen gab, was dann auch die lokale Presse nicht mehr übersehen konnte. Wie auch gegen Oberhausen, ein Spiel, das »mit leichten Auseinandersetzungen (…) begann und vor einer Hundertschaft Mannheimer Polizisten an der Neuostheimer Endschleife endete. Dazwischen lagen Tankstellenüberfälle und mehrere körperliche Bedrohungen des Busfahrers. Dies nahm die UM zum Anlass, den harten Alkoholkonsum auf Busfahrten einzuschränken«.

2001 wurden einige Mitglieder »träge und orientierten sich immer mehr in Richtung Hool«. Was – typisch Waldhof – dazu führen musste, dass im Lauf des Jahres das Verhältnis zum Verein besser wurde! Am höchsten geht's natürlich immer gegen Lokalrivalen her, wie den FC Kaiserslautern: »Für dieses Spiel wechselte man den Block und nahm mit der großen Anzahl Erlebnisorientierter auf der Osttribüne Platz. Dort verwandelte man unseren Sektor in ein Schlachtfeld. Ein unvergessliches Erlebnis.« Zweifellos nicht nur für die »Erlebnisorientierten«.

Zu Beginn der Saison 2002/2003 war man natürlich gegen »die Spielgemeinschaft mit dem geliebten Nachbar VfR Mannheim. Innerhalb der UM bemerkte man die Radikalisierung der jungen Mitglieder, sie schrien nach Pyrotechnik, und so ließ man sie gewähren. Ihre Entwicklung ging rasante Wege, und so häuften sich durch den Frust über die Spielgemeinschaft und den sportlichen Untergang die Ausschreitungen in Folge von Pyrotechnik. Zu erwähnen war bestimmt das Spiel in Mainz und na-

türlich das Pokalspiel in Saarbrücken. Hier wurden sogar Polizei-
beamte von den jungen Wilden angegriffen. Stadionverbote und
Anzeigen folgten. Unbeeindruckt von den Folgen wurde weiter
mit Vollgas das neue Rebellentum ausgelebt«. Nur zur Erinnerung:
Wir reden hier von einer legalen Organisation.

2003 begnügten sich die Ultras »mit dem Masochismus der
Serienniederlage; mit kleinen, aber feinen Mobexzessen«. Zum
wiederholten Mal Randale in Hamburg: »Wie die Spiele zuvor waren nur noch erlebnisorientierte Mannheimer am Werk, und so
kam es schon während dem Spiel zu einigen Nettigkeiten. Dach-
ten wir da noch, sie reagierten wegen der in Mannheim verblie-
benen St.-Pauli-Fahne so aggressiv, erfuhren wir schnell, was im
Anschluss an die Partie starten sollte. Eine Bambule-Demo mit
Tausenden von links gerichteten Herrschaften brachte nicht nur
die Polizei in Bedrängnis, auch wir mussten erkennen, dass es
Grenzen gibt.« Aber die Herrschaften, die sich von den »links gerichteten Herrschaften« stark unterscheiden, rücken nach solchen
Ereignissen dem Verein immer wieder näher. Nach der Insolvenz
übernahmen die Ultras Aufgaben wie Kartenabreißer, Getränke-
händler und Wurstverkäufer. Und: »Die Fans und die Mannschaft
waren eins. Wie lange gab es das nicht mehr in Mannheim. Spieler wurden Mitglied bei der UM und etliche Partys wurden zusammen gefeiert.«

Bei Auswärtsspielen werden inzwischen – und wir reden von
der Oberliga, der vierten Spielklasse! – riesige Polizeieinheiten ak-
tiviert, um des Mobs Herr zu werden.

Nun beschleicht uns eine dunkle Ahnung, wieso Dietmar Hopp
sein Geld doch lieber in den kreuzbraven Provinzverein TSG Hoffenheim steckt als in den SV Waldhof 07 ... Bitte – nie mehr 1. Liga!

Jetzt emo was ganz anneres ...

Marktplatz[2]

Café Journal Aussengastronomie
Freitag, 20 Uhr
Original Soundtrack

»Alda, isch kann kän Kaffee mehr trinke.« – »Ach du Scheiße.« – »Wenn du vierzig bist, kannschd e Machete nehmen und dir de Kobb abschneide.« – »Wenn die rausgehe aus der Wohnung, würd isch aa neiziehe.« – »Ha, muscht awwer aa widder bezahle.« – »Vierzimmerwohnung, 100 Quadratmeter?« – »Isch würd awwer net rausgehn. Wenn isch de Lade unne hab.« – »Erst wenn sie 'ne eigene Wohnung finden, gehen sie raus. Und kääner gibt mit Hund Wohnung …« – »Jo, awwer für acht-, neunhunnert.« – »Dam – damm – daaa – da – dat!« – »Wie hieß der noch?« – »Peter Lustig.« – »Peter Lustig, wo isch klää war, hat der mal gsagt, so jetzt mach de Fernsehe aus, und isch hab ausgmacht und saß davor. Dann denk isch, ha, nix und mach wieder an! Geil, oder?« – »Ein Ureich bitte.« – »'n Pils?« – »Ureich.« – »Ja, 'n Pils.« – »Ihr habt doch Eichbaum Ureich?« – »Also ein Pils.« – »Jo.« – »Ah, do wohnt doch keena freiwillig, oder? Alda, der Platz is jo der Hammer. Des gibt's doch …« – »Alda, die neue Matador hol isch mir, isch hab gsehe, die hunnert beschte oder was …« – »Hunnertfuffzisch.« – »A, isch hab mir des schun angeguckt, so en Ding is des net, die machen des gut.« – »Des is kää Erotikzeitschrift, do steht jo aach viel drin lifestylemäßig und technikmäßig. Neue Autos tun se do drin vorstelle … DES is gut!« – »He, isch hab en Gästebuch im Internet, hab isch neigrschribbe unter Bücher: ›Matador‹ hab isch gschribbe. Geeeeil, Alda.«

»Komm, wir laufen.« – »Ouuuuuuuh.« – »Schun klääne Kinner die Aiddas-Schuh …« – »Weesch, was die koschden, Alda!« – »Isch zahl doch net dreißisch, värzisch Euro fer Kinnerschuh!« – »Do würd isch die Todesstrafe einführn, isch schwör's.« – »Und net do rummache, schwere Kindheit ghabt, Scheiß druff, Alda.« – »Hän-

Markenwahn

ge und tschüss.« – »Awwa des beschte is, des sin alles Wiederho-
lungstäter, weesch?« – »Isch hab do mol so e Referat schreiwe
müsse üwwer Pro und Contra vun de Todesstrafe.« – »Mehr Pro
wie Contra, odda?« – »Nää, ausgeglische irgendwo.« – »Awwer
dann kummt widder der Satz aus der Bibel, Gleisches mit Glei-
schem vergelde.« – »Natürlisch!« – »Die dürfe gar net, wege de
Mönscherechte.« – »Isch würd die gar net eisperre, isch würd die
so auf der Autobahn ausm Auto falle lasse, Gnickbruch, ›Trepp
runnergfalle‹, fertisch.« – »Awwa weesch, des Wegsperre is psy-
chologisch schlimmer als wie wenn de änner wegmachsch. Der
geht so kaputt, Alda. Psychotrip … Oder nach Vietnam schicke,
Alda. Die mache do schun …« – »Die mache Esse aus dem.« –
»Die Fraue in ›Europa‹, die hawwe en Knacks, Alda. Die stehe do
mit der Liste, zack zack zack.« – »Net wegem Aussehe, wege Un-
sportlichkeit.« – »Und wenn die zwanzisch ghabt hot, die sagt dir
net, isch hab zwanzisch ghabt.« – »Weesch, des Dumme, des
kriegsch immer im Nachhinein. Heirate, und danach geht's los.« –
»Komm, halt die Klapp, Alda, du hosch ja aa rumgehurt, oder?« –
»Ja, unn?« – »Des is Gleischberechtigung, odda?« – »Dann sinn se
gekomme am Schluss, die ham schon Feierahmt ghabt. Hab isch

zu unserm Hausmeeschter, mit dem noch geredd und hin und her. Määnt er, gehsch jetz hääm? Nää, isch geh noch tanze. Määnt er, do, die zwee Mädels wolle aa noch tanze gehe. Nimm se grad mit.« – »Des gibt's net, mir passiert so was net. Mir passiert so was net.« – »Dann hawwe mer Münze geworfe. Weil isch hab Nacht- schicht ghabt, ob mer zamme gehe. Münze geworfe. Hab isch verlore.« – »A propos, du Penner. Weesch noch, wie zu mir gsacht hosch, bei der Show is e geili Sau?« – »Was fer e Show?« – »Wie heeßt er? RTL, do? ›Isch bin en Loser‹ oder … Isch wart do bis morgens um halb vier, um des zu gucke …« – »Weescht, wann die Wiederholung kummt? Die kummt um zwei Uhr.« – »Die wo als Erstes do war, die war hübsch.« – »Die modelt, Alda. Awwer die anner …« – »Isch guck schon im Internet.« – »Die Erscht, die war subba!«

Jetzt emo was ganz anneres …

Nahverkehr[2]

Wenn eine Straßenbahn in Stadtbahn umbenannt wird zur Ein- führung der S-Bahn, die nicht Stadtbahn heißt (Schnellbahn???), sondern nur eben S-Bahn, ist das so, wie wenn das Rhein-Neckar- Dreieck als Region der Zukunft zur Zukunftsregion Rhein-Neckar wird; und wenn dann noch der Verkehrsverbund Rhein-Neckar zum Rhein-Neckar-Verkehrsverbund wird, kocht beißender Neid hoch auf die eloysische Qualität der Drogen kurpfälzischer Nahverkehrs- worterschaffer. VRN → RNV!

Wem das mathematisch fragwürdig erscheint, der probiere sich an folgender, offizieller, an vielen Bahnen und Bussen pap- pender Mitteilung des Nahverkehrs: HSB + MVV + OEG + RHB + VBL = RNV. Vor meinem geistigen Auge prüfen chinesische und ägyptische IOC-Mitglieder die Mannheimer Olympia-Bewerbung für 2016 und müssen angesichts dieser fundamentalen Verkehrs- innovation minderwertige Konkurrenten wie Tokio, Rom oder Rio über die Tischkante schnicken. Ersetzen Sie alle Buchstaben durch Zahlen, bis die Gleichung stimmt, und die Fahrt von Sandhofen an der Friesenheimer Insel-Miefmeile entlang wird Ihnen so kurzweilig erscheinen wie nie zuvor.

Rechnen wir weiter: 1878 passierte das Unglaubliche: In Mannheim und Ludwigshafen wurde *gleichzeitig* mit der Errichtung eines *gemeinsamen* Nahverkehrssystems begonnen! Erst 1965 kehrte der Normalzustand ein, und die Schwesterstädte, nein, Stiefschwagerstädte, gingen mit eigenen Verkehrsbetrieben getrennte Wege. Wenn nun 2005 nach dem gewohnten Ringen, das grundsätzlich und immer zäh ist, der Verbund RNV geschlossen wurde, so dürfte es nach Adam Riese höchstens zwei, drei Jahre, maximal also bis 2008 dauern, bis die Verkehrsleute sich heillos zerstreiten und wieder in getrennten Verkehrsbetrieben operieren. Als Stein des Anstoßes bietet sich vielleicht die Farbe der putzigen Fähnchen auf den Straßenbahnen an. Momentan flaggt der RNV blau-orange. Wieso denn gerade orange?, fragen Sie vollauf zu Recht. Noch weiß man es offiziell nicht bei der Telefon-Hotline. Aber die Mannheimer werden früher oder später auf den Trichter kommen, dass Orange die Farbmischung aus Gelb und Rot ist – pardauz, das sind ja die Farben von Ludwigshafen! Ein ebenbürtiger Zankapfel wären die Streckennetzpläne, die in den Bahnen an der Wand kleben, die mal den Ludwigshafener Teil viermal so groß wie den Mannheimer darstellen und umgekehrt – ein unhaltbarer Zustand.

Wir wollen aber nicht verschweigen, dass man innerhalb des VRN durch vier Bundesländer fahren kann, bis nach Würzburg sogar, also Bayern, zudem mit Wissembourg und Lauterbourg ins französische Ausland kutschieren darf, fraglos ein deutschlandweites Unikum der multiplen Grenzüberschreitungsmöglichkeiten. Bis Frankfurt fährt die neue S-Bahn jedoch (noch?) nicht. Man konnte »keine Einigung erzielen«, ein beliebter Kommuniqué-schlusssatz im Rhein-Neckar-Bermuda-Dreieck der abgesoffenen Möglichkeiten. Dass von den 61 S-Bahnhaltestellen nur fünf neu hinzugekommen sind, es sich bei dem Prädikat »S-Bahn« also im Wesentlichen um ein neues Etikett auf einem alten Weinschlauch handelt, ist ebenso typisch wie die Umbenennung von Ludwigshafen-Hauptbahnhof in Ludwigshafen-Mitte, was zum Vorteil hat, dass, äh …, dass, also … genau. Aber Obacht: Fahren Sie bloß nicht schwarz, und das passiert ganz schnell, wenn Sie sich auf die

Ticketautomaten in den Bahnen verlassen. Die dürfen Sie nämlich nur dann benutzen, wenn der Automat an der Haltestelle *nachweislich* kaputt ist. Schilda, ick hör dir trapsen.

Wochenkarten		Monatskarten		Einzelfahrscheine mit Bonus für BahnCard-Inhaber	
Jedermann	Auszubildende	Jedermann	Auszubildende		Kinder von 6 bis unter 15 Jahren
Ab Donnerstag für die folgende Kalenderwoche		Flexibel ab gewünschtem Gültigkeitstag	Ab 25. für den folgenden Monat		
Kenn-Nummer		Kenn-Nummer		Kenn-Nummer	
612	812	682	862	122	132
614	814	684	864	122	132
602	802	672	852	122	132
603	803	673	853	123	133
604	804	674	854	124	134
605	805	675	855	125	135
606	806	676	856	126	136
607	807	677	857	127	137

Nicht jedermann ist Auszubildender.

Im Rahmen des Projekts MVG 2000 wurden dann die Straßenbahnen umbenannt in Stadtbahnen. Kurze, zweifellos laienhafte Frage: Wofür steht die Abkürzung S-Bahn? Wir werden es sicher noch erfahren, die MVV ist ja kommunikationsfreudig. Die Kreativen in ihrer Mitte haben auf dem Lindenhof folgenden Aushangtext kreiert: »Die Linie 7 fährt im Spätverkehr ab 20 Uhr nur noch bis Paradeplatz. Fahrgäste nach Vogelstang steigen am Hauptbahnhof in die Linie 5 um mit Anschluss am Nationaltheater zur Linie 7 nach Vogelstang.« Gehen Sie nicht über Los, gehen Sie in das Gefängnis, erst dann über Los und werfen Sie anschließend 4.000 Mark in die Luft.

Noch konsequenter verfuhr die OEG, im Volksmund Ögg. Seit etwa 1900 fuhr sie in MA-Weinheim-HD-MA in einem Kreis, der nie einer war, mit einem Kreisende an der Kurpfalzbrücke und dem anderen am Hauptbahnhof (in der Geometrie gibt's das nicht – der Beweis, dass Mannheim in der 4. Dimension liegt). In der Rekordzeit von nur 95 Jahren gelang es, diesen Kreis zu schließen, und das auch noch überraschend zweckmäßig am Hauptbahnhof. 95 Jahre? Phh, die Rom-Erbauer waren wesentlich lahmer. Und haben noch nicht mal Waben.

Diese Waben … Es ist nicht überliefert, ob sich eigens mehrere Stadtobere in Australien und China erfolgreiche Wabenprojekte vor Ort angesehen haben, wie sie das im Falle Spurbus gründlich vorexerziert haben. Tatsache ist, die Dinger spielen irgendeine mysteriöse Rolle, die ich in der Höhle des Löwen aus den Klauen des Tigers zu stehlen versuchte, will sagen, ich habe im Kundenzentrum der MVV oder MVG oder RNV oder VRN oder … (nach Belieben drei Buchstaben selbst einsetzen) nachgefragt bei einem Kundenberater. Und das geht so:

»Können Sie mir das System mit diesen Waben erklären? Ich blicke da nicht ganz durch.«

»Ja, ganz einfach: Das Gebiet ist in Waben aufgeteilt, weil es dadurch abgedeckt wird. Immer in Sechsecke, weil man damit eine Fläche schön abdecken kann. Und der Preis einer Wabe richtet sich danach, wie viele Waben man durchfährt. Mit jeder Wabe haben Sie eine Preisstufe. Sie müssen nach der Linie gucken, mit der Sie fahren.«

Der sehr bemühte Mann faltet einen Wabenplan des Verkehrsverbundes auseinander, der schon ein wenig angenagt ist, und deutet darauf herum.

»Wenn Sie zum Beispiel von hier, von der Wabe, hierhin fahren, eins – zwei – drei, da ist diese dritte –«

»Also von Mannheim nach Würzburg sind es dann …«

Ich fahre mit den Augen geschätzte 28 Waben ab.

»Ja gut, bis zur siebten Wabe wird nur gezählt. Ab der siebten Wabe ist es das Netz.«

»Verstehe. Die Wabennummer als solche ist eigentlich egal.«

War doch ganz leicht. Dachte ich.

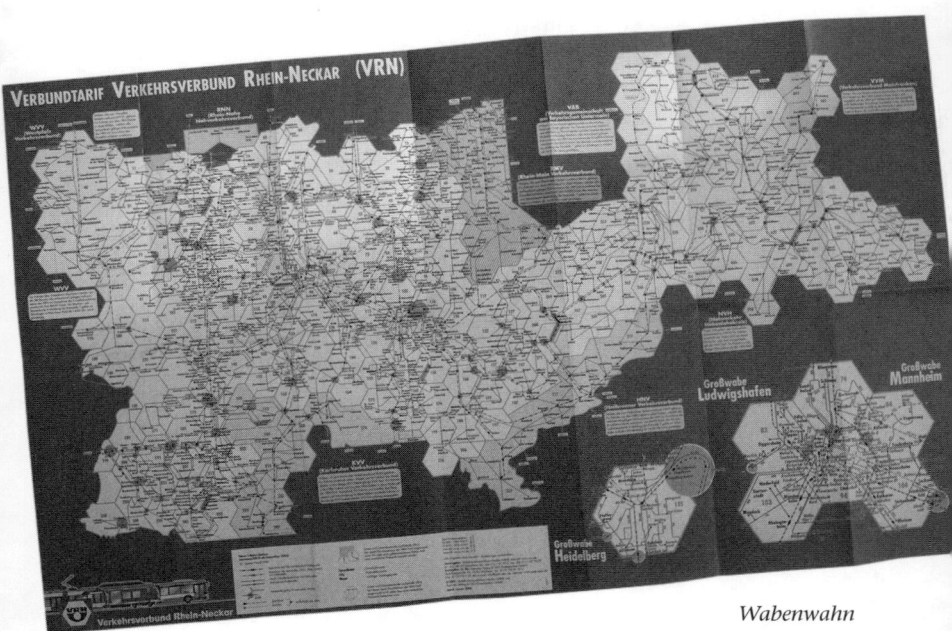

Wabenwahn

»Nicht unbedingt. Wenn Sie eine Monatskarte haben, schreiben wir die Wabennummern drauf. Zum Beispiel eine Monatskarte über vier Waben von Mannheim nach Heidelberg: eins – zwei – drei – vier, da werden genau diese vier Waben eingetragen, damit können Sie nicht da lang fahren oder hier lang, sondern müssen diese Strecke nehmen.«

»Ich könnte mir also zum Beispiel ein Ticket kaufen für 104 – 114 – 134?«

Ich fingere wahllos auf irgendwelche Waben.

»Wenn die Linie so fährt. 104 – 114 – hier … gut, dann müssten Sie praktisch, wenn Sie so fahren wollen, können Sie ja nur über die Altriper Fähre fahren.«

»Ach, ist die mit drin im Verkehrsverbund?«

»Ja, man muss ein bisschen was zuzahlen wegen äh … aber die ist mit drin. – Und, äh, dann hätten Sie 104 bis 114. Wenn Sie normal hier rumfahren über Rheingönheim, dann können Sie ja nicht hier rüber, dann müssen Sie also die und die mitbezahlen. Alle Waben, die Sie durchfahren, müssen Sie bezahlen.«

»Aha, ich verstehe.«

DU SOLLST NICHT LÜGEN!

»Der gelbe Bereich, das ist ein Einheitspreis, da kriegen Sie komplett Mannheim zum Preis von zwei Waben, oder alle beide, Mannheim und Ludwigshafen zum Preis von drei Waben. Aber nicht, wenn Sie rausfahren, dann zerfallen die Waben, dann müssen Sie wieder einzeln zählen.«

»Was ist hier dunkelgelb, und was hellgelb, ist das die Stadtgrenze?«

»Was heißt dunkelgelb? Neenee … wieso gelb, das ist alles … das ist halt verblasst. Das ist grün umrandet und gelb. – Wenn Sie jetzt irgendwo hinfahren wollen, müssen Sie nur auf den Wabenplan gucken. Bis zu sechs Waben sind Sie an die Waben gebunden. Ein Einzelfahrschein, den stempeln Sie ja in einer Richtung einmal ab, und in der Richtung müssen Sie weiterfahren. Sie können nicht hin und herfahren. Sie können nicht sagen, ich hab sechs Waben, ich fahr jetzt mal drei Waben dahin und drei Waben zurück oder so, das geht nicht. Einzelfahrscheine gehen nur in einer Fahrtrichtung. Mit Umsteigen.«

»Und die 24-Stundenkarte?«

»Die 24-Stundenkarte ist etwas anders geregelt. Die stempeln Sie zwar auch ab, aber da steht drauf drei, drei Waben. Oder vier – fünf, fünf Waben, oder sechs. Und da ist maßgeblich nur die Startwabe, Datum und Uhrzeit sowieso. Wenn Sie jetzt beispielsweise die Preisstufe drei hier abstempeln in der Stadtmitte, dann haben Sie die Wabe 94 auf dem Stempel drauf. Dann können Sie von der Startwabe ausgehend drei Waben weit fahren, eins – zwei – drei. Und zurück. Oder eins – zwei – drei und zurück. Oder: eins – zwei – drei und zurück. Wenn Sie sie hier abstempeln, geht's von hier aus. Wenn Sie hier 'ne drei abstempeln, kommen Sie bis Heidelberg … Von hier aus natürlich nicht! Maßgebend ist bei der 24-Stundenkarte die Startwabe – die Anzahl Waben können Sie dann in ALLEN Richtungen fahren.«

Jetzt emo was ganz anneres …

Strandbad²

1921 wurde das Strandbad genehmigt, dann fiel der Stadt auf, dass der Erste Weltkrieg ja Geld gekostet hat, 1925 wurde es endgültig beschlossen, und 1927 ohne Einweihungsfeier eingeweiht. Erst heute weiß man das kleine Juwel jenseits von Neckarau zu schätzen, denn Ludwigshafen hat so was nicht. Zumindest nicht so stadtnah.

Die Straßenbahnschienen führen vorbei am »Volkstümlichen Wassersport Mannheim e.V.« im Heinz-Hunsinger-Sommerbad. Sie dürfen, ja müssen aber weiterhin Stollenwörthweiher sagen, besser noch »Stolle«, denn sooo bekannt ist Herr Heinz Hunsinger noch nicht mal in Neckarau. Da das Wasser im Stolle regelmäßig kurz vorm Umkippen ist, fahre ich weiter zur »Endstelle« der Linie 7 und stehe vor der Option, auf das »Ruftaxi Linie J« zu hoffen oder eine Viertelstunde Spaziergang durch den beruhigenden Waldpark zu genießen, in dem heute noch der historische Trimm-dich-Pfad in memoriam Frank Elstner bestaunt werden kann.

Falls Sie über verschwenderisch viel Zeit verfügen und Interesse an Blindschleichen, Eidechsen und der »seltenen Wilden Rebe« hegen, können Sie den großen Bogen um das Naturschutzgebiet Reißinsel (das keine Insel ist) wandern, jedoch nur von Juli bis Februar, um keine brütenden oder kopulierenden Kriechtiere aufzuscheuchen.

Der Neckar ist dem Mannheimer angeblich emotional schon immer näher gewesen, die Alkalisalze aber machen Schwimmen zur Harakiri-Aktion und somit den Rhein zur prächtigen Alternative. Schon in Neckarau hatte ein Schild behauptet: »Strandbad-Parkplatz belegt«, doch hier parken weniger Autos, als jährlich in Hockenheim in die Absperrung brettern. Wenn Sie die Drehtür passiert haben, fällt Ihr Blick zunächst auf den Hinweis »Grillbereich« an der großen Wiese links, eine Einrichtung, der im O-Ton eines Einheimischen mit den Worten »Määnsch, isch hogg misch zu de Tüage?« gedankt wird.

Rechter Hand baumeln an rot-weißen Eisenstangen dicke durchhängende Ketten, das sind die »Tennisplätze«. Der »Biergarten« glänzt mit Plastikmobiliar im Rasen und ist bevölkert von Campingfreunden, die sich offensichtlich seit Jahren hier wiedertreffen.

Fürst Rainier und Gracia Patricia in glücklicheren Tagen (lebend)

Der Strand besteht aus Kies, und im Rhein kann man hier ganz gut schwimmen, sofern man den zeitweiligen Frachtschiffslalom wagt. Achten Sie mal darauf, in welche Richtung die Kieskähne tuckern … immer nach Süden, stimmt's? Selbst mit Publikumsjoker errät kein Mensch, dass der Rhein seit seiner Begradigung Jahr für Jahr Unmengen an Kies und Sand Richtung Mainz spült, der dann dort ausgebaggert wird und in Karlsruhe-Maxau wieder in den Fluss gekippt, der das Material gleichmütig wieder wegschwemmt, und das Spiel beginnt von vorne.

Und nun der Zankapfel: das Gebäude von 1928, ehemals mit Verkauf von Eis & Pommes & Ahoj-Brause in kleinen Läden im Erdgeschoss und mit einer breiten Freiterrasse im Obergeschoss inklusive Rhein-Panoramablick und dem unwiderstehlichen 30er Jahre Sommercharme von Adria light. Wenn Sie diese Zeilen lesen, kostet das Strandbad vielleicht schon Eintritt, sind die alten Bauten platt gewalzt, hat die energische Bürgerinitiative zur »Rettung« des Strandbades vielleicht schon verloren und die Eichbaum-Brauerei Besitz ergriffen vom »Mannheimer Lido«, wie das zuständige Lokalblatt schwärmt.

Die Mannheimer Oper

Das Publikum besteht vorwiegend aus Mamas und Mammas, deutschen oder ausländischen Kindern, die nach ihren Mamas und Mammas schreien, und den allgegenwärtigen Mannemer Rentnern, die auf die Hintern der Mamas und Mammas schielen. Bei der Kleidung der Rentner dominiert dieses Jahr die freche Kombination aus Socks & Sandals. Nebenan ein Kuriosum: ein Campingplatz. Campen in Mannheim klingt wie Skispringen in Kairo und ist es auch. »Unzureichende Sanitärausstattung« habe er laut ADAC Camping-Caravaning-Führer, zudem bestehe häufig

Hochwassergefahr, und damit drohe stets die Überflutung des Platzes. Vierzig Plätze für Dauercamper und nur fünfundzwanzig für Touristen liefern einen dezenten Hinweis auf die touristische Erschließung des Gebiets. Sonntags besteht die Möglichkeit, den »Ev Gottesdienst 9⁰⁰, Kath 10⁰⁰« zu besuchen, vorausgesetzt, man findet eine Kirche.

Ich werfe einen letzten Blick auf das ungewohnt grüne Ufer auf der LU-Seite und trete den Rückweg an, diesmal jedoch hält das »Ruftaxi Linie J« direkt vor meiner nun deutlich gebräunteren Nase. Der freundliche Fahrer begrüßt mich per Handschlag, denn außer mir fährt nur eine Quotenoma mit, die skeptisch mein Gespräch mit Fahrer Giovanni verfolgt.

»Isse langeweilig. Fahre alle zehn Minute. Wisse Sie, wie viele Leute heute mitte fahre? Zehn! Zehne Leute in fumfe Stunde. Gucke Sie, wie weit ist. Iche stelle Tacho. Aba kann jetz schon sage: genau 1.390 Meter. Für was fahre?« Das denke ich auch, als wir die vom Mars geplumpste Haltestelle Franzosenweg passieren. »Was soll iche mache de ganze Tag? Außer Radio Regeboge höre.« Das sind weiß Gott absolut unzumutbare, ja menschenfeindliche Arbeitsbedingungen.

Jetzt emo was ganz anneres ...

»Der Jäger aus Kurpfalz«
(Radio Edit)

1. Strophe: Ein Jäger schießt wahllos alles über den Haufen, was sich bewegt.
2. Strophe: Sattelt mein Pferd, damit ich hin und her reiten kann.
3. Strophe: Hubertus begegnete zufällig einer Achtzehnjährigen.
4. Strophe: Die Regierung weiß, dass dieser Jäger rumschießt wie ein Geistesgestörter.
5. Strophe: Er hat einem Hirsch die Hoden weggeschossen.
6. Strophe: Ich bleibe die ganze Nacht hier.
Refrain: Jagen ist geil!

Bei so viel Sex, Gewalt und geistiger Verwirrung wundert es keinen, dass das »hübsche Volkslied« vom Jäger aus Kurpfalz auch bei klingeltonwelt.de gelistet ist, allerdings nicht unter den »Topthemen«. Damals war der Jäger noch ein Topthema, 1975, in der Sternstunde Mannheims, als die Bundesgartenschau bevorstand und dieser komische Jäger wie ein Geist auftauchte und an allen Ecken und Enden die Stadt voll trötete, Flucht ausgeschlossen.

Partygag Pupskissen

Da die Stadt gelegentlich einsieht, dass sie zu lahm, zu entscheidungsunfreudig ist, beschloss sie bereits zwei Jahre vorher, dass man bestimmt zwei Jahre brauchen würde, um eine Art Maskottchen für die BGS zu finden. Zur allgemeinen Verblüffung verzichteten die Stadträte auf die Inkarnation des Blumepeters, denn wollte man jetzt, wo sicherlich die ganze Welt auf diese zwei Mannheimer Parks mit ihrem Grünzeug blickte, wollte man jetzt vor Tokio, New York und Sydney dastehen und sagen: Ja, der Blumepeter, so sind wir, das sind wir Mannheimer, wir machen schlechte Witze und enden alle in der Klapse? Also nahm man den Jäger. Es wurde ein Casting abgehalten, lange bevor das Wort überhaupt erfunden war – Mannem mal wieder vorne. Nach über zwei Jahren und rund achtzig Bewerbern war er gefunden: Fred Reibold, der »Jäger aus Kurpfalz«. Der Mann brachte die Voraussetzung mit, arbeitslos zu sein und Waldhorn blasen zu können. Prima, klatschten sich die Stadtoberen in die Hände, verpassten ihm ein Jägerkostüm und einen weißen Gaul. Alles im Lack, jetzt konnte es los – halt, stopp! Sie hatten die Rechnung ohne den Wirt gemacht, und der Wirt sitzt in L3,10. Das Finanzamt. Da wollte irgend so ein Spinner ein Gewerbe anmelden als »Jäger aus Kurpfalz«. Abgelehnt.

Später: Finanzamt, Dienstagmorgen 10.30 Uhr, Zeit fürs siebte Frühstück. Lärm auf der Straße, am besten das Ordnungsamt anrufen, oder besser gleich die Polizei. In allen Nachbarbüros werden plötzlich die Fenster geöffnet, also schauen wir auch mal raus. Ist es ein Vogel, ist es ein Geist? Mitnichten, da unten auf der Straße sitzt ein Geistesgestörter auf einem Pferd und bläst auf einem Waldhorn »Ein Jäger aus Kurpfalz«. Zusammen mit dreihundert anderen Kollegen schaut auch der Beamte Willi Wurstweber hinaus, versteht jetzt, wie der Antrag gemeint war und denkt nur, da hätte man gleich den Blumepeter nehmen können.

Gemeinsam ist den beiden Figuren, dass keiner so recht weiß, wieso sie in Mannheim als Symbol gelten. Was haben die beiden gemacht? Nun, der Jäger war entweder:

1. Casimir, voller Name Pfalzgraf Johann Casimir von Wittelsbach-Simmern. Ein agiler Politiker, der allerdings vor jeder Kabinettssitzung erst ein Dutzend Viecher wegmetzelte. Er heiratete die Schwester des Königs von Sachsen und brauchte für seinen Ritt von der Kurpfalz nach Sachsen mehrere Wochen, weil es unterwegs haufenweise Getier zu erschießen gab.

Oder er war

2. Erbförster Friedrich Wilhelm Utsch, derzeit tot. Begraben ist er in Auen. Und wenn Sie's wirklich wissen wollen: Bürgermeister Wilbert ist Utsch-Kenner und gibt bereitwillig Auskunft unter 06754/381

Herbst '75. Nun war endlich die aufregende BGS vorbei, die Waidmannskluft konnte wieder in die Mottenkiste, der Gaul zum Pferdemetzger im Jungbusch und Reibold zum Arbeitsa… neinnein, so nicht. Die Mannheimer fanden den »Sänger – Liedermacher – Geschichtenschreiber – Reiter« Reibold gut. Er bekam Anfragen, ob er nicht bei Jubiläen von Firmen, Privatpersonen oder Vorfahrtsschildern auftreten wollte. Die Stadt wusste nicht, was sie sagen sollte, und sagte: »Mach halt. Solang es uns nichts kostet.« So kam es, dass Reibold noch heute das Kostüm spazieren reitet, stets parat ist, wenn ein Mannheimer Bürgermeister einer Seniorin zum Erwerb ihrer dreißigsten Jahreskarte für den Luisenpark gratuliert oder natürlich am Stadtfest.

Sie werden das Figürchen wiedererkennen als Logo von Kurpfalz-Radio, logo; und auf den äußerst schmucken Aufklebern, die Loriot zur BGS gezeichnet hat. Keine Sorge, die Aufkleber sind keineswegs vergriffen, man hat 1975 so viele gedruckt, dass der Vorrat über dreißig Jahre später noch reicht, wirklich wahr. Aber wenn Ihnen das Original immer noch lieber, und Ihre WG-Partys unter einer gewissen Gleichförmigkeit leiden, können Sie den alten Reibold für rund 300 Euro pro Auftritt buchen. Wie Sie seine Schindmähre die Treppe hoch ins vierte Obergeschoss kriegen, ist Ihr Bier.

Jetzt emo was ganz anneres …

Verräterisches Augenzwinkern

Maimarkt²

Die größte Regionalausstellung der Bundesrepublik findet in Mannheim statt. Sollten Sie wissen, falls Sie mal einem amerikanischen Touristen begegnen, der Regionalausstellungen sammelt.

Für jedes M im Bild gibt's Bonuspunkte.

Der Maimarkt ist fast so oft umgezogen wie meine große Schwester. Er fing auf dem Marktplatz in G1 an und wuchs, man zog um auf den Paradeplatz und wuchs weiter. 1876 separierte man die Spaßabteilung des Maimarkts und verlegte sie auf den Alten Meßplatz, daher rührt heute noch die unbedingte Gleichzeitigkeit von Maimarkt und »Mess«, einen logischen Zusammenhang gibt es nicht. Aber der Maimarkt wuchs wieder und zog auf das Schlachthofgelände. Nach '45 ging's in den Rosengarten, dann wieder auf den Schlachthof, Ende der 50er schrumpfte der Maimarkt. Gab es doch nicht genügend Kuhkäufer in der Industriestadt? Man zog auf den attraktiven Friedensplatz, direkt an der AB nach Heidelberg, sodass kaum ein auswärtiger Maimarktbesucher auf die Idee kam, in die Stadt hineinzufahren.

Auch inhaltlich krempelte man das Konzept um, doch dazu später. Geld lockte, Geld aus den prallvollen baden-württembergischen Landeskassen. So wich man dem neuen Landesmuseum für Technik und Arbeit aus und zog endlich 1985 ins Mühlfeld, und Sie hätten damals mal einen Ur-Mannheimer fragen sollen, wo das liegt. Odenwald? Pfalz? Nein, im Nichts- und Niemandsland zwischen Autobahnabfahrt Neckarau, dem Autobahnkreuz Mannheim und einem Gewerbegebiet. Wer cool genug ist, kann auch auf dem nahen Flugplatz landen, um sich auf dem Maimarkt umzusehen, just for fun. Immerhin kann man nun den Maimarkt besuchen, ohne einen Schritt ins »Ghetto« hineintun zu müssen. Gottlob, denn bei 400.000 Besuchern müsste rechnerisch jeder der 300.000 Mannheimer 1 1/3 Besucher zur Übernachtung aufnehmen. »Maimarktbabys« würden gezeugt, es gäbe Sodom, es gäbe Gomorrha. Hmm, klingt gar nicht so übel.

Die Straßenbahnen und Busse sehen aus wie Rammböcke am Valentinstag mit ihrer Maimarktbeflaggung, den drei possierlichen Fähnchen wie Engelshörner auf dem Dach: je eines für Mannheim und Deutschland, und früher hatte noch Schwarz-Gelb für Baden-Württemberg einen Ehrenplatz, das nun der neuen blau-orangen Staatsfahne des Verkehrverbunds RNV weichen musste.

Wer hier sechs Euro Eintritt zahlt, gilt als Krösus und oder dumm. Maimarktkarten kriegt man »im Gschäft«, also vom Arbeitgeber oder von der Gewerkschaft und bei spendablen Tombolen »fer umme« (jaja, es heißt meist Tombolas, aber Tombolen ist erstens schöner und zweitens geht es auch, fahren Sie ruhig ins Wohlgelegen und fragen Sie nach). Dementsprechend sind die paar gelangweilten Kassierer in ihren Häuschen nur da, um freigiebig Lagepläne zu verteilen. Ihre Gedanken sind leicht zu lesen: Guck mal, der zahlt! Und bettelt nach keiner einzigen Ermäßigung. Sofort fühlt man sich als kompletter Alien.

Es ist Eröffnungstag, ein Samstag. Einige hundert unerklärlich geduldige Menschen erduldeten heute Morgen eine eineinhalbstündige Eröffnungsfeier mit Reden des Ministerpräsidenten, na-

türlich von OB Widder und »irgendääna vum Bauernverband«,
wie wir in Erfahrung bringen. Dann musste der baden-württem-
bergische Landesvater eine Maimarktpause einlegen, um in Ladenburg ein obskures »Grünprojekt« zu eröffnen. Was das sein
soll, will niemand wissen, denn Ladenburg ist außerhalb Mannheimer Gemarkung und somit »Ausland«; Luftlinie fünf Kilometer
von hier entfernt.

Farbenpracht auf Tram gebracht

Gleich hinter dem Eingangsbereich haben es sich die örtlichen Institutionen gemütlich gemacht: Stadtsparkasse, Polizei, Rotes Kreuz,
Feuerwehr ... Der Maimarkt ist eine Kleinstadt. Und er ist wie jede Kleinstadt: Hinterher weiß man nur noch den Namen und ob
die Bratwurst lecker oder unlecker war.

Die Straßen zwischen den Hallen tragen die Namen der ewigen Mannheimer Erfinder Lanz, Drais, Benz. Was Otto, Bugatti
und Daimler hier geleistet haben, bleibt unklar, aber mit Motoren
haben sie zu tun, ebenso wie die wichtigste Straße, direkt nach
dem Eingang liegt sie, die Mercedesstraße. Sollte dereinst der
Maimarkt vergrößert werden (oder zur Abwechslung umziehen),

hoffe ich auf ein Smartgässchen, die Sprinterallee und den Unimogweg.

Der erste Eindruck: Gartenzäune. Außerdem Garagentore, Gartentüren, Rollläden. Da wir momentan kein Häusle bauen, streben wir in die neue Halle der Region: Und wir sind richtig. Hier präsentiert sich die Kurpfalz, wie Lieschen Müller sie sehen will.

Zwei spacekrawattige Berater des Freundeskreis Planetarium e.V. vereinsamen an ihrem Stand mitsamt ihren Mitgliedsanträgen. Nebenan bei der MVV, der Mannheimer Verkehrs- und Versorgungs-GmbH, gibt's für einen Euro süße alkoholfreie, quietschebunt verzierte Cocktails, wahlweise MVV Power Cooler, MVV Maimarkt Delight und den MVV Energizer. Nur ein Euro? Da greifen wir zu (obwohl ja früher auf dem Maimarkt viel mehr kostenlos war, wie man sich immer wieder zuraunt). Ingredienzen wie Odina Indian Summer, Odina ACE Nektarine oder einfach Sweet & Sour lassen eine enge Kooperation des MVV-Messe-Caterers mit der ortsansässigen chemischen Industrie aus dem Linksrheinischen – zwinkerzwinker, na, Sie wissen schon, die Firma mit den vier Buchstaben – erahnen. Sollen wir eine Beschwerde-Mail schicken? Die MVV verlangt auf ihrer Stellwand, wir sollen »online auf dem Laufenden sein«, und wir vergrübeln uns bei der Vorstellung, wie das ein Verkehrsunternehmer meinen könnte.

Man guckt und geht immer dorthin, wo sich etwas bewegt, das ist im Moment links hinten in der Ecke. Das Landesmuseum lädt Halbwüchsige ein, in ein Drei-Achsen-Drehding zu steigen und sich auf dem Kopf und nach allen Seiten ordentlich durchschütteln zu lassen, Kotzen light. Direkt daneben hat der neu gegründete »Maimarktclub für Unternehmen« Mädchen angeheuert, die Seiltanz vorführen. In schwindelerregendem Tempo geht's fünf Meter weiter zur Rheinpfalz, der Zeitung aus der gleichnamigen Region, die jetzt, wie der Mannheimer Morgen seine morgencard, ihre Rheinpfalzcard hat, und wer das Wort buchstabieren oder seinen Namen schreiben kann, gewinnt ein Quad-Bike, Kotzen heavy.

»Die Architekten & Ingenieure« jubeln auf ihrem Maimarktflyer: »WIR SIND DABEI!« Sind sie auch, und zwar dabei, sich am Stand gegenseitig die Bedeutung ihrer Broschüre und den Grund ihrer Anwesenheit zu erläutern.

Ebenso unbeschäftigt preisen Mannheimer Parkhausbetreiber »Premium Parken« mit der Premium Karte: »Und so einfach geht's. * Premium Karte besorgen * Guthaben abparken * Vorteile nutzen«. Tipp vom Parkprofi: Falls Sie wider Erwarten Ihre Karte schon abgeparkt haben sollten, nutzen Sie doch einfach die Vorteile so.

Sogar Friedrich Schiller wird kurzerhand als Zwangswahlkurpfälzer eingemeindet und an einem Bücherstand verramscht. Was hältst du oben im Literatenhimmel davon, Friedrich? »Wenn unerträglich wird die Last – greift er hinauf getrosten Mutes in den Himmel und holt herunter seine ew'gen Rechte.« Merkt's euch, ihr Ständlemacher.

Bei den Planetariern gibt's mittlerweile viel zu tun. Man will wissen, was die kopernikanischen Globen kosten. Nur die Mitgliedsanträge stauben weiter vor sich hin.

Die RNV Rhein-Neckar-Verkehrs GmbH ist »Stark im Nahverkehr Rhein-Neckar« – hier gibt's auch die leckeren VRN Verkehrsverbund Rhein-Neckar-Äpfel, echt mit eingestanztem Logo. Und logo gratis.

Von so viel Region müssen wir eine Pause einlegen und pflanzen uns auf einen der begehrten Plätze auf einer Bank zwischen den Hallen. Neben uns ein Eisverkäufer, der bei 30 Grad das Geschäft des Jahrzehnts machen dürfte, hinter uns »Tore, Antriebe von P. Holla + Sohn, Worms«. Direkt in unserem Blickfeld zwischen »Sonderschauen, Dienstleistungen, Telekommunikation« und »Freizeit, Hobby, Sport, Maschinen und Werkzeuge«: Eine vollautomatische selbstfaltende Glasfaltwand faltet unablässig ihr Faltglas zur Glaswand. Der Stand ist noch nicht ganz fertig, und schwitzende Glasfaltwandverkäuferinnen zwischen runtergefallenen Prospekten hinter einer hyperaktiven Glasfaltwand rumkrauchen zu sehen, die einfach das Falten nicht lässt, ist ein Hochgenuss.

Die Frau neben mir auf der Bank äugt besorgt durch ihre Sonnenbrille herüber und knuspert ihr mitgebrachtes Brot an Tupperdose, während sie ihrem »Scheich« die neuesten Highlights aus der druckfrischen Maimarktzeitung zeigt. Vielleicht sollte man in aller Öffentlichkeit nicht mehrmals »selbstfaltende Glasfaltwand« laut sagen, denn das LKH Wiesloch ist nah. Bevor man uns abholt, entdecken wir Halle 26, »Sonderschauen, Dienstleistungen, Tele-kommunikation«. Was steckt dahinter? Wir mutmaßen als typische Sonderschau Tabledance, die älteste Dienstleistung – Prostitution – sowie Telefonsex und malen uns die Prospektslogans aus: »Rhein-Neckar-Dreieck – Der Beischlaf der Zukunft« oder »Stark im Nahverkehr – Rhein-Neckar«, vielleicht schelmisch »PuffMann-heim[2]«, und sind verwirrt durch den sich uns bietenden kruden Mix aus Rentenversicherungsträgern, der »Evang. Kirche Mann-heim u. Ludwigshafen«, Kabel BW und der brav Kulis verteilenden Bild am Sonntag. Und für diesen Käse muss der bemitleidenswerte Friedrich Schiller mit einem über dem Halleneingang angebrachten Zitat aus Wallenstein herhalten: »Es gibt im Menschen-leben Augenblicke, in denen er dem Weltgeist näher ist als sonst.« Wohlweislich unterschlagen hat man die Fortsetzung. »Und eine Frage hat an das Schicksal.«

Doch auch die StadtMannheim ist mit einer eigenen »Halle« vertreten, einer Bude mit zehn auf fünf Metern Fläche, ein paar In-foaufstellern und einem zu lauten »Stadtinformationsvideo«, das uns mit der aufrüttelnden Mitteilung konfrontiert, dass Mann-heim vor allem als Industriestadt bekannt ist. Könnte man nicht gratis an sechs Terminals im Internet surfen, hätten selbst die Stand-Hostessen längst das Weite gesucht.

Wir überspringen einen großen Teil des Geländes, das Deutsche FertighausCenter DFC sowie die Reit- und Dressuranlagen mit Ab-reitplatz 1 und Abreitplatz 2 für das angeblich hoch angesehene Maimarkt-Reitturnier, und betrachten gleich nebenan in den »Tier-schauen, Tierlehrschauen mit Tierkindergarten« genüsslich, wie Ziegen aus Langeweile die Tapete von der Wand fressen, und be-obachten einen Hengst, der nur durch ein Gatter von zwei Stuten getrennt ist und darob gewaltig erigiert schnaubt. Die Stuten sind zugegebenermaßen im hinteren Sattelbereich supersexy gebaut. Wer im früheren Leben selbst mal Hengst war, kann den Knaben nur zu gut verstehen.

So langsam nähern wir uns dem wahren Kern des Maimarkts: der Fresshalle. Offiziell heißt sie derzeit Schlemmerland, aber der Be-griff Fresshalle dürfte so alt sein wie die gleichnamige Gass. Die Temperatur siedet, die Menschen schwitzen, rempeln sanft, kaufen, kochen, knuspern, was das Zeug hält. Rohes und Gekochtes, feuchte überaromatisierte Hitze, es riecht intensiv bayrisch, asiatisch, schwarzwälderisch, pfälzisch. Und die Nahrungsmittel ebenso. Hierher kommt jeder Maimarktprofi, nachdem er sich wahlweise einen Elektrotacker zum Ausstellungspreis gekauft hat, ein paar Pflanzenkübel oder einfach neue Turnschuhe. Aber die Fresshalle ist ein Muss. Man hat keine Zeit für die Frage, welche Stände man sehen will, was probieren, welchen Honigwein nach Hause tragen (ein Tipp: holländische Poffertjes mit Puderzucker und Amaretto!), denn in nicht einmal zwei Minuten werden wir kommentarlos durch die Halle hindurch und hinten wieder hinausgeschoben. Was mag hier erst am Maimarktdienstag los sein. An diesem Tag, dem Finale des zehntägigen Maimarkts, der in Mannheim einen Status hat wie der Rosenmontag in Köln und in Kiel die Woche, geben zahlreiche Mannheimer Betriebe ihren Angestellten frei; vor einiger Zeit gab es vom Arbeitgeber sogar Maigeld, ein Taschengeld, um sich auf dem Maimarkt 'ne Wurst zu kaufen. Und genau das tun wir jetzt auch, kämpfen uns heldenhaft noch einmal vor, entreißen einem Allgäuer Wursthändler seine Ware, aber vor allem: stürmen zum ab-so-lut obligatorischen Stand mit Tüten voller Knabbergut, Chips, Salzstangen usw. und beschließen, frühestens in zehn Jahren wiederzukommen. Die Schutzheilige Joy Fleming bringt es auf den Punkt: »Nee, rumdabbe wie so e Arschloch mach isch nimme. Der Maimarkt is sowieso iwwerschätzt.«

Am Ausgang verabschiedet uns ein diätreifer Jäger aus Kurpfalz und Aufsichtspersonal, das sich keineswegs wundert, dass schon am frühen Nachmittag die Menschen in Strömen das Gelände wieder verlassen. Sie täten es ja selbst gern. Dennoch. Die meisten kommen zufrieden und verschwitzt heraus, beladen mit durchsichtigen Plastiktüten voller Nudeln, Blumen, Prospekten und immer wieder Chips. Cool.

Gehen Sie genau ein Mal hin und kaufen Sie wenigstens ein paar Chips, ansonsten wird sich Ihr persönliches Umfeld furchtbar quälen im Versuch, Ihnen zu beschreiben, was der Maimarkt ist. »Ja ... der Maimarkt ... da gibt's einfach alles.« Also nichts.

Jetzt emo was ganz anneres ...

Gudrun Kuch[2]

ist Stadträtin der Linken Liste in Mannheim, hat ihr Büro im Rathaus im Erdgeschoss links den Flur runter, neben der Mannheimer Liste und der Bunten Liste. Die Mannheimer sind listenreich.

Bis vor einigen Jahren saß ein gewisser Walter Ebert im Mannheimer Stadtrat, deutschlandweit der einzige Abgeordnete der DKP in so einer Funktion. Trotz seiner kommunistischen Überzeugung wurde seine kommunalpolitische Arbeit auch von den anderen Fraktionen geachtet, ein seltsames Kuriosum.

Eberts Nachfolgerin Frau Kuch erreichen Sie unter der Amtsnummer 293-9585, ihre Privatnummer steht im Internet. Als Paradiesvogel der Politik trägt frau schwarze Lederhosen, spitze weiße Lederschuhe, eine Sonnenbrille in den Haaren, irrsinnig lange Dreadlocks und ein Lächeln. Die gelernte Einzelhandelskauffrau und Bürokauffrau und medizinische Fußpflegerin hat nacheinander fünf Kinder bekommen, bevor sie in die Kommunalpolitik ging.

Verzweifeln Ihre Kinder nicht, dass sich die Mutter so was antut?

»Nö, im Gegenteil, meine Kinder haben mich schon immer unterstützt. Ich habe Krabbelgruppen geleitet, als meine Kinder noch ganz klein waren, damit hat alles angefangen. Bis dann endlich zum Sozialpass. Dadurch waren die Kinder immer mit am Ball. Eine meiner Töchter hat mich oft kräftig unterstützt bei Demos, und mein Sohn arbeitet hier im Büro mit.«

Groß ist es ja nicht.

»Klein, aber fein. Ich bin ein anspruchsloser Mensch. Die Hauptsache ist, ich habe ein Büro.«

Ja, klar, aber man könnte doch erwarten: Stadtrat, das ist so ein dicker Eichentisch.

»Hätte ich trotzdem nicht. Muss ich Ihnen ehrlich sagen.«

Aber ein Eichentisch fühlt sich schon kräftig an.

»Kann ich mir schon vorstellen und vielleicht auch mächtig, nicht?«

Ja eben, darum geht es ja. In welche Richtung würden Sie denn die Macht gerne ausüben?

»Ich sträube mich immer gegen das Wort Macht. Ich sehe, dass Macht etwas machen kann. Macht macht geil. Und wenn man eine gewisse Mehrheit hat, mit der man etwas bewegen kann, ist das auf jeden Fall sehr sinnvoll. Ja, aber diese Macht ist genau das hier (sie deutet um sich) ... ich schätze mal höchstens zwölf Quadratmeter.«

Zeit, das offizielle Büro der Frau Stadträtin abzuschreiten und zu vermessen. 2,5 mal 3,5 Meter, dafür ist der Raum sehr hoch. Das Fenster bietet einen nichts sagenden Blick auf den Parkplatz der Rathausbeschäftigten, ein Besucher kann nirgends anders hinschauen als auf die eigenen Schnürsenkel oder in das freundliche Gesicht von Gudrun Kuch.

Rathouse feat.
Ayn-Gang

Was würden Sie in der Stadt Mannheim am liebsten machen?

»Also, ich würde gucken, dass in der Stadt Mannheim ein ausgewogenes Verhältnis zwischen Wirtschaft und Sozialpolitik herrscht ...«

... nicht so phrasenhaft, ein bisschen konkreter.

»Gut, konkret, Schulhäuser, Jugendhäuser und die Kinderbetreuung, dass die Schulhäuser richtig renoviert sind ...«

Die Stadt hat kein Geld.

»Dann muss man es umverteilen, dazu gehört eine höhere Gewerbesteuer – dann sagen zwar viele: Oh, die hauen uns ab – die hauen uns wegen ein paar Peanuts von den Gewerbesteuern überhaupt nicht ab, das ist auch nur so ein vorgeschobenes Argument. Die Firma Roche hat 2004 freiwillig Gewerbesteuer bezahlt. Die waren sogar einer der Meistgebenden.«

Frau Kuch giert nach meiner Zigarette, die ich aber nicht hergebe, nie. Sie hat eh eigene, und wir teilen uns den kleinen braunen Plastik-Aschenbecher, der von McDonald's geborgt ist.

Was ist für die Stadt ein Aushängeschild, Eishockey?

»Mhm.«

Das, wo Mannheim national ...

»Ja, das gehört schon dazu.«

Die haben die Unterstützung der SAP.

»Schon, aber in welche Richtung? Erstens sitzt der Hopp nicht in Mannheim, der ist im Heidelberger Kreis angesiedelt. Dass die die unterstützen auf der einen Seite, das ist ja ganz in Ordnung. Das muss ja auch so sein, da gibt es nichts zu sagen.«

Die sagen: Wir tun was für Mannheim.

»Ja? Was tun sie denn? Die tun was für den MERC. Es gibt noch viel mehr, der MERC ist hier ja nicht der Einzige ...«

Bilfinger & Berger unterstützen das Nationaltheater. Die sagen auch: Wir tun was für Mannheim.

»Ja, was tun sie denn?«

Die geben Geld.

»Die geben Geld. Wenn ich aber sehe, dass das Nationaltheater vor einem halben Jahr einen Antrag gestellt hat über eine halbe Million, weil irgendeine Lichtmaschine kaputt ist, dann ist das nicht genügend. Daher ist das ja auch nur so ein Vorzeigeprojekt: Wir tun was. Effektivität hat es ja in diesem Sinne auch nicht.«

Ich frage Gudrun Kuch über Umwege nach einer meiner Lieblingsphantasien, der Städtefusion MA/LU. Vor kurzem wurde bekannt, die wollen in Ludwigshafen an den Autos die Nummernschilder in RP …

»Rheinpfalz.«

Wissen Sie, warum? Ich weiß es nicht.

»Ja, da sieht man mal. Und hier in Mannheim kam dann gleich die Gegenargumentation, dass man hier in Mannheim oder dem Rhein-Neckar-Kreis, dem Rhein-Neckar-Dreieck, dann auch ein neues Nummernschild machen sollte, RNK oder RND oder wie sie es nennen wollen. Aber das grenzt ja dann wieder an RP, und RND ab. Wir sind doch aber das Rhein-Neckar-Dreieck! Oder?«

In diesem Gespräch, in dem Frau Kuch und ich und uns schamlos gegenseitig verwirren und wahllose Themensprünge vornehmen, sagt sie einfach mal Hartz IV.

»Nehmen wir mal an, eine Hartz-IV-Empfängerin aus Ludwigshafen wird von ihrem Mann tätlich bedroht, die kommt entweder nach Mannheim rüber oder geht nach Lampertheim. Die bleibt auf jeden Fall nicht in LU. Jetzt fängt es an: Die Bundesländer untereinander streiten, welches dann der Ort ist, an dem das Arbeitslosengeld ausbezahlt wird. Der eine sagt, ja, wenn die jetzt in der Pfalz wohnt, dann muss die jetzt von der Pfalz bezahlt werden. Die Mannheimer wollen sie nicht aufnehmen.«

An der Wand pappt das verfremdete Etikett einer Biermarke. Statt »Eichbaum« steht darauf »Stoppt den Albtraum«. Und während ich von Kurpfälzer Muttermilch und Dietmar Hopp rede, spricht Gudrun vom Leiter des Sozialamtes, Hermann Genz, wie ich später unter Mühsal rekonstruiere.

»Den habe ich vor kurzem kennen gelernt beim Streik von der Eichbaum, und der hat jetzt die Kündigung ausgesprochen bekommen.«

Ja, darauf ist er stolz, dass er die Produktivität seiner Mitarbeiter in fünf Jahren verdoppelt hat.

»Beim Bier … oder was?«

Ja, ja, wir reden doch von Eichbaum, oder nicht?

»Soll das irgendwie gezielt sein?«

Nein, nein, das ist wohl wahr, betriebswirtschaftlich ist das wohl überfliegermäßig. Es wird ihm wohl vorgeworfen, jemanden bedroht zu haben … – Das Interview ist mir vollkommen entglitten. Was fasel ich da? Wen um alles in der Welt bedroht der Mann?

»Ich habe den Mann persönlich kennen gelernt. Die haben sich natürlich sehr dafür eingesetzt – und das mit diesen Streikbrechern … ach Gott, das haben die gar nicht so …«

Können Sie für so einen Aufkleber eine Klage kriegen »Stoppt den Albtraum?«

»Ich habe es in meinem Büro hängen. Ich wollte es gestern erst noch draußen an die Türe … aber ich habe das so geschickt bekommen. Und das geht ja schon in Ordnung. Das geht ja schon den ganzen Streik so.«

Und da wir schon wieder von was anderem redeten … Der große Bogen, Mannheim vor der Geschichte: Wie hat sich die Stadt entwickelt in den letzten zwanzig Jahren?

»In den letzten zwanzig Jahren? Also, in den letzten zehn Jahren würde ich sagen, hat sich die Entwicklung in dem Bezug verschlechtert, dass die Schieflage immer schräger geworden ist.«

Gut, das ist aber ein bundesweites Phänomen.

»Nein, wenn Sie mal überlegen …«

Doch, doch die Sozialschere ist überall …

»… ja, schon, aber wenn man mal überlegt, wir haben ein neues Dach am Bahnhof gebaut bekommen. Und das Dach, das war doch dem Widder sein Ding. Und wenn ich dann noch überlege, das Sparkassenspektakel, das habe ich damals nur am Rande mitgekriegt, und das ging ja dann weiter. Und dann geht es weiter mit dem Rosengarten. Und was noch alles so in den Sand gesetzt wurde. Wenn man auf der anderen Seite sieht, dass die in zehn Jahren die Schulen so verfallen gelassen haben, sich nicht dafür eingesetzt haben. Das schreibt sogar der Mannheimer Morgen mittlerweile … Ja, dann kann man nicht sagen, dass sich die Politik in Mannheim hier zum Positiven entwickelt hat. Jetzt wollte ich noch etwas anderes sagen …«

Ich verliere auch dauernd meinen Faden.

»Jo, ich schäme mich deswegen auch nicht. – Dann kommen die Leute in die Beratungsstelle: Mein Kind braucht Hilfe. Weil kein Geld da ist, um die Schule zu finanzieren. Und dann hängt es hintendran und wird als schwer erziehbar oder sonst etwas deklariert.

Der ganze Rattenschwanz, der da hintenraus entsteht, damit hat sich die Stadt keinen Gefallen getan.«

Wenigstens sollte die Stadträtin den Rosengarten-Neubau begrüßen, tut aber einen Teufel.

»Das McKinsey-Gutachten sagt klipp und klar, dass das Kongresszentrum, so wie es jetzt ist, sich wirtschaftlich genauso rentiert, wie wenn die Erweiterung kommt. Das Gutachten sagt: Der Schwerpunkt hätte mehr darauf gelenkt werden sollen, wenn nicht ausgebaut wird, dass eben mehr Musikveranstaltungen stattfinden sollten. Ich gehe als Bürgerin sehr gerne in Konzerte. Aber hier in Mannheim ist so tote Hose – oder man kann es sich finanziell überhaupt nicht leisten.«

Nahtlos kommen wir über den SV Waldhof und Mannheimer Neonazis auf ihre Haare zu sprechen.

Wie lange sind denn Ihre Haare?

»Meine Haare? Bis in die Kniekehlen.«

Gemessen?

»Ein Meter, Meter zehn ungefähr.«

Von Haaren zu haariger Wohngegend …

»Ich wohne in der Gartenstadt, ich nenne es immer die Bronx, am Alsenweg. Ich wohne also genau an einem sozialen Brennpunkt. Es gab eine Verlagerung von der Schönau. Es wurden viele Bewohner von der Schönau ausgesiedelt, und die haben sie rüber in den Alsenweg gesetzt.«

Das ist aber traditionell eine Problemgegend.

»Jaja. Wobei es hier also sehr gemäßigt ist, die Leute machen das nicht großartig öffentlich. Die fallen halt auf durch ihr sehr unangenehmes Verhalten. Die machen zum Beispiel die Musik nachts um drei so laut, dass wir es drüben im anderen Haus hören. Und wenn dann der türkische Mitbewohner oben aus dem 3. Stock ruft: Bitte mach deine Musik leiser, mein Kind muss schlafen, und untendrunter wohnen zwei alte Leute. Dann rennt der Nazi mit dem Schwert rum und meint, er müsste sie alle umbügeln.«

Mit dem Schwert?

»Ja, mit dem Schwert! Der ist dann aber auch von der Polizei geholt worden. So fallen diese Leute einfach auf. Die sagen jetzt nicht: Ich bin Nazi. Aber man sieht es, wenn sie die 666 im Genick tätowiert haben, das Hakenkreuz auf dem Arm usw.«

Welche lokalen Medien sind Ihnen gegenüber offen?

»Uns gegenüber? Der Bermuda-Funk.«

Das ist klar, aber davon mal abgesehen?

»Die kommen öfter mal auf uns zu, weil ich Hartz-IV-Betroffene bin. Da gab es schon verschiedene Interviews. Solange das meine persönliche Situation betroffen hat, wurde es auch immer ausgestrahlt, wenn ich aber dazu meine politische Meinung sagte, die wurde nicht ausgestrahlt.«

Sie bekommen Bezüge von der Stadt Mannheim als gewählte Stadträtin und gleichzeitig Hartz IV? Nein!

»Doch, doch. Ich bin seit Januar arbeitslos. Die Aufwandsentschädigung darf nicht angerechnet werden und das ist mein großes Glück ...«

Sie schwimmen ja in Geld!

»Schön wär's! Ich bekomme vom ALG II 622 Euro für sieben Personen. Wenn das Schwimmen heißt, wäre ich wohl gerade am Versinken. Ich kann wirklich von Glück reden. Aber dann muss ich wieder an diese Leute denken, die eben nicht in meiner Position sind. Daher ist es gut, dass eine Frau wie ich auch Politik mitbestimmt ... es zumindest versucht.«

Und wie läuft das beim Bermuda-Funk?

»Ich gehe auf die zu und sage: Hört mal zu, ich habe hier ein Thema, wie damals der Sozialpass oder MVV oder so. Kann ich bei euch irgendwo in der Sendung einen Beitrag bringen. Dann gehe ich dahin, zum Teil kann ich es selbst gestalten, ich bringe meine Musik mit ...«

Ach, so rum ist das?!

»Ja, dann bringe ich meinen Beitrag, oder er fragt mich etwas, der Flo.«

Das kann der Widder nicht!

»Der hat aber andere Plattformen. Wenn er seine Kreativität einbringen würde, könnte er das sogar im RNF machen. Das kann ich nicht. Aber ich würde ja gerne.«

Sind hier drinnen Wanzen?

»Das ist mir egal. Vielleicht hören sie es, vielleicht auch nicht. Ich habe nichts zu verbergen.«

Sie wären da schon die Erste im Hause, die jetzt abhörungswert ist.

»Von mir aus.«
Jetzt emo was ganz anneres …

Linie B²

Sie können eine offizielle Stadtrundfahrt machen oder für läppische zwei Euro im regulären Bus all die Ghettos, Industriebrachen und Stinkkanäle abfahren, die das wahre Mannheim ausmachen. Was für Dangerfreaks.

Busendhaltestelle mit Wendeschleife Neckarau West. Wie heißt denn dieser komische Platz hier, der keiner ist, weil in seiner Mitte ein Hügel thront? Ich gehe meiner Lieblingsbeschäftigung nach und behellige zwei ältere Damen.

Außen hui, innen hui-ui-ui

»Ich kenn mich hier auch nicht aus. Ich fahr ja normal immer nur bis zum Bahnhof« – »Bahnhof?«, wundert sich die andere. Und die Erste: »Äääh, Bahnhof … Friedhof!« – »Friedhof«, nickt die andere. Sie steigen genau wie ich in die Buslinie B und bemerken genau wie ich, wie dörflich Neckarau sich gibt. Man hat eigens am Straßenrand einen Erdbeerverkaufssechseckholzstand errichtet, er ist leer. Auch etwas weiter in Rosi's Steh-Café ist um diese Tageszeit noch nichts los. Schon verlassen wir Neckarau, rechts geht's zum Hallenbad am Großkraftwerk und zur Rheinfähre Altrip.

Wir erreichen den Friedhof, aber die Damen steigen nicht aus! Ich habe gleich vermutet, dass hier etwas faul ist. Der Bus passiert einen »High-Tech-Park«, der aus Hornbach, Conrad Electronic, Mediamarkt und Auto-Teile-Unger besteht. Eine platte Tarnung, durch die ich mich keineswegs bluffen lasse. Hier steckt mehr dahinter. Auf der autobahnartigen B38a lassen wir den Rangierbahnhof, der von sich behauptet, der zweitgrößte des Landes zu sein, rechts liegen, ebenso die SAP-Arena, die auf manchen Schildern auch Mannheim-Arena heißt, ganz klar eine gezielte Verwirrungstaktik.

»Rangierbahnhof: Umsteigemöglichkeit zum Nahverkehr der Deutschen Bahn AG«, tönt es verlockend aus dem Lautsprecher. Moment mal, das ist doch ein Güterbahnhof, sollen wir etwa umgeladen werden wie Vieh? Plötzlich fährt der Bus in eine Art Feldweg, steht das B in Linie B doch für Begräbnis? Ein Kipplaster kippt Schutt und versperrt uns allzu offensichtlich den Weg. Unverrichteter Dinge cruisen wir um eine Baustelle, wieder auf die B38a … da! Ein anderer Bus der Linie B überholt uns! Panisch will jemand aus unserem Bus aussteigen, das »Wagen hält«-Zeichen leuchtet, aber wo wird er halten? Am Flughafen! Einige Schüler entkommen in letzter Sekunde. Durch einen zähen Greisverkehr, ähm … Kreisverkehr pflügen wir Richtung Feudenheim.

Der Fernsehturm rückt ins Blickfeld über den hohen Pappeln der Maulbeerinsel: Aber natürlich, von da oben aus haben sie uns schon die ganze Zeit beobachtet! Aber wer sind sie? Der Stau wird dicker. »Do steht alles.« – »Feierobnd.« Die Rentner nebenan versuchen mich einzulullen. »Radarkontrolle«, kündet ein

Kampfpanzer Leopard 1A5 löst Marder ab.

Schild am Aubuckel; sie geben sich nicht die Mühe, sich zu tarnen. Die Verhüllung der US-Kaserne besteht sogar nur aus grünen Lamellen, die in einen Zaun eingewoben sind – kläglich, Kreisklasseniveau. »Werksausfahrt« behauptet ein Schild in Käfertal-Süd, wieder so ein Wohn/Gewerbegemisch. Am Käfertal Bahnhof kann man die Stadt, ja, das Land verlassen. Die Highways führen nach Heddesheim, Viernheim, Weinheim. Bei der Firma Alstom (ex-ABB, ex-BBC) haben Widerständler mit gewaltigen Lettern das Wort »Widerstand« in großer Höhe an die Wand geklebt. Mittlerweile habe ich die Orientierung verloren. Ist das Käfertal-Süd, Waldhof-Ost, Wohlgelegen-Nord oder Herzogenried-City? Da reißt mich ein aggressives Schild aus meinen Gedanken. »Alles geht zu Bruch« – angeblich ein Getränke-Abholmarkt namens »Bruch« – Entschuldigung, würden Sie das glauben?

Mehrere Händler von Saab, Opel, Ford provozieren den Platz-
hirschen Mercedes. Und schon erreichen wir die Baracken. »Fri-
scher Sinn«, lese ich – hier sind ausgefuchste Ideologen am Werk.
»Grüner Winkel« ist eine Sackgasse, kein Wunder. »Frohe Arbeit«,
höhnt der Ansager und kann nur, MUSS mich meinen. Und tritt
nach: »Zäher Wille!«

Wir schleichen uns hinter den Mercedes-Werken vorbei, kurven
ostentativ um den Taunusplatz, klar, von Ford lanciert. An einem
Ladengeschäft prangt die Inschrift www.Charles-Art.de ... Charles
Art? Ein Künstler, der Art heißt? Fast alle Bilder des Mannes mit dem
Megamannheimer Vornamen – de Karl – sind blau und tragen einen Silberstern. Ich sehe es, und doch spielt sich die reinste Tru-
man-Show vor meinen Augen ab! Ein bärtiger Sandalenträger mit
Tirolerhut setzt sich auf den Schwerbehindertensitz schräg vor mir –
wie plump. Kaum auf der Schönau angekommen, streifen wir einen
hochgradig dubiosen »2nd Hand Pkw«-Dealer. Und all diese herzi-
gen Häuschen mit Vorgärtchen – das soll das berüchtigte Ghetto
Schönau sein? Der Tirolerhut steigt aus, will wohl nach Luzenberg
umsteigen, klarer Fall, er sagt seinen Auftraggebern Bescheid, die
im Café Landes sitzen. Wir biegen um die Ecke von Akin Supermarkt
(auf englisch heißt »akin« blutsverwandt!). An dessen Seitenwand
gaukelt ein nicht zu übersehendes Graffito ein »Kulturzentrum
Mannheim-Nord« vor samt schlecht getarnter Firmenlogos – verdammt, die stecken ALLE unter einer Decke. Im vorgeblichen Recyclinghof haben unbekannte Täter in der Nacht Geranien vor die
Bürocontainerfenster gestellt – und niemand tut etwas dagegen!
Gleich daneben: »ANGEL SPORT VEREIN S HEIM«; ich verstehe kein
Wort, es muss sich um eine ausgeklügelte Geheimsprache handeln.
Fast, fast ist's geschafft. Die Sandhofener Ortsgrenze ist erreicht,
aber noch nicht die »Endstelle«. Die SCA stinkt über den Acker, eine als Kirche getarnte Raketenabschussrampe steht scheinbar un-
schuldig in der Elstergasse, und »zufällig« ist hier Sperrmüll. Wir biegen in die Spinnereistraße und sind da. Nach einem kleinen Fußmarsch stehe ich vor dem Imbiss »Kumm roi«. Ich betrete den
abgedunkelten Raum, ziehe zur Sicherheit noch mal den zusam-
mengeknüllten Zettel aus meiner Hosentasche und zeige ihn dem
Eigentümer. »Do sin Se verkehrt. Des hier is ›Kumm roi‹. Was Sie suche, is ›Dapp Noi‹. Do misse Se nach Neggaraa, mit der Linie B!«

PS: Verbürgt ist das Missverständnis einer Zugereisten, die annahm, dass es sich bei ›Dapp Noi‹ um ein China-Restaurant handele.

Jetzt emo was ganz anneres …

Pop²

Bevor Anfang der 90er die Popkomm, die erste deutsche Messe der Popbranche, in die Kölner Messehallen einzog, hatte man folgende Überlegungen angestellt: Erstens gab es eine lokale Musikszene, zweitens mehrere Fernsehsender vor Ort, darunter das gerade erstarkende RTL, drittens fand sich mit der EMI Electrola eine der Major-Plattenfirmen vor der Haustür, alle anderen großen Labels unterhielten wenigstens Präsenzbüros. Wie sieht nun die Rechnung aus, wenn Mannheim zur Popstadt wird?

Auch wenn Joy Fleming es recht gnadenlos ausdrückt, hat sie Recht, wenn sie sagt, dass die Welt keine hundert Xavier-Naidoo-Imitatoren braucht, und nur um ihn kreist das Geschehen. Was die Branche betrifft: Mannheim ist keine Medienstadt, verfügt weder über eine überregionale Tageszeitung noch einen nationalen Sender, keine großen Labels, hat auch einfach nicht den Bodensatz, die Clublandschaft für Live-Auftritte. Wenn man nun die ganze Region hinzunimmt, wird der Faktor Pop pro Einwohner sogar noch kleiner.

Geglänzt hat Mannheim lediglich zur Hoch-Zeit von Techno und Drum 'n' Bass, völlig ohne Zutun der Gemeinde oder gar des Bundeslandes. Diese Welle ist verebbt, es bleibt in der Stadt nur der Einzelkünstler Naidoo, und dennoch wurde ausgerechnet hier die Popakademie gegründet, findet hier seit der Jahrtausendwende das »Branchenmeeting« der Popindustrie statt.

In Spitzenzeiten hatte die Kölner Popkomm 14.000 akkreditierte Branchenbesucher aus wortwörtlich aller Welt, die Mannheimer Veranstaltung hingegen könnte auch in der Volkshochschule Worms stattfinden. Vom Musikpark aus können Sie Ludwigshafen in wenigen Minuten per Fuß erreichen, eingebunden in das Pop-

Gesamtprojekt sind die Pfälzer dennoch nicht, das Geld kommt aus dem 135 km entfernten Stuttgart – Rhein-Neckar-Dilettantismus von provinziell veranlagten Handlungsträgern, wie man ihn kennt. Musiker aber, die talentiert sind, die den großen Hunger nach Bühne und Erfolg haben, denen die Lunge und die Leber brennen, werden sich immer durchsetzen, werden nie die Geduld vor der Zeit verlieren; da mag eine Popakademie es den guten Leuten vereinfachen, sie wird aber zwangsläufig auch Freizeitmusiker hochspülen und somit öffentliches Geld und Zeit verschwenden. Fragen Sie mal in München oder Hannover, wer schon mal von der Mannheimer Popakademie gehört hat. Sie werden staunen, sollten es aber nicht.

Kleinteile nicht zum Verschlucken geeignet. Von Kleinkindern fernhalten!

»Alleine sind wir von Ihrer Branche zu weit weg«, spricht der Ministerpräsident Oettinger auf dem Branchenmeeting den Journalisten in die Notizblöcke. Die Landespolitik sei auf den Rat der Fachleute angewiesen. OB Widder seinerseits möchte eine Brücke schlagen von »der Mannheimer Schule bis zum Pop« und behauptet, als stellvertretender Aufsichtsratsvorsitzender gedanklich an dem Thema zu arbeiten. Schön, nur wer braucht das? Immerhin gibt Widder zu: »Ich kann fachlich nichts dazu beitragen.« Und er weiß, »dass das der große Wunsch ist, dass man doch möglich macht, egal wie groß dieser Spannungsbogen ist, der dann in dieser Stadt, zu dieser Stadt, der zur Tradition dieser Stadt und vor allen Dingen zur Gegenwart dieser Stadt gehört.« Rhabarber, Rhabarber, Kandelaber.

Womöglich erleben wir gerade den Paradigmenwechsel: Fernseh-Tanzballetts sind bereits tot, Big Bands von öffentlich-rechtlichen Radiosendern weder finanzierbar noch zeitgemäß, also auch tot. Vielleicht krepieren als Letzte endlich die städtischen Symphonieorchester. Und alle diese werden ersetzt durch städtisch-kommunalen Pop. Wir kondolieren diesem jetzt schon. Was Bohlen noch nicht ganz geschafft hat, wird solchen Einrichtungen sicher gelingen. Wie ein Ministerpräsident denkt, sagt er selbst am besten in seiner unverwechselbaren, schwäbisch-vernuschelten Art: Baden-Württemberg »muss den Ehrgeiz haben, in allen Branchen dabei, und nicht nur durch Import von anderen, angedient zu sein. In der Filmbranche, in der Medienbranche und damit auch in der Musikbranche besteht die Gefahr, dass Nordamerika, weiterhin Italien, London und Paris und aufkommend Asien eine ganz starke Rolle spielen. Und diese Übernahmefrequenz und diese Übernahme von Produkten aus diesen Standorten ist im Wettbewerb legitim, aber andererseits für unseren Standort eine Gefahr und für Arbeitsplätze für uns eine Herausforderung.«

Wir halten fest: 1. Günni Oettinger ist ein Protektionist reinsten Wassers. 2. Musik ist für ihn das Gleiche wie Mercedes-Ersatzteile, nur anders geformt. 3. Ein Sprachkurs »Deutsch für Ausländer« würde wahre Wunder wirken.

Das Strandgut im obersten Stock des Musikparks ist gut gefüllt, am Klavier singt eine junge Musikerin soften Jazz und Soul, wie er einem Hotelfoyer durchaus angemessen wäre. Die Frau ist professionell, stimmstark und obendrein attraktiv. Maria Blatz ist ihr Name, der jeden Musikmanager reflexartig nach Alternativen suchen lässt, und sie studiert an der Popakademie mit den Hauptfächern Songwriting und Gesang, im Nebenfach Klavier. Sie ist aus einem hessischen Wurstkaff nach Mannheim, »für mich der Goldene Westen«, gezogen, um eine Band um sich zu scharen, sagt, dass sie tatsächlich von technisch versierten Leuten umringt sei. Und sie hat das erklärte Ziel, in die Top Ten zu kommen. Mit Hilfe von drei Jahren Bafög – die Studiengebühr wird ihr erlassen – wird sie in Bälde einen Abschluss machen als »Bachelor of Arts Baden-Württemberg«. Obwohl sie im vierten Semester ist, hat sich noch kein einziges Label bei ihr gemeldet, trotz Praktika in Musikverlagen und bei Managements. Doch Maria hat einen großen Vorteil: Sie hat nichts erwartet und ist daher nicht enttäuscht. Ihr erklärtes erstes Ziel war, an der Popakademie Kontakte zu machen, und immerhin kennt sie Xavier jetzt.

Hier im Strandgut verdient sie alle zwei Wochen am Piano 150 Euro, für eine Studentin eine hübsche Summe. Nur hat sie sich angewöhnt, ihr eigenes Keyboard mitzubringen, denn das hauseigene Instrument ist verstimmt. Eine traurige Geschichte? Falls Sie einen A&R-Manager eines großen Labels aus München, Hamburg oder Berlin kennen, schicken Sie ihn doch mal nach Mannheim – zufällig kommt er sicher nicht im Jungbusch vorbei –, dann hat die tapfere Dame mit dem Namen Maria Blatz vielleicht doch eine Chance, die hinter vorgehaltener Hand zugibt, bei ihrem prominentesten Lehrer gar nichts gelernt zu haben – ein Zeichen ihres Könnens und ihres Mutes. Und sagen Sie dem A&R-Heini, sie sieht wirklich sehr gut aus, das zieht immer.

Hach, und weil's so schön war, noch eine kleine Zugabe vom Support-Act Oettinger: »Wir wollen, dass nicht nur für Kurpfälzer und Süddeutsche, sondern in ganz Deutschland und Europa Mannheim ein Magnet für gute Ausbildung, für spannende Jahre, und die Stadt und Region auch für eine tolle freie Zeit während des Studiums werden kann.« Applaus und raus.

Jetzt emo was ganz anneres …

Chaos² Mannheim

Klötzchenschieber, Langweiler, Pfeifenraucher, Altherrensportler – wenn es Sportler mit einem bleiernen Image gibt, sind es die Schachspieler. Häufig zu Recht, sind die Schachvereine doch von Heerscharen Beamter, Rentner und dickleibiger Pilstrinker bevölkert. Doch ein kleiner Verein in einem kleinen Mannheimer Quadrat leistet hartnäckig Widerstand gegen die dem Spiel scheinbar immanente Langeweile. »SK Chaos Mannheim« wurde 1987 von einer winzigen Schar Heavy Metal hörender Überzeugungstrinker gegründet. Der Badische Schachverband teilte umgehend mit, dass es mit diesem Namen Probleme geben werde. In Anlehnung an die Muse des Schachspiels, Caissa, änderten die Chaoten ihren Namen nach einigen Diskussionen in »SK Caosso Mannheim«, was die Verbandsfunktionäre »als humoristischen Beitrag« interpretierten und akzeptierten.

Gardez!

1991 schließlich drückten die Schach-Chaoten ihren ursprünglichen Wunschnamen doch durch, nicht ohne dem Verband ein ausführliches Pamphlet über den Begriff »Chaos« in Mythologie, Geschichte und Philosophie sowie die besondere Bedeutung von Chaos im Schachspiel beizulegen: »In der Analogie zur mythologischen und philosophischen Bedeutung von Chaos soll unser Schachclub eine Quelle sein, aus der sich immer neue Ideen und Taten entwickeln können«, und sie beziehen sich dabei auf Paracelsus, C.G. Jung, Schlegel, Schelling und Nietzsche. Dieser humanistische Hintergrund überrascht angesichts einer Geisterbahngestalt wie dem Gründungsmitglied Andreas Bäuschlein. Fettige spaghettidünne Dackelhaare, ein Gesicht, das zweifellos schon bei der Geburt verprügelt wurde, schief stehende Zähne, schlaksige Figur, Kleidung aus den Mülltonnen der 80er Jahre und immer nur eine Hand frei, sonst würde das Weizenbierglas ja runterfallen. Er gehört trotz und auch wegen seines sympathisch rattenhaften Äußeren zu den Topspielern, die mit zwei Herrenteams immerhin in der Verbandsliga antreten. Als ich Bäuschlein nach meinem Besuch des Vereins eine Weile später nachts an der Theke antraf, krächzte er mir auf eine Frage nach einem Turnierergebnis unter Einwirkung von rund 2,5 Promille entgegen: »Alter, ddu muss mmal Slayer hörn!«

Zu Beginn sollte Chaos ein reiner Männerclub sein, bis man feststellte, dass es auch Damen, nein, Frauen gibt, die den vereinstypischen Triathlon aus Saufen, Headbangen und Schachspielen mühelos beherrschen. Insbesondere in letzterer Disziplin haben es die Chaotinnen 2004 bis in die 1. Bundesliga geschafft! Wie in Mannheim so Sitte, fand sich kein Sponsor, der über ausreichend Intelligenz verfügte, um zu erkennen, dass man mit der Kombination aus Quadratestadt im Schachbrettmuster und dem Denksportkampf Renommee erlangen könnte. So begnügt sich der Club heute mit der Unterstützung des Pfälzer Bierbrauers Bischoff, der denn auch gleich die Vereinsgaststätte Uni-Club in L4, 11 beliefert. Falls Sie den Uni-Club nicht kennen: Man hat circa 1979 ein paar Stühle und Tische an die Decke (!) genagelt und damit die Renovierungsarbeiten bewenden lassen. Die Spaghetti Bolognese ist auch heute noch ein Berg Essen, der einen tagelang satt macht, und im Nebenraum, dem eigentlichen Spielzimmer des

Ruhe vor dem Turm (2)

Vereins, pappt ein Zettel an der Wand, der zum »Rudi-Dutschke-Saal« weist.

Im Gegensatz zu einem handelsüblichen Schachclub wird hier nicht die vier bis fünf Stunden lange Marathonpartie gespielt, sondern Blitzschach, bei dem jeder Spieler in fünf Minuten die Partie absolvieren muss, was den handfesten Sitten des SK Chaos entgegenkommt, die bei offiziellen Turnieren auch schon mal zu Turnierverbot führt, denn das Herumwerfen von Figuren stößt in konservativen Kreisen auf Unverständnis: »Schon mehrmals haben Sie durch Störung der Turnierruhe sowie durch übermäßigen Alkoholkonsum eine Reihe von Protesten und Beschwerden verursacht. Das werden wir aus Rücksicht auf die anderen Turnierteilnehmer nicht mehr länger dulden und erteilen Ihnen Turnierverbot.« Dementsprechend präsentiert sich der SK Chaos auf seiner Website mit einem Teufelskopf als Logo. Internetlinks der Vereinshomepage und seiner Mitglieder führen zu einem Gitarrenbauer für »Zerberus-Äxte«, zu einer »Oralsex-Etiquette für Männer«, zu AA (Anonyme Alkoholiker), BB (Brigitte Bardot) und freilich CCC

(Chaos Computer Club). Und natürlich finden sich Fotos von Partien der prominentesten Mitglieder, den Musikern der finnischen Gothic Rocker HIM. Chaos-Mitglied Christian Glaub hatte sie für eine Zeitschrift interviewt, dabei von ihrem Interesse am Schachspiel erfahren, und am Rande eines Konzerts in Mannheim statteten HIM dem Verein einen Besuch ab und wurden zu Ehrenmitgliedern ernannt.

Nur eines mögen die Chaosler nicht so gerne: diszipliniert organisieren. Die Vereinsmeisterschaft besteht im Blitzen an einem Fordertisch (sonst nur vom Billard bekannt), und die jährliche Vollversammlung trägt den halboffiziellen Titel »Jahresbesäufnis«. Um jedoch die Frauenmannschaft überhaupt in der 1. Bundesliga vorzeigen zu können, brauchten sie ein nicht nach Bier und Schwarzer Krauser miefendes Aushängeschild und fanden einen Vorsitzenden an der Mannheimer Universität in der Person von Dr. Kemal Gargouri, der im Grunde gar kein Schach spielen kann, aber: »Der hott immer e Krawatt aa!«

Jetzt emo was ganz anneres ...

Russische Verteidigung

Flughafen²

»49° 28′ 21,07″ N – 08° 30′ 56.51″ O«. Höhe: 309 Fuß. Betriebs-
zeit: 0500-2000.

Seit 1924 (oder nach anderen Angaben 1926) gibt es in Mannheim einen Flughafen, der von sich behauptet: »Von hier aus können alle wichtigen Städte Europas in kürzester Zeit erreicht werden.« Außerdem seien es »nur wenige Schritte vom Parkplatz zum
Check-In Schalter« am »City-Airport Mannheim«. Die Straßen-
bahn-Endhaltestelle liegt nur 300 Meter von der Startbahn entfernt, fehlt nur noch ein RNV-Kombiticket.

Würdevoll schreite ich in die heilige Abfertigungshalle, an deren Eingang ein DIN-A1-Plakat darauf hinweist, dass »gegenüber
im Foyer des Fitnessparks Pfitzenmeier« ein Geldautomat steht, und
rechne damit, dass gleich über mir ein Werbezeppelin für den Bre-
zelstand in Brühl vorüberbrummt.

In der Wartehalle zähle ich im »Bistro Volare« einen Kellner, der
sich bis an den Rand der Unzumutbarkeit langweilt – da sollte
ver.di mal was tun! –, eine Cirrus-Mitarbeiterin und drei Wartende. Doch hinter der Glaswand summen zwanzig angehende Ser-
vicemitarbeiter um einen Sprengstoffexperten, dessen Erläuterun-
gen deutlich vernehmbar sind. »Patrone, Feuerzeug, Messer, Zün-
der, flach gepresster Sprengstoff, Verkabelung, Uhr als Stromquel-
le. Ein Laptop hat sehr viele elektronische Gegenstände drin. Denken Sie an den Fall des Wiener Bürgermeisters ...«

Ich betrachte die Ankunftstafel, sie ist dreizeilig, die Abflugsta-
fel auch, also für maximal drei anzuzeigende Flüge vorgesehen.

»Zippo-Feuerzeuge sind verboten, Nagelscheren wieder erlaubt. Auch wesentliche Teile einer Waffe sind nicht erlaubt! Wenn
Sie so etwas sehen, sofort die Polizei einschalten.«

Es gibt zwei nicht nummerierte Check-in-Schalter von Cirrus,
der – Achtung, Mannheimer Rekord: – *größten deutschen Regio-
nalfluggesellschaft*! Ob das jetzt nach Fluggästen, Kilometern oder
Pilotenbauch geht, muss geheim bleiben. Die 16 Linienflüge täglich führen nach Berlin, Hamburg und Dresden, aber laut Prospekt
auch nach Rostock, Warnemünde, Rügen ...: »bis Flughafen Ber-
lin-Tempelhof, danach Bodentransfer (gegen Aufpreis)«. Aha.

Noch mal: »Von hier aus können alle wichtigen Städte Europas in kürzester Zeit direkt mit dem Flugzeug erreicht werden.« Gut, mit Ausnahme von Rom, Paris, London und so, aber nix gegen Warnemünde. Ich zermartere mir das Hirn, aber erkenne keinen tieferen Sinn, wieso die in Mannheim ankommenden Fluggäste mit dem Rhein-Neckar-Boten (aus Leimen!) empfangen werden, der sich selbst »Zeitung« nennt. Die knallharten Titelstorys für die aus aller Welt nach Mannheim Einfliegenden: Messe Sinsheim macht dicht, Maut-Terror im Angelbachtal und: EU-Erdbeeren schmecken nicht. Und von nebenan: »Das ist eine Handgranate, das ist der Bügel.«

Was Al-Quaida nicht weiß ...

Nachmittags um diese Zeit hat die Verwaltung schon geschlossen, aber mutig steige ich die Treppe einfach höher in der Hoffnung, irgendeinen relevanten Menschen zu finden, und stehe im 4. OG vor einer Tür mit einer Klingel, über der »Klingel« steht. Ich klingle. Aus der Gegensprechanlage fragt eine Männerstimme:

»Ja, bitte?« Und ich antworte wahrheitsgemäß: »Ich wollte mal reinkommen.« Der Türsummer summt, die Tür geht auf.

Durch einen chaotischen Raum voller Computerteile, Getränkekästen, Jacken und Gerümpel aller Art geht es eine steile Wendeltreppe hinauf, und plötzlich stehe ich im Tower! Drei Männer arbeiten so einigermaßen, vor allem einer von ihnen, der die ein- und ausgehenden Flieger lotst; die anderen beiden liefern eher begleitende Anmerkungen und haben Zeit und Lust zu plaudern.

Der Blick schweift über die B38a, die SAP-Arena, das Großkraftwerk, den Luisenpark. Ist der wirklich so nah? Die Startbahn ist gerade mal 25 Meter breit, jedes Fußballfeld ist breiter. Nun kann ich mir gut vorstellen, wieso die Pilotenvereinigung Cockpit zum wiederholten Mal den Mannheimer Flughafen beanstandet, ihm die kritische Klassifizierung »Deficient – Red Star« erteilt hat. Bemängelt werden fehlende Rollwege, Schilder und Instrumente für das Anflugverfahren.

Locker sei der Job hier nur bei schlechtem Wetter, erfahre ich. Beim Hockenheim-Rennen verzeichnen die Lotsen 550 Bewegungen am Tag, also alle 30 Sekunden startet oder landet eine Maschine. Ab und zu fliegen auch die Adler, also die Eishockeymannschaft. Die Lotsen rechnen mir vor, dass die Flugzeuge 23,5 Meter über der B38a einfliegen müssen, denn das ist die Landeschneise – in Wirklichkeit sieht es so aus, als könnten die Propellerjets auch mal das Dach eines Lkw streifen.

Echo Delta Foxtrot Mannheim. EDFM ist die offizielle Abkürzung des Flughafens. Wie wahnsinnig muss man sein, um so einen Job zu machen? »Genau so wahnsinnig wie in Frankfurt. Aber: Hier wird auf Sicht geflogen!«

Man kennt sich, es geht familiär zu. »Das ist ja nur ein Verkehrslandeplatz«. »Ja?« wundert sich der Kollege. »Ja, wir haben ja keinen Zaun, der 2,50 Meter hoch ist. Und Lärmschutz fehlt auch. Sonst wär's ein Flughafen.«

Angesichts der zahllosen Strommasten entlang der Bergstraße, des Fernsehturms und des Großkraftwerks frage ich mich, warum hier nicht öfter Unfälle geschehen. Und wie sich herausstellt, zu Recht, denn, Obacht, jetzt kommt's: »Mannheim hat die *größte Verkehrshinderniskarte im deutschen Luftlanderaum*. Da sind sogar einzelne Bäume auf manchen Hügeln im Odenwald verzeichnet.«

Das ist auch alles, was die Odenwälder können: absichtlich Bäume hinstellen, um den Mannheimer Flugverkehr zu stören …
Jetzt emo was ganz anneres …

Fünfzehn Minuten Ruhm (3. Teil)

Rapolder, Uwe
Auch Mister Karussell genannt, verbrauchte vom März 1997 bis zum November 2001 als Trainer des SV Waldhof Mannheim (die älteren unter Ihnen werden sich noch erinnern) 6 Masseure, 3 Pressesprecher, 8 Co-Trainer sowie 91 Spieler!

Regenbogen, Radio
Wirbt mit dem Slogan »Wenn Sie nicht immer dieselbe Musik hören wollen« und spielt immer dieselbe Musik. Wenn Sie anrufen und unfallfrei den Satz »dann hör ich Radio Regenbogen« aussprechen, gewinnen Sie eine Gondoletta-Freifahrt auf dem Kutzerweiher.

Erfahrene Frauen warten auf dich: 0190-0669889.

Rennen

Das Rennen um den originellsten Stadtslogan in der Kurpfalz macht Hockenheim mit »Hockenheim macht das Rennen!«

SAP-Arena

heißt die mit maximal 16.000 Zuschauern füllbare Veranstaltungshalle, in Deutschland die zweitgrößte ihrer Art. Zum Glück kamen die teilweise gepumpten 82 Millionen Euro vom Softwareladen aus Walldorf und nicht von anderen regionalen Firmen, sonst hieße das Plastik-Ufo BASF-Kassetten-Arena, Eichbaum-helles-Hefeweizen-Arena oder gar Zewa-Halle. Im Grundstein sind neben dem Arena-Vertrag und einem Adler-Schal übrigens die zum damaligen Zeitpunk aktuellen regionalen Tageszeitungen eingemauert. Ein guter Ansatz.

»Bürgerschock: Die SAP-Arena wird schon wieder eingeschmolzen und zu solchen Containern verarbeitet!«

Schach

Seit rund fünfzig Jahren tragen Schüler in Hamburg ein großes Schachturnier unter dem Motto »Rechtes gegen linkes Alsterufer« aus. 2001 dann die Antwort aus dem Süden: »Schach rechts und links des Neckars«. Muss man erst mal drauf kommen. Auch fand die Veranstaltung nicht innerhalb einer Stadt statt, sondern zog sich den Neckar entlang von Reutlingen bis Mannheim. Und just in der Stadt, die sich zweitgrößter Neckaranrheiner nennen darf (mein Vorschlag als Wort des Jahres), flatterten die Nerven, wie im MM zu lesen war: »Wegen des Sturms in der vorangegangenen Nacht und dessen Folgen blieb der Luisenpark geschlossen. Zum Glück räumten die Parkmitarbeiter die herabgestürzten Äste weitgehend aus den Wegen. So konnten die ersten Spieler am Sonntag pünktlich um 10 Uhr an den rund 200 im Baumhain aufgestellten Brettern Platz nehmen.« Man stelle sich die Schlagzeilen vor: Schachspieler von Ast erschlagen! Blitzschachspieler vom Blitz getroffen! Aber am Ende ging alles gut: Die Neckaranrheiner trommelten 4.823 Teilnehmer zusammen – Weltrekord!

Shopping

Comicothek, Come Back 2nd Hand Platten, English Country Store (Tassen, Teedosen, Wanddinger aus Stroh), Fruchtgummiladen »Bären Treff«, Luft & Liebe Ballons, Wizard's Well Fantasy-Rollenspiele, der Musik-Ehret, Friseurartikel Zeeb, Kampfsportartikel im Budo Shop. Und andere.

Spaghetti-Oper

hieß früher Geheimrat, liegt nach wie vor in K2 am Eck und bietet nach wie vor ein amtliches Nachtasyl. Gelegentliche Kritikpunkte sind lediglich die zu großen (!) Portionen und die gesalzenen Getränkepreise. Falls Sie sich immer noch nicht in den Quadraten orientieren können: K2 liegt zwischen K1 und K3. Oder Sie rufen an unter Tel. 0621/102779

Speer, Albert

wirkte zum Glück nicht in seiner Heimatstadt, nur von seinem Vater existiert noch ein Gebäude, fernab der Zivilisation im Industriehafen.

Sponsern
wird im Zielgebiet äußerst eifrig betrieben, vor allem wechselsei-tig. Der Logo-Austausch zwischen RNF, Eichbaum, RNV, Stadt-Mannheim[2], Mannheimer Morgen, MVV usw. ist bei jeglichen Ver-anstaltungen und Aktivitäten so rege, dass man manchmal ein Auto abmelden will und sich aus Versehen urplötzlich auf einer Brauereiführung wiederfindet.

Stadtfest
Eine Werbeveranstaltung von Eichbaum. Auf den sechs Bühnen spielen am Samstagabend zur Prime Time Künstler wie Private Dancer, Wobbie Rilliam Cover Band, The Wright Thing und als Top-Act auf der RPR-Bühne Alphaville. Betrunken geht's. Aber nur betrunken.

Time Warp
»Die Time-Warp als zweitgrößtes Event im Technobereich in Deutschland ist in Mannheim fest verankert und sollte auch im nächsten Jahr wieder auf dem Maimarktgelände stattfinden« oder auch nicht, obwohl sich sogar die CDU für die Erhaltung der Ru-delparty einsetzt.

Voltaire
Voltaire war ein paar Jahre hier, dann ging er. Sein Sekretär Collini war auch hier, aber blieb. Darum heißt es nicht Voltaire-Center und Voltaire-Steg.

Wetter
Schnee bleibt in der Rheinebene seltenst bis zum nächsten Tag liegen. Im Sommer wird es schnell schwül. In Herbst und Frühjahr regnet es fleißig. Typisch sind die Inversionswetterlage sowie hohe Ozonwerte. Wenn Sie nicht kerngesund sind, sollten Sie keines-falls hierher ziehen, wenn Sie es bleiben wollen, auch nicht.

Wirtschaftsinstitute
Das Zentrum für Europäische Wirtschaftsforschung (ZEW) hat aus diskret verschleierten Gründen seinen Sitz in Mannheim, ein Um-stand, der den Normalbürger ständig betrifft, wie man Tag für Tag

auf dem Marktplatz hören kann: »Wo gehe Se dann hie?« – »Ah, isch muss noch Gurke kaafe, moin Sohn isst die doch so gern. Un dann muss isch noch korz ins ZEW.« – »Ouh, dann hawwa Se awwer noch was vor sisch!«

Wohngegend

Als Wohnort in Frage kommen: City, Oststadt, Schwetzinger Stadt, Neckarstadt, Lindenhof, Feudenheim. Vergessen Sie den Rest. Zu weit (Rheinau, Sandhofen, Vogelstang), zu dreckig (Waldhof, Luzenberg, Vogelstang), zu langweilig (Seckenheim, Schönau, Vogelstang, eigentlich alle), zu gefährlich (Schönau, Vogelstang), zu hässlich (Hochstätt, Vogelstang). Und Sie sollten in einem Mietshaus damit rechnen, die Kehrwoche machen zu müssen! Die Beschreibung dieses laizistischen Ritus mit all seinen geheimen Codes und Kulten würde ein eigenes Werk füllen, dreibändig.

Zweitgrößte Stadt in Baden-Württemberg
Mannheim[2]

Fastnacht[2]

Nicht Karneval, Fasching, Fasnet, auch nicht Fassenacht wie in Mainz, aber mit Fastnacht, gesprochen »Fassnacht« nahe dran an den Mainzern. Nahe dran? Nein, die gesamte Mannheimer Fastnacht ist eine schlechte Kopie von Mainz (= schlechte Kopie von Köln; Köln = schlechte Kopie von Rio) mit den identischen Zutaten Büttenreden, Umzug, Schunkeln; vor allem aber singen die Kurpfälzer einfach die Mainzer Lieder nach. Ja, hier muss es Kurpfälzer heißen, denn das ewige Paradox in Rhein-Neckar greift auch hier: Der Umzug findet im jährlichen Wechsel in Mannheim und Ludwigshafen statt – eine Zusammenarbeit, eine tatsächlich seit vielen Jahren praktizierte Zusammenarbeit! Wesentlicher Unterschied: In LU führt immer wieder mal eine Stahlbetonhochtrasse über den Umzug. Darunter schreit niemand »Ahoi!« – man liegt ja am Fluss und ist maritim, wie Ihnen sicherlich jeder Hamburger nachdrücklich bestätigen wird.

Überraschend modern gab man sich beim Beschluss, einen Wagen des Techno/Trance-Radiosenders Sunshine zuzulassen, um ihn bald samt seiner partyfreudigen Gefolgschaft wegen zahlreicher Beschwerden ans Ende des Zuges zu verbannen. Dennoch drehen die Partypeople gerne mal die Wummerkiste auf, ernten von dem davorfahrenden Polizeiwagen via Sprechanlage ein »Zu laut!«, oder aber die Petermänner schalten kurz und klar die Sirene an. Doch die »wahre« Monnemer Fassnacht spielt sich woanders ab.

Mitten im Sommer stehe ich in der MTG-Gaststätte an den Sellweiden und warte auf Godot. Hier und heute soll das Treffen der Prinzengarde der Feuerio stattfinden, und da die Feuerio nicht nur der größte und wichtigste Verein der Region ist, sondern auch in klarer Demokratur Jahr für Jahr den Mannheimer Fastnachtsprinzen stellt, will ich mich antisaisonal den Gesängen und »lustigen« Büttenrednern stellen. Doch es kommt anders, denn es kommt niemand.

Ich rufe den Gardeführer Schlechter an – der Mann heißt wohl wirklich so, ist kurioserweise von Beruf Metzger –, der sich bereit erklärt, sofort vorbeizukommen und mich mitzunehmen, denn ich hatte mich auf den ÖPNV verlassen. Wieso holt dieser wildfremde Mann mich einfach ab? Hat er seherische Fähigkeiten? Einige Minuten darauf steige ich vorne in seinen grünen Minivanjeepbus, die Rücksitze sind mit drei zwölfjährigen Jungs belegt. Schlechter ist enttäuscht, denn er hatte bei meinem Anruf gehofft, ich sei interessiert, in die Garde einzusteigen! Die heutige Gardesitzung der Feuerio wurde verlegt, weil eine spendable Gönnerin die Jungs in ihr Lokal »Fährhaus« am Krottenneckar (was für ein Neckar?) in Edingen eingeladen hat. Die Gönnerin möchte allerdings anonym bleiben, es ist die Wirtin des Fährhauses.

Auf der Fahrt erzählt mir Schlechter alles Wissenswerte. Die Garde hat hundert Mitglieder, aber heute ist ja nur ein unspektakuläres Treffen, man bespricht nur den Termin für den Gartenball, der früher Manöverball hieß, und in Wahrheit Gardeball heißt, aber Gadde und Gadde sind nun mal Mannheimer Homonyme. Stolz berichtet Schlechter, dass die Feuerio als einziger Fastnachtsverein beim Blumepeterfest mitmacht, dass das Tanzmariechen Deutsche Meisterin ist, ein Faktum, das mir später noch viermal mitgeteilt wird; dass das Tanzpaar bei den Deutschen Meisterschaften den 3. Platz belegt hat, wird mir hingegen nur zwei weitere Mal erzählt. Gleichfalls zweimal höre ich die Geschichte, dass man mit dem Kölner Blaue-Funken-Chef Fro Kuckelkorn befreundet ist sowie mit irgendwem in Villach (in *Villach*?). Als ich vorschlage, dass die Feuerio-Garde doch mal beim Kölner Rosenmontagszug mitlatschen soll, bezeichnete man die Verbindungen als »eher lose«.

Das Fährhaus ist eine gutbürgerliche Gaststätte am Fluss, rund ein Dutzend Männer und eine Frau, die »Gardemutter«, sitzen um einen Tisch. Über ihnen ein modernes Glasdach, daneben ein so stark lärmender Tisch, dass Schlechter schnell einsieht, dass man hier keine Besprechung abhalten kann. Stattdessen informiert er mich, dass viele Vereine Finanzprobleme hätten, die Feuerio jedoch nicht. Aha. Und was das Feiern im Gegensatz zu den Kölnern angehe:»Feiern können wir auch, aber nicht auf der Straße!« Und wieder macht es in meinem Kopf Aha. Ohne Zusammenhang illustriert er den Verein als »große Familie, aber nicht aus dem militärischen Bereich«. In meinem Kopf macht es drittmalig Aha, als mein Blick in diesem Moment auf den mir schräg gegenüber Sitzenden fällt, der ein T-Shirt mit Deutschlandwappen trägt. Nach diesem Aha frage ich mich noch langsam, aber immer sicherer, was ich hier soll. Ob diese Leute hier wissen, was sie hier sollen? Aber ja: mir einen archetypischen Mannheimer Rekord mitteilen: Die Gemischte Garde war zweimal Zweite bei den Süddeutschen Meisterschaften! Ist das nicht wunderschön? Und weil's so wunderschön war, jetzt der ganze Saal noch mal: die Gemischte Garde war zweimal Zweite bei den Süddeutschen Meisterschaften! Ich kann gar nicht mehr aufhören: Die Gemischte Garde war …

Während ich notiere, dass es ohne die Feuerio seit Jahren gar keinen Prinzen mehr gäbe, denn bei den anderen – aber das darf ich nicht schreiben – gibt es zu viel Vereinsmeierei, währenddessen hält Schlechter die Besprechung, wann und wie denn jetzt nun also dieses Gaddefest mit Gadde stattfinden soll, im Stehen mit fünf Leuten ab. Ja, und wann das Grillfest ist, muss ja auch noch geklärt werden. Man einigt sich darauf, weil man hier so schlecht reden kann, beim Brunnenfest alles wegen dem Grillfest zu besprechen. Brunnenfest? Das ist glaub ich neu. Jedenfalls werden zur Hochzeit des ehemaligen Kommandeurs alle statt in Uniform im weißen T-Shirt antanzen (»des is so heiß, des kannsch vergesse«). Abgefahrene Hochzeitsüberraschung: Männer in weißen T-Shirts.

Ich lege einstweilen meinen Kopf an den großen Busen der Gardemutter Gertraud, die ja aus der Traditionsgarde kommt, mit drei schon in der Kindergarde war, und ihr Großvater war Vorsitzender, und der Vater Gardeminister, und es gibt auch Kontakt zur Langengarde (der Ort heißt Langen!). Ja … Und bei der Traditionsgarde sind ja auch schon 15-, 16-Jährige dabei, nur dass Sie sich nicht wundern. Nee, Gertraud, is schon okay. Später sagt jemand, bei der Seniorengarde gehe es auch mit 15 los. Moment mal, sind Senioren- und Traditions-… jetzt dasselbe oder …?

Während Gertraud über die horrenden Preise für Uniformen spricht, über die kostspieligen Degen und die nicht ganz so kostspieligen Stiefel (»meischtens nemmt ma Reitstiffl«), über die Hitze unter den Hüten und dass es deswegen gut ist, dass die Fastnacht an Fastnacht ist und nicht im Sommer, währenddessen wandern meine Gedanken an den Gestaden der Einmaligkeit dieses Vereins entlang, der nicht nur den Prinzen stellt, und zwar ins Steigenberger Hotel – das ja unbedingt mal renoviert gehört –, sondern auch zwei Garden als Wachen davor, und dass es schon schade ist, dass im RNF nicht etwa die Feuerio-Sitzung übertragen wird, sondern die »Fröhlich Pfalz«, und dass irgendwo in Mannheim am 11. November jemand auf einen Gong schlägt für all jene, die gerade noch rechtzeitig die Flughäfen und Bahnhöfe erreichen wollen.

Jetzt emo was ganz anneres …

Eichbaum²

»Mein Stammbaum – Eichbaum«, so bewarb die mächtigste Brauerei südlich von Frankfurt und nördlich von Stuttgart ihr Gesöff
Ende der 70er Jahre, was schon damals einem Tatsachenbericht
gleichkam. Wie in jedem dösigen fränkischen Marktflecken schwö-
ren auch hier die Einheimischen auf ihr einheimisches Bier, und wie
immer schmeckt es durchschnittlich, und wenn es kalt ist, traumhaft. Am Ende bleibt sowieso immer nur der wunderbare Schlacht-
ruf von Max Goldt: »Ziel des Trinkens ist das Betrunkenwerden,
Zweck des Trinkens ist das Betrunkensein.«

Vor einigen Jahren jedoch hat Eichbaum beschlossen, auch andere Märkte zu erobern. Von Exportbieren ins Ausland angefangen (in Osteuropa gibt es kein Dosenpfand!) zum etwas hochwer-
tigeren Ureich, das als Premiumbier in die Liga von Warsteiner
und Bitburger vorstoßen soll. Die von Mister Kehlkopfexplosion
Ben Becker eingesprochenen Radiospots sollen ein Übriges tun.
Man hat den Schauspieler genötigt, Sätze zu sagen wie »Kommt
die Kellnerin von vorn, kriegst du grad ein schönes Horn« oder
»Ole, sagt der Torero und packte das Ureich beim Horn« und
»Wollen Sie für mich 'ne tragende Rolle spielen, fragte der Regisseur den Kellner, dann tragen Sie mal 'ne Runde Ureich her.« Na,
gelacht? Nicht nötig, die Lacher sind mit eingespielt. Bier hören
ist schlecht, Bier angucken schon besser, Bier trinken unerreicht.

Ein gewisser Herr Satter macht bei Eichbaum die Brauereifüh-
rungen und war ausschließlich donnerstagmorgens von acht bis
neun Uhr telefonisch zu erreichen – was tut man nicht für die
Kunst! Natürlich antwortet irgendeine Behelfsdame am anderen
Ende, nimmt meine Reservierung für vier Personen begeistert entgegen, und ich rechne damit, dass Herr Satter an jenem Tag genau vier Personen durch die heiligen Hefehallen führen wird.
Denkste!

Nachmittags an einem Wochentag versammeln sich exakt siebzehn Herren und sechs Damen, um sich in die Geheimnisse der
Braukunst einweihen zu lassen. Sie wollen in Mannheim neue Be-
kanntschaften schließen? Nun, fordern Sie an einer roten Fußgän-
gerampel wahllos die Mitwartenden auf, die Brauerei zu besich-

tigen, locken Sie mit gratis Essen und einigen Humpen Bier, und Sie werden die Gestalten nie mehr los.

Der Führer ist streng. Satter ist gelernter Brauer und hat noch einen Betriebswirt draufgepackt, in dieser Stadt so eine Art Volkssport. Von Anfang an doziert er über die Braukunst mit einer eindringlichen Verve, als müsste die Gruppe am nächsten Tag eine Examensarbeit darüber anfertigen.

Wie einem Naturgesetz folgend, benimmt sich die Gruppe Erwachsener wie eine widerwillig angekarrte Schulklasse, witzelt, tuschelt, man kneift sich in die Arme, drückt sich und versucht heimlich zu rauchen. Zur Strafe werden wir nicht in die Abfüllanlage hineingeführt, sondern dürfen nur wie in einem Zoo auf Förderbänder gucken, wie man sie hundertfach im Fernsehen gesehen hat. Lektion 1: Mathematik. 2 Millionen Flaschen am Tag entspricht 1 Million Liter, macht bei 200 Fülltagen …? 'ne ganze Menge. Wie in jeder richtigen Gruppe haben wir einen Streber dabei (im Zivilberuf sicher Lehrer), der die richtigen Ranschleimfragen stellt: »Wenn so eine Maschine ausfällt?« – »Gibt's net!«, weist Satter ihn barsch zurecht. »Die Maschine muss doch auch gewartet werden?« – »Ja, vier Stunden am Tag.« Und in der Reinigungsanlage sind Schmutzsensoren, »wie bei Ihnen daheim in der Spülmaschine.« – »Hamma kääni.« Kichern. »Kommt das Etikett runter?« – »Ja, das Etikett kommt runter.« Eine Frau schaltet sich ein: »Sind das nur Eichbaum-Flaschen?« – »Wir füllen kein Warsteiner ab.«

Nun bricht in Satter der Betriebswirt durch. Als Eichbaum mehr Trinker hatte als Abfüllanlagen, kaufte man kurzerhand Kapazitäten von Brauerei Park und Bellheimer dazu. Leichtes Spiel, denn Eichbaum gehört dem agilsten Industriellen der Region, Meister Hopp von SAP zu 98,7 Prozent. 1,3 Prozent besitzen namenlose Börsen-Mohikaner. »Dividende gibt's aber keine. Damit können Sie sich vorstellen, wie bei uns die Hauptversammlungen ablaufen, das geht schön linear. Klar, wenn wir dem Herrn Hopp gehören, dass wir auch mit (der Software) SAP/R3 arbeiten.«

Spannend wird's bei der Diskussion um die »richtige« Flaschenfarbe. Bier gehört in braune Flaschen, klar. Klar? Nein, denn der Geschmack bleibt gleich. Aber »es gibt bestimmte Berufsschichten, die sind fest davon überzeugt, dass das Bier in Grün nicht schmeckt. Wenn etwa Bauarbeiter oder Bergleute das meinen, dann kriegen die ihr Bier halt in braunen Flaschen.« Heiterkeit macht sich breit bei dem Hinweis, dass auch heute noch Ehefrauen kommen und volle Flaschen umtauschen, weil sie für den Liebsten die falsche Farbe gekauft haben. Trotz solcher Störungen hat sich die Effizienz von Eichbaum in sechs Jahren verdoppelt, »seit der Herr Hopp da ist«. Im Sudhaus etwa arbeiten inzwischen nur noch 1,5 Menschen: »Im Zweischichtbetrieb, tagsüber zwei, nachts einer, macht 1,5.« Genug Mathematik, nächste Stunde: Bio und Chemie.

Im Sudhaus ist es heiß, feucht und sehr laut. Irgendwo zwischen Hybridgerste, Garprozess, Hefepilz und Keimung geht es um die Rechte für das Grundwasser, die abgelaufen waren. Die Stadt bockte und wollte die Wasserrechte nicht mehr rausrücken, denn sie braucht es selbst, um die nitrathaltigen Wässer aus Mannheims Süden, wo die Landwirtschaft so einiges an Dünger in den Boden jagt, mit saubererem Grundwasser zu mischen. Nun, gleich neben Eichbaum liegt die Uniklinik, und ganz zufällig ist Herr Hopp auch Stiftungsrat der Universität. Kurz gesagt, Eichbaum hat die Wasserrechte zu einem äußerst fairen Preis gekriegt.

Raus aus der Sudhaus-Sauna. Nutzlos stehen wir irgendwo im Hof herum, gucken links auf die neuen Gärtanks, die »haben wir gekriegt, als der Herr Hopp gekommen ist«, gucken rechts in ein Paletten-Hochlager voller unterschiedlichster Biersorten – oder auch nicht. Laut Marktforschung klingt beispielsweise für das ungarische Trinkerohr das Wort Eichbaum zu deutsch, also heißt das Bier dort Steiniger, schön österreichisch, das ist noch aus K&K-Zeiten vertrauenswürdig.

Letzte Stunde: Reli. Im alten Sudhaus sitzen wir nun wirklich auf Stühlen wie die Pennäler, während Lehrer Satter mit einem Teleskop-Zeigestock an einer Blinkelichtchen-Schautafel von anno 1964 den kompletten Biermachprozess erläutert mit Zeichnungen von Kesseln, Gabelstaplern, Tanks, Leitungen und vielen unverständlichen Linien dazwischen. Es schallt und hallt wie in einer Kirche, fast jedes Wort geht verloren und war wohl auch nicht so wichtig. Ich kritzele auf meinen Block das Haus vom Nikolaus, werde zur Aufmerksamkeit gemahnt, soll ein Foto machen und entscheide mich für das Wandmosaik im alten Kirchenstil, das die

Gründung von Eichbaum zu einer Art Apostelgeschichte transformiert. Singen müssen wir gottlob nicht, Halleluja.

Und endlich geht's zur Verkostung, vulgo Sportunterricht. Wir gehen nicht um die Ecke ins Braustübl, auch nicht ins Brauhaus, das aufgrund des nahen Hauptfriedhofs häufig als Location für Leichenschmäuse herhalten muss, sondern nach unten in den Bräukeller. »Es gibt auch Odenwald-Quelle, aber ich nehme an, dass sie nicht deswegen gekommen sind.« Nein, wir sind gekommen, den Eichbaum-Verkaufsanteil in Mannheim von nur 40 Prozent zu steigern. Das ist für einen Hopp einfach beschämend wenig.

Und er verwandelte Wasser zu Ureich.

Auf der Speisekarte steht ... Schnaps, und zwar nur Schnaps. Wir bestellen Bier, sehen uns fragend an, zernagt vor Hunger, und die Kellnerin informiert uns, dass es »Fleischkäse mit Kartoffelsalat und Brötchen« gibt. Konsequent. In Schulkantinen stehen ja auch keine Mehr-Gänge-Menüs zur Auswahl. Satter erzählt mir stolz, dass jeder Tropfen Bier, der auf Mannheimer Grunde gebraut wird, aus dem Hause Eichbaum kommt, und zwingt mich, einen alten Ölschinken mit dem Motiv »Eichbaum-Brauerei« zu fotografieren, auf denen der Künstler Häuser dazugedichtet, vergrößert und verschoben hat.

Propagandafälschung

Aber die PR-Maschine hier arbeitet mit allen Tricks: Kritische Berichterstatter werden mit teils kostenlosem, teils stark vergünstigtem, in jedem Falle nachweislich alkoholhaltigem Bier gefügig gemacht und vergessen im Rausch zu fragen, ob so ein Biermonopol gut ist für eine Stadtkultur. Ach, was soll's: Ex! Und Hopp!

Jetzt emo was ganz anneres …

(Gerhard Widder²)²

»Also, wenn Sie Mannheim schildern, dann werden Sie sicher das von sich aus schon tun, was ich jetzt anspreche, aber ich will es doch noch mal gesagt haben. Das ist die Liberalität der Stadt, die Offenheit gegenüber Menschen aus anderen Ländern und die religiöse Vielfalt.«

Da gab es ja wohl eine große Diskussion, wegen der Moschee zum Beispiel.

»Ja, die gab es, aber die habe ich ganz bewusst geführt. Nur gibt es jetzt keine Diskussion mehr, seit sie steht. Die Moschee steht mitten in der Stadt, da gehört sie hin. Das ist die größte Deutschlands. Und sie steht dort, wo die Menschen wohnen, die moslemischen Glaubens sind. Und sie steht in 500 Meter Entfernung zur Synagoge.«

Richtig.

»Die Synagoge ist ein Ausdruck für den, das muss ich immer wieder betonen, jüdischen Teil unserer Geschichte. Die Stadt ist von der jüdischen Bürgerschaft ganz stark mitgeprägt. Und, was für mich wichtig ist, aber das schreiben Sie dann nicht, weil das provoziert: (psst psst tuschel murmel) …«

Tatsächlich. Das ist die westliche Unterstadt. Da war auch tatsächlich viel jüdische Bevölkerung.

»Heute ist sie überwiegend moslemisch. Interessant ist der Kindergarten. Das habe ich damals abprüfen lassen. Das scheint immer noch zu stimmen, aber man muss das immer wieder neu prüfen. Also, eines ist sicher, der Kindergarten ist in dem Areal, das der jüdischen Gemeinde gehört. Er wird betrieben von der Caritas. Die meisten Kinder sind Muslime. Aber auch das sollte man nicht schreiben, weil sonst böse Menschen auf böse Gedanken kommen könnten.«

Gut, das lasse ich weg.

»Auch gegen mich.«

Das ist nichts Schönes.

Und dann kommen wir noch ins Plaudern über Berlin, über Köln, über Hamburg …

»Man überlegt sich ja manchmal, wenn man jetzt nicht hier leben dürfte, sondern sich eine andere Stadt suchen sollte, in der man leben wollte, dann käme für mich neben Berlin auch Köln in Frage. Das wäre mal so eine Stadt. Wobei ich allerdings das Gefühl habe, dass man sich dort schwer tut, integriert zu werden.«

Im Gegenteil!

»Na gut, da hat man dann auch Vorstellungen, die nicht stimmen. Also, Berlin wäre bei mir die erste nächste Wahl.«

Ich finde, dort ist es schwerer, sich zu integrieren.

»Ja, gut, da habe ich keine Probleme, ich bin mit einer Berlinerin verheiratet. Also Berlin wäre so die Stadt. Wenn ich so die Kölner reden höre, deren Mentalität, die ist so ein bisschen, wir sind ja, das muss ich Ihnen nicht sagen, wir sind ja auch sehr gefühlsbetont. Wir haben im wahrsten Sinne des Wortes nahe am Wasser gebaut. Wir entschuldigen uns ja dauernd, sogar dass wir geboren sind …«

Stimmt, sehr mannemerisch: »'tschuldischung, dass isch gebore bin.«

»Was uns zum Beispiel auszeichnet, oder vielleicht auch nicht, also ganz neutral auszeichnet, ich habe lange darauf hingewirkt, dass auch wir das abstellen: Wenn ein Mannheimer einen Gast begrüßt, dann sagt er: ›Ha, ich weiß schon, Sie denken, wir sind ä dreckischi Stadt. Awwer jetzt gucke Sie sich ämol um, un Sie wärre sehe, es ist nit so.‹ – Kein Mensch in einer anderen Stadt kommt auf so eine Idee.«

Solche Plätze sind ja durchaus auch da.

»In Berlin, wenn ich durch Berliner Straßen gehe, die eine besondere Bedeutung haben, da würde ich mir wünschen, die wären so sauber wie die Planken. Aber die Berliner kämen nie auf so eine Idee. Das ist Berlin. Und da ist dieser schöne Satz, der das in einem Brennpunkt zusammenführt: Das Kind wird losgeschickt, weil die Katze gesucht wird, und es soll mal bei den Nachbarn fragen. Dann kommt die typische Mannheimer Formulierung, die nur ein Mannheimer versteht: ›Sie werde sich mol entschuldige müsse, – das ist ja schon prekär – awwer moi Mutter lässt frage, ob Sie so freundlich gewese wäre un unser Katz gsehe hätte.‹

Dieser Satz bringt unser Wesen so ein Stück auf den Punkt. Aber das sollten wir auch nicht verleugnen. Diese starke Emotionalität, die bringt auch die Bereitschaft, sich mit den Menschen auseinander zu setzen.«

Ich glaube nur, Streitbarkeit verzögert manche Prozesse, bis es dann endlich was wird.

»Also, das schreiben Sie jetzt nicht, was ich sage. Nur um es mal an einem Beispiel, das ich selbst erlebt habe, deutlich zu machen. Zunächst einmal Mannheim als Situation: Wenn hier ein Mensch nach Mannheim kommt, dann kann er nach drei Tagen in Mannheim so zu Hause sein, als wäre er hier geboren. Keiner fragt, wo er herkommt.«

Vorausgesetzt, er geht auf die Mannheimer zu.

»Ganz genau, das ist richtig. Wenn sie sich zurückziehen. Aber wenn sie sich an den Tisch setzen und sagen, ich bin der Max, dann sagen die anderen drei Tage später, ha, der muss doch schon zehn Jahre in Mannheim sein. Ich habe fünf Jahre in Ulm gewohnt, ich habe in Ulm ein ganzes Jahr gebraucht, bis mein engster Kollege, das war ein Meister im Labor, bis wir zwei mal über etwas Privates geredet haben. Wir haben uns gut verstanden, wir haben nie Streit gehabt, wir haben fachlich hervorragend kooperiert. Nach einem Jahr hat er mich dann gefragt, sind Sie eigentlich verheiratet, haben Sie Kinder?«

Das ist in Mannheim eher umgekehrt.

»In Mannheim weiß man schon, ob einer verheiratet ist und ob er Kinder hat. Wir sind allerdings auch bereit, je nachdem wie es dann am Ende aussieht, wenn er dann geht, ihn schnell zu vergessen. Je nachdem, ob er von sich aus den Kontakt noch will. Es ist ein Unterschied, aber auch unsere Stärke. Auch wenn Sie in Schwaben in ein Lokal gehen: Da stehen zehn Tische, und an jedem sitzt einer, und wenn es einen elften gibt, dann setzen Sie sich dorthin. Wenn Sie in der Pfalz in eine Wanderhütte kommen, da gehen Sie dorthin, wo schon ein paar hocken, damit Sie nicht alleine sind. Gehen Sie mal am Sonntagnachmittag durch den Pfälzer Wald. Auch wenn man jetzt nicht viele Menschen kennt, wie das bei mir der Fall ist – ich habe das ja früher schon erlebt –, die sich begegnen, grüßen sie sich. Gehen Sie mal nach Hamburg, wo mein jüngster Sohn lebt, wenn Sie da einen grüßen, hat der das Gefühl, Sie hätten ihn beleidigt.«

Aber das ist alles wie gesagt, nur die lockerere Seite des OB Widder. Der Mann weiß, was er seinem Amt schulden müssen können zu verdanken glauben will, und man gerät ins Grübeln, ob man an seiner Stelle sein wollte und sich herumschlagen mit all den anderen Quadratschädeln.

PS: Hi, Ulmer! Mit Sicherheit ist es in Ulm heute viiiel besser als damals, als der GW noch bei euch studiert hat, gell, nehmt's nicht tragisch, ihr seid halt so, äh, gewesen.

Quadrate[4]

IV. Strassen

Noch mal: Die Straßen in der City hatten früher mal Namen, von denen einzelne erhalten sind, andere im Volksmund entstanden, allerdings auf keinem Schild verzeichnet. So behilft man sich mit dem Konstrukt: »Des is zwische Q un R.« Also zwischen Q1 und R1 oder Q2 und R2 usw. bis Q7 und R7.

Fragen Sie nach, sagen wir, einem arabischen Imbiss. Mit etwas viel Pech antwortet man Ihnen: »Isch kenn änner. Waddemoo ... der is irgendwo in D. Genau, irgendwo in de D-Gwadraade!« Weitaus wertvoller wäre die Information gewesen, wo der Imbiss ist. Während Sie in anderen Städten nun eine Straße ablaufen müssen, dabei immer mal zur anderen Straßenseite hinüberschauen, müssen Sie in Mannheim in so einem Fall alle sieben Häuserblocks von D1 bis D7 komplett umrunden!

Keine Bezeichnung hingegen gibt es beispielsweise für die Straße, die sich von K1/K2 bis A1/A2 zum Schloss hin erstreckt. Einfach: nicht benennbar. Ein Teil dieses Abschnitts hieß früher Marktstraße, und auch wenn der gammelige Karstadt in K1 einen Ausgang unter diesem Namen hat, wird kein Mensch wissen, wovon Sie faseln. Es steht ja auch auf keinem Straßenschild. Ebenso ist in manchen Stadtplänen die Heidelberger Straße verzeichnet, der Teil der Planken zwischen O7/P7. Auch hier: kein Schild. Die Zeughausplanken liegen in D6, was man weiß, wenn man das Zeughaus kennt, aber Hand aufs Herz, bewahren Sie Ihre Hellebarden im Zeughaus auf oder ganz normal über der Küchentür wie jeder andere? In N4 lag vor fast dreihundert Jahren die Klostergasse, die umbenannt wurde in St. Johannes Nepomuk Platz, umbenannt in Johannesplatz, umbenannt in Kapuzinerplatz, und hier steht sogar ein Schild – genannt wird er aber Gockelsmarkt! Kein Schild findet sich schräg gegenüber in den Kapuzinerplanken, die Blumepeterplatz genannt werden. Selbst der zentrale Hauptplatz, der Paradeplatz, ist unbeschildert, nur auf der Rückseite nach N2 hin, steht Oswald-von-Nell-Breuning-Platz, und ich habe schon Wetten gewonnen: Kein Taxifahrer kennt diesen Antinamen von N1.

Oswald-von-Nell-Breuning-Platz
(Rückseite)

Der verlotterte Teil der Fußgängerzone heißt inoffiziell, weil schildlos, Kurpfalzstraße, allseits bekannt als Breed Schdroß (»the Mannheim Broadway«). Der Vollständigkeit halber sei noch der

Toulonplatz erwähnt, nach der heiß geliebten Partnerstadt, und dort befindet sich … nichts. In der Kunststraße gibt es ja auch keine Kunst, am Neckartor kein Tor, am Strohmarkt weder Stroh noch Markt, in der Filsbach fließt kein Bach, in der Freßgaß widmet sich höchstens ein Drittel der Gewerbetreibenden dem leiblichen Wohl, die Kleine Freßgaß ist eine Straße, die keine ist, denn sie meint nur die Südseite von Q7, womit man Alphabet City vom Grad der Verwirrung ein Stück näher kommt.

Ganz, ganz wunderbar wird es, wenn Auswärtige in den Quadraten mit dem Auto (Fehler 1) umherirren, beispielsweise K5 suchen mithilfe eines Stadtplans (Fehler 2), feststellen, dass sie der Index wahnsinnig macht, »K1-K7 b3/b4«, weil sie in A2 stehen und B3 gleich nebenan ist und dann einen Einheimischen fragen (Fehler 3), der messerscharf kontert: »K5 … Ja, wo misse Se 'n do hiee?«

Jetzt emo was ganz anneres …

Pressestimmen

»Durchaus engagiert und leidenschaftlich, aber große Lücken aufweisend, skizziert ›Quadratschädel‹ von Thomas Baumann die Industriestadt Mannheim als kulturelle Diaspora. Rhetorisch schwungvoll, doch allzu polemisch.«
The Sandtorf Mirror

»Noch e Monnem-Buch? Isch bitt Sie!«
Financial Filsbach

»Die Kohäsion zwischen dem interdependenten Lumpen-proletariat kurpfälzischer Provenienz einerseits und der laizistisch-konterrevolutionären Genderdebatte in ›Quadrat-schädel‹ determiniert ihr eigenes Fortkommen in eo ipso! Chapeau!«
Frankfurter Verallgemeinerte Zeitung

»Hoch lebe Charlie Graf, der Knockouter mit Herz!«
Dr. Manfred Luckas, Publizist und Autor

»Wieso steht da nichts drin über Mannheim-Straßenheim? Wir sind zwar der kleinste Stadtteil, aber bei uns gibt's alles Mögliche: einen Tierarzt, die Polizeireiter- und Diensthunde-staffel, eine Eventagentur und Wohnhäuser! Können Sie im Internet unter www.strassenheim.de nachgucken. Jeder Straßen-heimer kann auch seine Mailadresse auf @strassenheim.de kriegen! Aber in Straßenheim wird auch gefeiert, und wie!«
Straßenheim Intern

»Sensationell! Ein Feuerwerk! Pulitzer-Topfavorit!«
Mutti Baumann

Nachwort[2]

Ein abgedunkelter Raum. Der Therapeut nickt dem eintretenden Patienten zu und nimmt einen Notizblock zur Hand.

Wie alt sind Sie?

»Dud mer Leid, die Unnerlache sin verschwunde. So genau weeß mer's net, awwer so ugfea 1.300 Johr. Ähm … muss isch misch do uff die Couch lege oder –?«

Wie Sie wollen, machen Sie es sich einfach bequem.

»Wonn isch die Fieß hochlege derf, des reischt mer schun.«

Zunächst brauche ich von Ihnen noch ein paar formale Angaben. Familienstand?

»Ouh, des is kompliziert. Isch hab mehrere Partner, insgsamt, wadde Se mo … Swonsii, Tulo … ah, so um die zehne werre's soi.«

Zehn Partner??? Kommen die sich nicht ins Gehege?

»Ach, des is kää Problem, die sinn alle weit fort.«

Therapeut notiert »polygam«.

Haben Sie Kinder?

»Ho! Un wie! Jetzt wolle Se wisse, wie viel, hä? … Also im Moment sin's so um die 300.000. Do hott ma alle Händ voll zu due, des kennen Se mer glaawe … Isch saach Ihne, mei Fieß due mer heit weh, des is nimmee normal.«

Sie haben es bereits erwähnt. Haben Sie so etwas wie ein Lieblingskind?

»Wonn isch ehrlich bin … unsern Großer, der Xavier. Awwa vun dem grigg isch ball nix mehr zu sehe, der is dauernd uff de Roll. Haja, des is aa s Alder, wisse Se?«

Hm-m. Und was sagt der so über Sie?

»Viel! Der hott mer sogar e Liedl geschriwwe. Wolle se s mo heere?

Der Therapeut nickt widerwillig.

»*(singt)* Ich mach die schönsten Fahrten durch mein Land und für meine Leute heute hier und morgen da. Doch ich lauf niemals Gefahr zu bleiben. Dort wo sie nicht ist, setz ich mir nur 'ne kurze Frist, denn meine Stadt ist meine Frau, der ich alles anvertrau. Glaube mir, ich bleibe hier.«

Therapeut notiert »Ödipalkomplex?«.

»*(singt weiter)* Meine Stadt wohnt hier in Mannheim, ganz egal, woher er auch ist, diesen Reim schrieb dir der Mannheim, der dich so oft vermisst. Meine Stadt wohnt hier –«

Ähm, danke. Das hat mir sehr, sehr gut gefallen. Immerhin vermisst Ihr Sohn Sie. So, jetzt aber zur Sache: Warum sind Sie hier?

»Ha, weil mer die Fieß so weh …«

Entschuldigen Sie, ich bin Pychotherapeut, nicht Orthopäde.

»Ah ja, isch hab's Schild udff de Schdrooß gsehe.«

Ja, aber man geht doch nicht einfach in irgendein Haus rein. Also, warum sind Sie hier?

»Mir is monschmo so komisch.«

Rauchen Sie?

»Nnnja. Wenn isch ehrlisch bin, wie en Schlot … wie en gonze Stall voll Schlote.«

Therapeut notiert »*starker Raucher*«.

Nehmen Sie es mir nicht übel, aber ich finde, Sie müffeln etwas.

»Des hawwe mer schun viele gsacht, dass isch schdink. Un? Isch bin halt so.«

Haben Sie mit Ihren Freunden mal darüber gesprochen?

»Isch hab jo kääni.«

Keine Freunde? Tja, wie wäre es mal mit einer Ortsveränderung?

Schweigen.

Haben Sie die Frage nicht verstanden? Wann waren Sie das letzte Mal weg?

»Ähmm, wie määnen Sie des jetzt?«

Gut, anders: Fühlen Sie sich wohl, wo Sie sind?

»Uff de eene Seit …«

Was ist auf der einen Seite?

»Ha, de Rhoi.«

Wollen Sie mich verscheißern?

(trotzig) »SIE hawwe misch doch gfroocht. Un uf de onnere is de Nacker – so!«

Entschuldigen Sie bitte meinen kleinen Ausbruch. – Wann haben Sie sich denn zum letzten Mal etwas gegönnt?

»So e Schissel haww isch mer gekaaft.«

(genervt) Salatschüssel, Satellitenschüssel …?

»Nää, so e UFO.«
Therapeut notiert »Halluzinationen«.
Das verstehe ich sehr gut. Erzählen Sie mir mehr von dem UFO.

»Nää, net UFO, isch mään e Stadion, so e Herrgott, wie hee-
ßen die Dinger … e Arena, genau, e Arena haww isch mer gekaaft.
Ouuuh, die war deier! Leck misch am Arsch.«
Könnten Sie Ihre Sprache vielleicht …

»'tschuldischung, dass isch gebore bin! Uff alle Fäll war die
Schissl saudeier. Die hodd gekoschd, wadde mo, dreißisch …
dreißisch un e paar Zerqueddschde.«

(schmunzelnd) Ist Garantie drauf?

»Hajooo. Die hald. Alsc, heere mo, fer 30 Millione konnsch ver-
lange, dass Garandie druff is, oder?«

Und die 30 »Millionen« haben Sie mal eben aus der Tasche gezogen, stimmt's?

»Um Gott's wille, nää, do haww isch en Kredit uffgenumme. Ach
Gott, Ihr Leit, so dick haww isch's aa net. Und seitdem grigg isch
awwa aa mehr Bsuch, gell.«
Wie schön.

»Awwa sunscht …«

Gut. Was halten Sie davon, wenn ich Ihnen erst mal ein Anti-
depressivum verschreibe?

»Des kummt iwwerhaupt net in die Dudd, Tablette fresse …
isch bin jo net bekloppt oder …«

Therapeut zieht sich langsam zurück Richtung Zimmertür.

»Jetzt heere Se mir mol zu: So Tybbe wie Sie, studiert un so, wo
imma määne, hajo Haupbdsach, Hochdaitsch gebabbelt, die haww
isch grad gfresse, Leid, wo määne, se wäre was Besseres. Un die
Glääne wie mir, mir känne jo aa nix defir, dass mer so glää sin, de
ääne so, de annere so, mir redde hald, wie uns de Schnawwl ge-
wachse is, uff jeden Fall … was wolld isch'n jetzt saache …?«

Therapeut reißt plötzlich die Tür auf und flüchtet panikartig.

»Hallo? Hea, was gibt 'n des jetzt, wo wolle Se donn hie uf
ämo? … Do laaft der Kerle äfach fort … Alla gut, brauch isch wä-
nigschdens nix bezahle … er hätt mer jo wenigschdens e Salb fer
die Fieß verschreiwe kenne …«

Danke²

Andi, Annette, Antje, Bärbel, Bäuschi, Birgit, Carmen, Carolina, Christian, Danni, der Baum, Christine, Dieter, Edith, Falko, Frau Leppert, Frau Schwerfel, Gabi, Georg, Gerwin, Grete, Jacqueline, Jo's Kiosk, Joker, Jürgen, Jutta, Karin, Knarf, Lea, Manfred, Manu, Markus, Michael, Maiga Jevdokimova, Muckl, Mutti, Nico, Peter, Regina, Renate, Roger, Stefan, Stephanie Dietrich, Tante Erika, Tante Gisela, Terry, Thilo, Till, Zvonko.
Ganz besonders natürlich an meine Gastautoren Bandita, Erich und Matthias!
Und meinem rechten Zeigefinger, der für den Tippfehler des Jahres sorgte, als er aus »Mitgliedsantrag« spontan »Mutgliedsantrag« machte.